Du mußt nicht bleiben, wie du bist

ECON Sachbuch

Zum Buch

Die Rolle(n), die wir in unserem Leben spielen, werden in unserer Kindheit und Jugend entscheidend geprägt. Oft leiden wir unter ihnen, fühlen uns eingesperrt in unserer eigenen Persönlichkeit. Dank der Methode des Reimprinting muß dies nicht so bleiben.
Cora Besser-Siegmund und Harry Siegmund zeigen, wie man unliebsame Kindheitserinnerungen und ihre Folgen erfolgreich aufarbeitet. Die Familiensituation der Kindheit kann von jedem als Fernsehserie oder Theaterstück nochmals inszeniert und angesehen werden. Danach ist es möglich, Prägungen zu verändern und die unterschiedlichen Bindungen an die Familie nach den eigenen Wünschen zu verwandeln.
Anhand zahlreicher Fallbeispiele stellen die Autoren die heilsame Wirkung des Reimprinting dar. Das Buch bietet eine interessante Alternative zur herkömmlichen Psychotherapie.

Die Autoren

Cora Besser-Siegmund und Harry Siegmund sind niedergelassene Psychologen in Hamburg. Sie sind Spezialisten auf dem Gebiet NLP. Beide haben bereits zahlreiche Bücher im ECON Verlag veröffentlicht, darunter den Bestseller »Easy Weight«.

Cora Besser-Siegmund
Harry Siegmund

Du mußt nicht bleiben, wie du bist

Reimprinting
Spielerisch die eigene Persönlichkeit neu entwickeln

ECON Taschenbuch Verlag

Ökologisch handeln:
Dieses Buch ist gedruckt auf 100 % Recyclingpapier,
chlorfrei gebleicht.

Lizenzausgabe

Veröffentlicht im ECON Taschenbuch Verlag GmbH,
Düsseldorf, 1995

Umschlaggestaltung: Theodor Bayer-Eynck, Berlin
Druck und Bindearbeiten: Ebner Ulm
Printed in Germany
ISBN 3-612-26169-X

Dank an Lola
für die Unterstützung
und an Kirsten, Karin und Conny
fürs Mitmachen und Mitdenken

Pippi Langstrumpf ist das stärkste Mädchen der Welt. Sie lebt ganz allein in der Villa Kunterbunt. Und obwohl keiner auf sie aufpaßt, ist sie kerngesund, äußerst vergnügt und sprüht vor Lebensfreude.

»Aber wer sagt dir, wann du abends ins Bett gehen sollst und all so was?« fragen Pippis Freunde Thomas und Annika.

»DAS MACH' ICH SELBST«, antwortet Pippi, »ERST SAG' ICH ES GANZ FREUNDLICH, UND WENN ICH NICHT GEHORCHE, DANN SAG' ICH ES NOCH MAL STRENG, UND WENN ICH DANN IMMER NOCH NICHT HÖREN WILL, DANN GIBT ES HAUE.«

(Astrid Lindgren: Pippi Langstrumpf)

Inhalt

Vorwort

Jeder Erwachsene muß sich – wie Pippi Langstrumpf – durch die eigene Überzeugungskraft ins Bett schicken. Wir müssen uns selbst fördern, tadeln, motivieren und loben. Dabei gehen wir mit uns selbst so um, wie in der Kindheit die anderen Menschen unserer Familie mit uns umgingen: aufbauend oder destruktiv, mit Liebe oder Gewalt, mit Verständnis oder ewiger Nörgelei. Die Prägung aus der Kindheit ist der Kern, das Saatkorn für die Atmosphäre, die wir als Erwachsene in uns selbst, mit anderen Menschen und somit in unserem Leben erzeugen. Pippi Langstrumpf ist kerngesund – das heißt gesund im Kern, in ihrer Ursprungskraft. Sie hat Glück. Selbstvertrauen, Zuversicht, Kreativität und Humor sind ein Teil ihres Selbst. Vielleicht ist sie deshalb »das stärkste Mädchen der Welt«. Kein Wunder, daß sie ohne Erwachsene prima auskommt und diese bei Bedarf mit ihrer Fröhlichkeit sogar ansteckt und auf ihre Seite zieht. Wie schön wäre es, wenn wir alle aus einem so gesunden Kern heraus unsere Lebenskraft entwickeln würden, selbst unser bester Helfer wären und andere Menschen positiv und mitreißend berühren könnten.

Und hier nun die gute Nachricht: Die Prägung eines »gesunden Kerns« können wir nachholen, selbst wenn wir, rein biographisch betrachtet, eher nicht das große Glück mit unserer Lebensgeschichte hatten. Wir können unsere eigenen Voraussetzungen täglich weiterentwickeln und uns so immer wieder neue Zukunftschancen schaffen.

Die umfangreichen, sicher wichtigen Erkenntnisse über die Zusammenhänge zwischen Kindheitserlebnissen und Persönlichkeitsentwicklung benutzen heutzutage psychologisch versierte Erwachsene leider allzuoft als Alibi, um sich nicht verändern zu müssen. Sie erzählen die ewige »Das ist so, weil meine

Eltern«-Geschichte. Doch wer seine Probleme immer auf die Wirkung dieser Startjahre reduziert, tut dies meiner Meinung nach aus freien Stücken, denn: Du mußt nicht bleiben, wie du bist! Es gibt heutzutage viele effektive Ansätze, die es ernst meinenden Menschen ermöglichen, ihre ganz eigene Persönlichkeit zu »erfinden« – beispielsweise mit der Reimprinting-Methode. Dieser kurzzeittherapeutische Ansatz ermöglicht eine tiefgreifende und befreiende Aufarbeitung unserer Familiengeschichte in tatsächlich vergleichsweise kurzer Zeit. Ein ganzes Reimprinting dauert beim dafür ausgebildeten Therapeuten einen halben bis zwei Tage bzw. zwei bis zehn Sitzungen. Die heilende Wirkung benötigt dann mehr Zeit; sie entwickelt sich nach der Intervention innerhalb des nächsten halben Jahres. Selbstverständlich schließt diese Methode nicht aus, daß im Rahmen einer Therapie auch noch an anderen Themen weitergearbeitet und der Klient durch seine Prozesse begleitet wird.

Meine Kollegen und ich sind unendlich dankbar für die Erkenntnis und das Wissen, daß jeder Mensch durch seine eigene Kreativität über die Ursprungsprägung hinauswachsen kann – ohne jegliches qualvolles Herumstochern im berühmt-berüchtigten »seelischen Müll«. Die zeitintensive zwanzig- und dreißigfache Bestätigung dafür, daß wir im Leben Kränkungen und Vernachlässigungen erleiden mußten, bringt dem armen Bewußtsein nichts als die Verfestigung der Unglücksgeschichte in Kopf und Körper. Rein intuitiv empfand ich schon immer viele Psychotherapieansätze in ihrer Atmosphäre als tragisch und für eine angestrebte Veränderung als zu schwerfällig. Da soll man durch den Schmerz gehen, Panzer durchbrechen, alte Kränkungen wiederholt erinnern und durchleiden. Oder man soll auf eine eher trockene und völlig unfröhliche Weise neues Verhalten lernen wie das Einmaleins. Lachte ich gemeinsam mit einem Klienten, galt das in der Ausbildung als oberflächlich – wenn er schluchzte und zusammenbrach, bewies ich mein angehendes Therapeutentalent. Als ob Lachen eine weniger ernstzunehmende Emotion wäre als Weinen! Selbstverständlich besteht bei allen Psychotherapieansätzen die gute Absicht, den Menschen innerlich positiv zu verändern – aber muß es denn immer so traurig-wütend-dramatisch zugehen, um zu wirken?

Ich jedenfalls war begeistert, als ich vor über zehn Jahren das kreative und »farbenfrohe« Neurolinguistische Programmieren (NLP) kennenlernte. In dieser Methode sind auf geniale Weise die besten und effektivsten Wirkungsmuster verschiedenster angesehener Psychotherapieschulen zusammengefaßt. Das NLP »verzaubert« unsere inneren Teufelskreise in Engelskreise und macht aus Lebensschwerarbeitern Lebenskünstler, die mit Kreativität und Flexibilität ihre Ziele erreichen und innere Blockaden echte Vergangenheit werden lassen. Die Trümpfe dieser Methode sind einfache Klarheit – vor allem für den Klienten –, Lebensfreude und die Entdeckung der eigenen Kraftquellen. Diese Qualitäten sind nach meiner Erfahrung für die Menschen die stärksten Motoren für eine wirklich effektive Veränderung.

Die wohl faszinierendste Intervention aus dem NLP ist das Reimprinting. Diese Methode ist der überzeugendste Weg zur Selbstverwirklichung, auf den ich in meiner Arbeit als Psychologin je gestoßen bin. Sie verbannt die kränkenden und blokkierenden Erinnerungen aus Kopf und Körper ins Fotoalbum oder in die Erinnerungskiste. Der so in uns entstandene Raum wird dann von der eigenen Kreativität als lebendige Kraftquelle durchströmt. So können wir uns tatsächlich selbst neu prägen, in uns einen ganz neuen Anfang schaffen.

Neu an unserem psychologischen Ansatz zur Persönlichkeitsentfaltung ist, daß wir statt der Einbeziehung kulturfremder Elemente – wie etwa einer Schwitzhütte – auf das *Medium Fernsehen* als eine dem Zeitgeist naheliegende Heilquelle zurückgreifen. Naheliegend deshalb, weil die meisten Menschen in unserer Gesellschaft jahrelange und intensive Erfahrungen mit diesem umstrittenen und heißgeliebten Kulturgut verinnerlicht haben. Die durch viele Sendungen spielerisch-automatisch verinnerlichte optische Flexibilität kann für jeden Fernsehkonsumenten zu einer ungeahnten Kraftquelle werden, wenn es gilt, eine heilsame Ordnung in die eigenen »inneren Filme« zu bringen.

Noch eine andere Bemerkung zum Stichwort Zeitgeist: Während ich dieses Buch schreibe, wird in Deutschland darüber diskutiert, ob Frauen mit der Fristenregelung ein Mitbestimmungsrecht über den Ausgang einer ungewollten Schwangerschaft erhalten sollten. Ich hoffe, mit diesem Buch auch einen kleinen Beitrag zu einer Entscheidung für dieses Selbstbestimmungsrecht der Frauen zu leisten. Sie werden nach der Lektüre verstehen, warum verantwortungsvoll empfindende Frauen kein Kind »einfach so« in die Welt setzen wollen und können nach dem Motto: »Hauptsache, es ist da.« Das mag so manche Statistik beleben, stellt aber eine nicht zu verantwortende Gedankenlosigkeit hinsichtlich des Wohlergehens der Kinder nach ihrer Geburt dar. Jeder Mensch hat ein Recht auf Lebensqualität, auch ein Kind. Seine beste Chance, ein gesundes, glückliches und langes Leben zu führen, besteht in einem funktionierenden »Nest«, in das es hineingeboren wird. Wenn dieses Nest in einer verzweifelten, unglücklichen und von Sorgen um Geld und nicht vorhandene Kindergartenplätze bedrückten Mutter besteht, hat das Kind einen unzumutbar schweren Lebensweg vor sich. Vielleicht mögen Sie beim Lesen der vielen Fallbeispiele ab und zu auch an dieses aktuelle Thema denken.

Überhaupt werden Sie beim Lesen dieses Buches über die tiefe Bedeutung der zwischenmenschlichen Atmosphäre für das lebenslange Wohlgefühl eines Kindes nachdenken. Vielleicht ertappen Sie sich auch bei dem Gedanken an die Sorgfalt und die Präzision, mit der unsere Gesellschaft alle anderen Lebensinstitutionen betreibt: ein ausgeklügeltes Steuerwesen, die vielen Berufsausbildungen, den TÜV, die Schulausbildung für jeden Bürger, die militärische Verteidigung unseres Landes usw. Wo gibt es vergleichbar durchdachte und von allen wertgeschätzte Konzepte für eine Familie oder andere Formen jahrelangen Zusammenlebens zwischen Menschen unterschiedlicher Generationen? Und wo können die Menschen in unserer Gesellschaft diese Konzepte so zuverlässig und sorgfältig erlernen wie die Rechtschreibung oder das Einmaleins?

Diese Ausführungen beantworten schon die höchstwahrscheinliche Frage des Lesers: »Wer sollte denn ein Reimprinting mitmachen?« JEDER – der sich selbst so ernst nimmt wie seine Berufsausbildung oder sein Auto, und jeder, der das oben angedeutete gesellschaftliche Manko an allgemein zugänglichen Konzepten für seelische Lebensqualität schon einmal empfunden hat. »Ich habe schon oft über mich nachgedacht und an mir gearbeitet – aber nur bei dringendem Bedarf. Diese Methode hingegen erscheint mir wie ein präventiver, gründlicher innerer Frühjahrsputz, bei dem man wirklich einmal durch alle Ecken und Winkel geht«, sagte eine Klientin zu diesem Thema. Dieses Beispiel ist vielleicht etwas gewagt, erinnert jedoch an das Wort »Psychohygiene«. Dieser Begriff bezeichnet in Fachkreisen die Tatsache, daß auch gesunde Menschen, die keine Krankheit »vorzuweisen« haben, von effektiven psychologischen Methoden profitieren können. Diese Personen nennt der Psychologe dann *Klienten* im Gegensatz zu den leidenden oder kranken *Patienten.* Das Reimprinting kann unserer Erfahrung nach wirklich jedem Menschen helfen, sein seelisches Wohlgefühl und seine körperliche Gesundheit langfristig zu steigern.

Damit dieses Buch für den Leser auch als Lesewerk die erfrischende und erneuernde Wirkung des Reimprintings richtig transportiert, muß ich diese Methode spielerisch, kreativ und oft auch in witziger Weise vermitteln. Das ist deshalb so wichtig, weil der Stoff einem ernsten Thema gewidmet ist – nämlich unserem Lebensglück.

Einführung

Kindheit und Jugend sind die wichtigsten und einflußreichsten Lebensjahre für die Prägung unserer Persönlichkeit und unserer Gesundheit. Diese entscheidenden Phasen erleben die meisten Menschen in einer mehr oder weniger großen Familie – oder in familienähnlichen sozialen Systemen. Spätestens seit den Erkenntnissen der systemischen Familientherapie wissen wir, daß die Menschen in einer Familie immer gemeinsam die Atmosphäre des Zusammenlebens erzeugen, in der der einzelne dann gedeihen muß.

Wir vergleichen in diesem Buch diese Atmosphäre mit der von Theaterstücken oder Filmen. In einem richtigen Krimi muß beispielsweise ein kluger und mutiger Detektiv auftauchen. Doch diese Rolle allein wäre absolut nichtssagend, wenn es nicht auch noch die Täter-Opfer-Konstellation gäbe. Die Fähigkeiten des Detektivs verblassen, wenn keiner den Mörder spielt. Erst die Kombination dieser Grundelemente sorgt dafür, daß das richtige Krimi-Gefühl entsteht. Genauso gibt es für andere Atmosphären die entsprechenden »Grundrezepte«: Drama, Horrorfilm, Lustspiel, Satire, Operette, Volksstück, Seifenoper usw.

Die Kinder in realen, tagtäglichen »Familieninszenierungen« werden nicht von nur einzelnen Menschen, wie etwa der vielzitierten Bezugsperson, geprägt. Was uns alle viel mehr prägt, ist *das komplette Stück, das die Familie aufführt.* Wenn wir erwachsen werden, nehmen wir nicht nur unsere eigene Familienrolle mit ins Leben, sondern die *komplette Familieninszenierung mit allen Rollen.* Unser Gehirn »speichert« diese Aufführung als ein komplettes Gedächtnissystem auf der Basis neuronaler Verknüpfungen. So wird die Ursprungsfamilie zu einem Bestandteil unserer Gehirnzellen, unserer Neurologie und somit unseres Organismus. Dieses »Stück« prägt unser Denken, die Reaktionen des Körpers, unsere Gesundheit und die sozialen Kontakte, die wir später haben.

Die Grundprägungen »zaubern« in das scheinbar ausgeglichene Leben vieler Menschen oftmals unangenehme Überraschungen, die sie sich selbst meistens nicht erklären können. Ein dünner junger Mann wird nach der Heirat schlagartig dick. Ausgerechnet im Traumstudium reagiert ein früher stets leistungsfähiger Student plötzlich mit Konzentrationsschwächen und Denkblockaden. Eine Ehefrau wird depressiv, als der Mann für die Familie ein schönes Haus kauft. Nach einem Umzug in eine neue Stadt bekommt ein zuvor völlig gesunder Familienvater Heuschnupfen. Eine Speditionskauffrau hat stets ein »dikkes Brett vorm Kopf«, wenn sie in einer neuen Firma anfängt. Warum entwickeln sich derartige Phänomene für die Betroffenen oft »wie ferngesteuert«?

In vielen Fallbeispielen möchte ich Ihnen schildern, wie sich die oben gestellte Frage auf eine meist verblüffende Art und Weise im ursprünglichen »Familienstück« der betreffenden Personen beantwortet. Denn oft rutschen wir im späteren Leben in Rollen von anderen Familienmitgliedern unserer Ursprungsfamilie hinein – wir kennen sie ja schließlich durch die jahrelange Prägung gut genug. Oder wir entwickeln eine Krankheit, die auf faszinierende Art und Weise das Familientheaterstück in seiner Grundstruktur kopiert. So kann bespielsweise der Heuschnupfen in seiner Krankheitsstruktur auf verblüffende Weise die Struktur einer problematischen Familiengeschichte »nacherzählen«.

Aber sind wir denn darauf angewiesen oder sogar dazu verurteilt, diese Ursprungsbiographie ein Leben lang als einen Teil unseres Nervensystems, unserer Neurologie, mit uns herumzutragen? Müssen wir noch mit fünfzig Jahren unser Betragen oder Versagen mit der Schilderung unseres autoritären Vaters entschuldigen? Oder haben wir die Chance, uns und unsere innere Atmosphäre noch einmal zu prägen? Dürfen wir mit persönlichen Regieanweisungen unsere Lebensinszenierung selbst gestalten oder gar das Repertoire erweitern?

Dieses Buch beantwortet diese Frage positiv. Dabei bietet es nicht nur eine genaue Betrachtung und Erklärung dieser Familientheater-Phänomene: Interessant wird es erst richtig, wenn das *Reimprinting* in seiner in diesem Sinne konstruktiven Wirkung dargestellt wird. Jeder Mensch sammelt im Laufe der Jahre wertvolle neue Lebensinformationen, die über die Grenzen der Familienprägung hinausgehen. Oft setzt er diesen Fähigkeitenfundus nicht direkt für die eigene Persönlichkeitsentfaltung ein. Dabei kann jeder, bereichert mit diesen neuen Kraftquellen, innerlich in die Prägungszeit zurückkehren und mit seiner individuellen Kreativität seine Kindheit neu prägen. Es ist selbstverständlich, daß die historische Biographie bei dieser Methode erhalten bleibt. Jedoch ist niemand verpflichtet, seine Biographie auch in seinen Gehirnzellen körperlich ein Leben lang herumzutragen. Unser Gehirn kann *heute* für uns auch ein neues, positives, kraftspendendes »Stück« speichern und so durch die innere Neuprägung die erforderlichen Fähigkeiten zu einer erfüllten Lebensgestaltung freisetzen. Die Fallbeispiele im Buch erzählen von dieser faszinierenden Möglichkeit der inneren Befreiung.

Das Reimprinting entstand vor allem durch die Arbeit des Psychotherapeuten *Robert Dilts* in der Schule des Neurolinguistischen Programmierens, eines äußerst effektiven Modells für menschliche Kommunikation und Verhalten aus den USA. Ich erwähnte das NLP bereits im Vorwort. Diese Methode, die auch in Deutschland immer größere Verbreitung und Beachtung findet, wird in der Umgangssprache oft als Gebrauchsanweisung für das Gehirn bezeichnet. Sie lehrt uns, die Kapazitäten dieses entscheidend wichtigen Organs gezielt für unsere Lebensgestaltung zu nutzen. Denn das Gehirn ist der Speicher unserer Prägung. Nur dieses Organ ist in der Lage, in unserem Kopf eine neue, positive Welt entstehen zu lassen.

Familienprägung und Lebensglück

Es treffen sich zwei Freunde. »Paul, warum guckst du denn so finster?« fragt der eine. »Ach, ich habe vorgestern im Lotto eine Million gewonnen«, mault Paul. »Aber dann müßtest du dich doch freuen!« – »Du weißt ja noch nicht, was gestern passierte. Aus Australien erhielt ich die Nachricht, daß meine verstorbene Tante mir ihre ganzen Ländereien vermacht hat.« – »Mensch, ich würde an deiner Stelle Luftsprünge machen. Junge, hast du eine Glückssträhne!« – »Von wegen«, zischt Paul den verdutzten Freund an. »Was ist denn dann mit heute? Wie abgeschnitten!«

Paul hat offensichtlich große Schwierigkeiten, zu seinem Lebensglück zu finden. Die äußeren Hilfestellungen des Schicksals entwertet er, weil er in sich selbst kein »Glücksprogramm« entwickelt hat, um mit dem Positiven etwas anfangen zu können. Obwohl es sich bei dieser Geschichte um einen satirischen Scherz handelt, erzählt sie eine ernste Lebenswahrheit, denn jeder von uns kennt so einen Paul. Wie schaffen es Menschen, ihre äußeren Chancen und inneren Fähigkeiten chronisch zu ignorieren? Sie haben einfach etwas anderes über sich und ihre Rolle im Leben gelernt. Viele dieser Menschen waren in ihrer Kindheit *tatsächlich* in der Situation, vom Glück »wie abgeschnitten« zu sein. Kinder sind kleine Lebenskünstler. Sie lernen schnell, sich mit einer ihnen quasi aufgezwungenen Lebenssituation zu arrangieren. Aufgezwungen deshalb, weil Kinder bis zu einem gewissen Alter ihr Leben aus eigener Kraft nicht so verändern können, wie es theoretisch einem Erwachsenen möglich ist. Sie haben nicht die Chance, umzuziehen, zu kündigen oder sich scheiden zu lassen.

Wenn Paul beispielsweise in einer armen Familie aufgewachsen ist, hat er nicht ununterbrochen darunter gelitten, weniger schöne Sachen als andere Gleichaltrige zu bekommen. Nehmen wir an, daß Pauls wenig verdienender Vater laut Familienlegende viele verkannte Talente besaß, die von anderen ungerechterweise nie gefördert oder gewürdigt wurden. Die gesunde Kreativität des Kindes hat Paul dann ermöglicht, sich sein Leben mit Hilfe von »Lebensbrillen« schönzugucken und als richtig zu empfinden. Vielleicht hat ihm das Motto geholfen: »Wir sind nicht reich, aber dafür talentiert und glücklich.« Das bedeutet natürlich unausgesprochen: Reiche Menschen haben im Leben in der Regel Pech und taugen nichts. Man muß nur einmal die Fernsehserie »Dallas« gesehen haben, und schon vergeht einem der Wunsch nach materiellen Gütern. Das vereinfacht vieles. Der Grund dafür, daß ich kein eigenes Haus mit Swimmingpool habe, ist dann bei weitem nicht das bescheidene Einkommen. Nein, ich *will* gar nicht so ein Haus besitzen – das ist die eigentliche Erklärung!

Später kann Paul seine Lebensgeschichte vielleicht sogar positiv im Umgang mit anderen Menschen einsetzen: »Ich bin nicht so einer, dem alles zugeflogen ist. Mich hat das Schicksal stets nachteilig behandelt. Und trotzdem stehe ich hier und mache weiter.« Das erzeugt bei den anderen Hochachtung vor seiner Tapferkeit, bei Frauen vielleicht das Bedürfnis, Paul durch Liebe und Wärme für die erlebten Ungerechtigkeiten und Enttäuschungen zu entschädigen. So wird die frühere materielle Armut zur Quelle von Pauls späterem Selbstwertgefühl, seiner Beurteilungskriterien anderer Menschen und seiner Sicht der Welt. Das Ganze funktioniert nur, wenn ihn das Flair des »materiellen Pechvogels«, der einen harten Lebensweg hatte, weiterhin umgibt.

Deswegen *kann* er sich über den Lottogewinn und die Erbschaft überhaupt nicht freuen. Seine ganze Persönlichkeit steht in Gefahr, auf den Kopf gestellt zu werden, denn Pauls innere Wahrheit wird angegriffen. Pauls innere Seelenlandschaft kann nur blühen und gedeihen, wenn von außen Pech und Ungerechtigkeit sein Leben regieren. Mit dem Überlebenswillen des kreativen Kindes verzerrte er früher seine innere Wahrnehmung, heute verzerrt er die Bedeutung der äußeren Ereignisse zur Rettung seiner persönlichen Identität. Und er schafft es dann tatsächlich, sich auch bei diesem Geldsegen noch als vom Glück übergangener Pechvogel zu fühlen.

Kann man Paul nun vorwerfen, er wolle sich mit Absicht unglücklich machen? Mit Sicherheit nicht. Lebensglück hat nicht nur etwas mit Wollen, sondern überwiegend etwas mit *Können*, also dem handfesten Verhaltens- und Erlebensrepertoire eines Menschen, zu tun. Dieses Repertoire gestaltet dann die *Erwartungen*, die ein Mensch an das Leben hat und auf die er sich innerlich einstellt. Geschehen gravierend andere Ereignisse als jene, für die man sich jahrelang mit viel Geschick »ausgerüstet« hat, befürchtet das Unbewußte eine »Fehlinvestition« von Lebensenergie. Betrachten Sie zum Vergleich ein aktuelles ökonomisches Phänomen. Bis vor kurzem hat sich unsere Nation – wie viele andere auch – jahrzehntelang mit viel Aufwand, Erfindungsreichtum und Geld auf einen etwaigen dritten Weltkrieg vorbereitet. Krieg ist etwas Furchtbares. Dennoch haben sich viele Menschen durchaus nicht über die in letzter Zeit angewandte Friedens- und Entspannungspolitik und die damit verbundenen Abrüstungspläne gefreut. Berufssoldaten, Mitarbeiter der Rüstungsindustrie und der sagenumwobenen Geheimdienste hatten und haben Angst um ihre Arbeitsplätze, Spionagefilme fangen an, antiquarisch zu wirken, und politische Bestrebungen verschiedenster Couleur verlieren wichtige Motive für ein tatkräftiges Schaffen. Es geht nicht mehr um Krieg oder Frieden, sondern um die *Daseinsberechtigung* umfangreicher Systeme, die vor der »Androhung« des Friedens, der positiven Wende, ihren Sinn verlieren.

Beim einzelnen Menschen geht es dann nicht um Panzer und Raketen, sondern um die Daseinsberechtigung von Lebensmottos und Wahrnehmungsschubladen, die er aufgrund der tiefgreifenden Erfahrungen in der Kindheit für sein Leben eingerichtet hat. Dabei ist es grundsätzlich eine sehr positive Einrichtung, daß wir einfach durch unser Miteinander mit den anderen Menschen unserer Familie eine Grundausrüstung für das Leben mitbekommen. Wir übernehmen Werte, Normen,

Verhaltensweisen und Umgangsformen. Dabei hat der Mensch das meiste Glück, dem durch das Prägungsprinzip positive und gesundheitserhaltende Lebensformen von Kindesbeinen an in Fleisch und Blut übergegangen sind – egal ob arm oder reich geboren. Wichtig sind dabei auch die *Ansprüche*, die wir an das Leben stellen.

Bedenken Sie beispielsweise, wie viele Frauen sich wiederholt mit gewalttätigen Männern zusammentun. Ihnen wird dann von vielen klugen Menschen unterstellt, sie würden ganz gezielt aus masochistischen Gründen immer wieder in diese Beziehungsfallen tappen. Tatsächlich leiden diese Frauen oft kein bißchen unter einem geheimnisvollen Zwang zum Unglücklichsein. In vielen Gesprächen bestätigten mir betroffene Frauen, daß sie aufgrund mangelnder Erfahrung und schlechter Vorbilder in der eigenen Familie eine Vorstellung weder von einem »guten Mann« noch von einer selbstbewußten und sich behauptenden Frau haben.

Und ohne Vorstellung und Erwartung gibt es auch keinen Anspruch zu stellen, wie das Beispiel einer Klientin deutlich zeigt: »Eigentlich kann ich nur Gutes über meinen Mann berichten. Er ist selten betrunken, hat mich noch nie geschlagen und geht regelmäßig arbeiten. Ich weiß auch nicht, warum ich so oft unzufrieden bin.« Stellen Sie sich vor, ein Mensch hätte die ganze Kindheit hindurch nur Grießbrei gegessen: morgens, mittags, abends. Nach vielen Jahren serviert ihm jemand Grießbrei mit Kirschen. Dieser Mensch muß doch vom Verstand her zu der Ansicht kommen, er hätte sich wegen der Kirschen enorm verbessert, obwohl es das neue Gericht wiederum eintönigerweise täglich gibt. Selbstverständlich leidet er unter dieser Eintönigkeit, aber er kann aufgrund seiner »mageren« Vorgeschichte die Ursache seines Leidens nicht bewußt erkennen – so wie die oben zitierte Frau offensichtlich blind für die Mängel ihres Mannes ist. Hat sich hingegen ein anderer Mensch in der Kindheit an eine normale und abwechslungsreiche Mischkost gewöhnt, muß er bei dem Angebot »Täglich Grießbrei mit Kirschen« gar nicht lange überlegen. Ihm wird sich unbewußt und ganz automatisch – ohne jedes Selbstbehauptungstraining – der Magen bei dieser Vorstellung umdrehen. Er ist einfach etwas anderes gewohnt, und diese Prägung ist sein spontaner und tief verwurzelter Schutz. Menschen mit positiven Vorbildern aus der Ursprungsfamiilie sind daher später von anderen nur schwer zu gängeln oder zu ihrem persönlichen Nachteil zu verführen.

Auf diese Weise kann die Familienprägung bestimmen, ob wir unser Lebensglück leicht oder nur sehr schwer finden können. Das gilt nicht nur für unser Lebensmotto, das Selbstwertgefühl oder die Partnerwahl. Wie ich noch darstellen werde, erstreckt sich diese Gültigkeit auf alle Bereiche, in denen wir unser Menschenleben auskosten: Gesundheit, Freundschaft, Beruf, Pläne und Gedanken – sogar Reichtum, wie das Beispiel von Paul zeigt. Wie wichtig ist da die Möglichkeit, als Erwachsene unsere ursprüngliche Prägung mit positiven und bereichernden Lebensmöglichkeiten zu erweitern! So werden wir offen für äußere Chancen und unsere eigenen brachliegenden Kraftquellen. Und wir lernen, unser Lebensglück anzupacken und zu *gestalten*, anstatt es, wie Paul, zerrinnen zu lassen.

Das Modellernen modelliert die Seele

Viele unserer wichtigsten Fähigkeiten haben wir uns von Kind an durch das sogenannte Modellernen angeeignet. Das Wissen um sie stammt weder aus Büchern oder Lernkassetten noch aus der Schule. Diese Fähigkeiten entwickelten sich aus dem intensiven und täglichen Kontakt mit uns nahestehenden Menschen. Denken Sie an all die Selbstverständlichkeiten wie die Muttersprache, das Eßverhalten oder den aufrechten Gang. Sie sind uns so in Fleisch und Blut übergegangen, daß wir als Erwachsene nur noch selten über diese Fertigkeiten nachdenken. Im späteren Entwicklungsverlauf begeben sich Kinder durch das Rollenspiel (Vater, Mutter, Kind, Westernheld oder Prinzessin) gezielt in die mental-körperlichen Zustände bestimmter Modelle hinein. Sie eignen sich so deren Verhaltens- und Befindlichkeitsprogramme an. Wenn Sie einem kleinen Jungen beim Imitieren eines Westernhelden zusehen, wissen Sie genau, was ich damit meine. Bedenken Sie den Sprachgebrauch, daß das Verhalten eines Menschen auf den anderen »abfärben« kann. Dieses Abfärben meinen wir, wenn wir von der *Prägung* eines Menschen durch seine Ursprungsfamilie sprechen. Das können äußere Abfärbungen sein, wie etwa Verhaltensweisen, Mimik, Sprechart, aber auch innere Prozesse, wie Stimmungen und die Art des Denkens und Wahrnehmens. Wenn Sie bedenken, wie intensiv ein Kind tagtäglich seine Familie erlebt, können Sie sich leicht eine Vorstellung von dem Ausmaß der Prägungsstärke machen, die die Ursprungsfamilie entwickelt.

Sicher haben Sie schon einmal beobachtet, wie auch ein erwachsener Mensch von einem anderen etwas annimmt – eine Gangart oder Geste, eine bestimmte Art zu lächeln oder einen Dialekt. Dieses Annehmen funktioniert oft sogar recht schnell, wenn Sie beispielsweise an »mitgebrachte« Worte und Ausdrücke aus dem Urlaub denken. Das Modellernen erfolgt in der Regel intuitiv und unbewußt. Es wirkt auf uns ohne Übung, nur durch das intensive Beobachten und Erleben der modellhaften Vorbilder. Die Fähigkeit, sich von einem anderen Menschen »eine Scheibe abzuschneiden«, ist von Kindesbeinen an ausgeprägt. Sie sichert uns Menschen schon seit Jahrtausenden die Überlebenschancen. Von Geburt an beschäftigen wir uns in den ersten Lebensjahren die meisten Stunden des Tages mit dem Nachmachen der Großen in unserer Umgebung. Kein Wunder also, daß dieses intensive Training lebenslange Spuren hinterläßt. Vielleicht erinnern Sie sich auch an Berichte von bedauernswerten Menschen, die als Säuglinge von Tierfamilien, beispielsweise einem Wolfsrudel, aufgenommen wurden und dort aufwuchsen. Das Erstaunliche war, daß sich diese Menschen in Nachahmung ihrer Vorbilder statt des aufrechten Gangs das Laufen auf allen vieren angewöhnt und eingeprägt hatten. So stark ist der menschliche frühkindliche Wille, wie die anderen zu werden. Das Nachmachen ist offensichtlich eine uns angeborene Überlebensstrategie und daher ein allgegenwärtiges tiefes, meist unbewußtes Bedürfnis.

Zufällig fand ich kürzlich im Magazin *Der Spiegel* sogar einen Artikel über »kluge Kraken«, die ganz offensichtlich durch das Modellernen Verhaltensweisen von anderen Kraken übernommen hatten. Diese uns eher fremden Tiere lernten durch das bloße Beobachten eines Aquariumsnachbarn, daß unter roten Plastikbällen – so war der Versuchsaufbau – leckere Krabben versteckt waren. *Der Spiegel*: »Daß die Zuschauer-Kraken die Seh-Erfahrung tatsächlich in ihrem Gehirn fest verankert hatten, zeigte eine Testwiederholung nach fünf Tagen: Die meisten Tintenfische hatten ihre Lektionen nicht vergessen.«

Was schon bei Kraken funktioniert, funktioniert beim Menschen allemal. Bei ihm hält das durchs Zuschauen erworbene Lerngut noch länger als bei der Krake: meist ein ganzes Leben lang. Natürlich werden wir dabei keine Abziehbilder unserer Eltern, Geschwister oder Großeltern. Das geht schon deshalb nicht, weil wir ja meist damit beschäftigt waren, mehrere Familienmitglieder *gleichzeitig* als Vorbilder zu verkraften. Hinzu kommen eigene Anlagen wie ein individuelles Temperament oder die Geschlechtszugehörigkeit. Letztendlich verarbeitet jeder Mensch die vielen Abfärbungen dann wieder zu einem ganz eigenen Bild der individuellen Persönlichkeit. Dieses Abfärben verschiedener Modelle kann bei dem erwachsenen Menschen zu inneren Spannungen führen. Das Phänomen der »zwei Seelen in einer Brust« war schon Goethe bekannt. Entscheidend für die gute Verträglichkeit der zwei oder mehr Seelenabfärbungen in uns ist die Beziehungsdynamik, die uns die Modelle tatsächlich vorgelebt haben. Vielleicht war die Mutter eines Menschen still und zurückhaltend, der Vater lebhaft und extrovertiert. Daraus ergeben sich zwei grundsätzliche Möglichkeiten der Beziehungsdynamik. Einerseits können die beiden Eheleute einander gut ergänzt haben. Jeder war in seiner Rolle froh und hat den Partner als Bereicherung und Ausgleich erlebt. In diesem Fall wird auch das Kind der beiden in sich eine gesunde Mischung aus Ruhe, Zurückgezogenheit und nach außen bezogener Lebhaftigkeit vereinen. Waren die Eltern einander jedoch für die Andersartigkeit chronisch böse, fühlten sie sich gar durch den Lebenspartner unterdrückt oder gebremst, hat das Kind geringere Chancen, diese Vorbilder positiv in die eigene Persönlichkeitsatmosphäre zu integrieren. Das Gefühl des In-sich-zerrissen-Seins ist dann oft die Folge. Das gilt natürlich um so mehr, je spannungsgeladener die Dynamik der Ursprungsfamilie ist, beispielsweise auch durch Spannungen zwischen verschiedenen Generationen. Die Konsequenzen für die seelische und körperliche Gesundheit des »Sprosses«, der in dieser Atmosphäre keimt und wächst, sind dann meist problematisch.

Wie modelliert das Modellernen nicht nur äußere Ausdrucksformen – z. B. den Gang, die Sprache, die Mimik –, sondern auch die Seele? Ob wir es wollen oder nicht – wir erhalten durch den frühkindlichen Nachahmungstrieb in ganz jungen Jahren auch eine tiefe Ahnung von den *Gefühlen* und *Emotionen* der Menschen, die uns tagtäglich so nahe stehen. Betrachten wir das am Beispiel der Eltern. Kinder spüren die Stimmungen der

Eltern auf einer unbewußten Ebene, die keine Worte kennt, sondern nur ein unverwechselbares Gefühl von Lebensatmosphäre. Damit sind nicht die täglichen normalen Stimmungsschwankungen der Eltern gemeint – jeder kennt schließlich gute und schlechte Tage –, sondern die *Grundstimmung*, mit der die Eltern in ihrem eigenen Leben stehen, färbt auf das Kind ab. Friedrich Nietzsche schreibt zu diesem Thema: »Die unaufgelösten Dissonanzen im Verhältnis von Charakter und Gesinnung der Eltern klingen in dem Wesen der Kindes fort und machen seine innere Leidensgeschichte aus.«

War der Vater beispielsweise in die Mutter richtig verliebt oder »mußte« er sie heiraten und hat es nie geschafft, zu ihr noch nachträglich seine Liebe zu finden? Da kann der Vater noch so treusorgend, pflichtbewußt und dem Kind zugewandt sein – das Kind wird immer auch seine Trauer um die verlorene Lebensfreude spüren. Als Erwachsener leidet dieses Kind dann vielleicht an einer undefinierbaren inneren Unruhe und Sehnsucht, die es sich selbst nicht erklären kann. Es hat das väterliche Lebensgefühl des Entsagens so tief verinnerlicht, daß es jetzt sogar von sich selbst denkt, es würde ihm etwas Wichtiges zum Lebensglück fehlen, selbst wenn alle äußeren Ereignisse, objektiv gesehen, positiv und zufriedenstellend sind.

Genauso wundern sich viele Menschen über Gefühle von Depressionen oder Ängsten, die sie früher von sich nicht kannten: »Ich war eigentlich immer ein fröhliches Kind. In der Schule machte ich sogar den Klassenkasper. Meine Eltern waren stets sehr nett zu mir. Daher kann mein Problem also nicht kommen.« Auch fröhliche und gut behütete Kinder »speichern« unbewußt die Gefühlsqualität der Ängste und Depressionen ihrer Eltern. So finden viele Menschen den Schlüssel für ihre negativen Gefühle gar nicht in Verletzungen oder Kränkungen, die man ihnen selbst früher antat. Sie rutschen quasi in die Gefühlswelt der beispielsweise ängstlichen Mutter hinein, obwohl sie früher vielleicht sogar draufgängerische und fröhliche Kinder waren.

Einer unserer Klienten fühlte sich zu Hause stets depressiv –

wie oft er auch umzog. »Egal in welcher Wohnung, egal ob mit oder ohne Freundin, ich sacke einfach in meinen vier Wänden in mich zusammen.« Aufblühen konnte er nur, wenn er verreiste – und wenn das Reiseziel nur zwei Städte weiter lag. Er mußte nur fremde Wände sehen, die nicht zu seinem Zuhause gehörten, und schon ging es ihm blendend. In der Therapie schilderte er, daß seine Mutter für die Ehe mit dem Vater ihr Geburtsland verlassen hatte. Sie fühlte sich aber in Deutschland trotz eigener Familie ihr Leben lang unwohl und litt unter Heimweh – bis auf einige Sommerwochen im Jahr. Denn dann verreiste die ganze Familie im Urlaub in die Heimat der Mutter. Dort blühte die Mutter stets auf, wurde lebensfroh und kraftvoll. Durch die intensive emotionale Bindung zur Mutter hatte unser Klient das Gefühl des Unglücklichsein im eigenen Zuhause geerbt. Weiterhin war durch das Vorbild die unbewußte Annahme geprägt, daß Reisen offensichtlich glücklich macht. Daher wußte er auch als Erwachsener einfach nicht, wie man sich im eigenen Zuhause froh und glücklich fühlen kann.

In der Tageszeitung *Hamburger Abendblatt* las ich einen aufschlußreichen Artikel über die Kinder der Holocaust-Überlebenden unter dem Titel »Das Leiden der zweiten Generation«. Hier wird der israelische Psychiater M. Klafter folgendermaßen zitiert: »Die Kinder, die man die zweite Generation nennt, kämpfen im wesentlichen mit denselben Problemen, die das Leben ihrer Eltern überschattet haben.« Es wird von David, dem Sohn eines dieser Überlebenden, berichtet: »Immer häufiger träumte er von KZ und Verfolgung – Dinge, die er selbst nie erfahren hatte.« Wir dürfen also nicht davon ausgehen, daß sich der Stoff, aus dem unser seelisches Leben gewebt ist, biographisch zeitgleich mit unserer Geburt entwickelt hat. Tatsächlich verlaufen in ihm auch viele Fäden aus dem Leben unserer Eltern und Vorfahren.

Sie werden in diesem Buch noch viele faszinierende Beispiele von Seelenprägungen durch die Ursprungsfamilie finden. Wichtig ist dabei die positive Betrachtung: Wenn wir durch unsere

Ursprungsmodelle eine gewinnbringende Energie erfahren, bereichert das unser ganzes Leben. Frauen, die ihre Mütter als kraftvoll und selbstbewußt erlebt haben, sind schon auf einer unbewußten Ebene emanzipiert. Sie finden es von innen heraus selbstverständlich, für ihre Rechte einzutreten, weil sie nicht gegen ein inneres Minderwertigkeitsgefühl ankämpfen müssen. Männer profitieren emotional, wenn schon der Vater zugewandt und liebevoll war. Sie haben dann automatisch gar keine Lust auf eine hohle Machorolle. Eltern sollten stets bedenken, daß die Kinder wesentlich stärker vom Modell als von irgendwelchen Sätzen und Vorhaltungen lernen. Brüllt der Vater beispielsweise sein Kind an: »Wirst du wohl artig guten Tag sagen!«, so wird dieses mit großer Wahrscheinlichkeit später wohl auch ein uncharmanter Brüller anstatt eines liebenswerten Zeitgenossen werden. Der positive Inhalt des Satzes hingegen wird sich in Luft auflösen und nur bescheidene Spuren hinterlassen. Genauso fraglich ist das Verhalten vieler wohlhabender Eltern, die ihr Kind finanziell übertrieben knapp erziehen: »Es muß lernen, mit Geld umzugehen.«

Das Kind lernt dabei nichts anderes, als daß seine Eltern nicht teilen und abgeben können, und speichert so für sein Persönlichkeitsrepertoire keinerlei Großzügigkeit.

Kinder lernen aufräumen, indem die Eltern ihre Wohnung aufräumen. So manche Eltern waren schon von der plötzlichen Ordnungsliebe des Kindes in der ersten eigenen Wohnung überrascht, nach dem Motto: »Das hat er/sie zu Hause nie (freiwillig) getan!« Getan nicht – aber *viele Jahre tagtäglich gesehen*! Und das reicht.

Das Reimprinting setzt nicht bei den positiven Prägungen an, denn wir können froh sein um jede unserer spielerisch erworbenen Kraftquellen. Das Reimprinting heilt aber Prägungen, die unsere Seele auf eine einschränkende und blockierende Art und Weise modellieren und uns so der inneren Freiheit berauben. Das Interessante ist dabei, daß jeder Mensch eine blockierende Prägung intuitiv sehr deutlich als Störung erlebt – sei es seelisch oder körperlich. »Mit mir ist irgend etwas nicht in Ordnung«, sagen die Menschen. Das bedeutet, daß jeder Mensch auch ein tiefes Wissen um die Ordnung hat, die für ihn gesund und befreiend wäre. Er kann sehr wohl wahrnehmen, wenn das System seiner Ursprungsprägung von der Ordnung abweicht, die einem Menschen innerlich guttut. Entsprechend beschreiben unsere Klienten ihre Unzufriedenheit, ihre Symptome oder ihr Unwohlsein als etwas, »was irgendwie nicht zu einem gehört; es stört im Leben wie ein Fremdkörper im Auge«, so neulich ein Klient.

Irgendwann im Leben kommt für jeden Menschen der Zeitpunkt, wo er sich selbst erfinden, seine Seele selbst modellieren möchte. Er will er selbst werden. Hier setzt das Reimprinting an.

Das Gehirn – Sitz unserer Seelenlandschaft

Wie kann es funktionieren, daß wir unsere Familie und andere Lebensereignisse als einen Teil von uns verinnerlichen? Wir nehmen unsere Umgebung über die fünf Sinne wahr: Wir sehen, hören, fühlen, riechen und schmecken. Das gilt sowohl für die Wahrnehmung von Menschen als auch für das Erleben von Speisen, Orten, Konzerten, Landschaften, Wetterverhältnissen usw. Das gilt für alle Situationen, in denen unsere Sinnesorgane funktionieren: 24 Stunden täglich. Die fünf Sinneskanäle senden ständig sämtliche Informationen zu unserem wohl wichtigsten Organ: dem Gehirn. Das tun sie auch während der ersten Lebensjahre, in denen wir tagtäglich die Mitglieder unserer Familie hautnah erleben.

Jedes Denken, Fühlen, Verhalten, jede körperliche Befindlichkeit wird von diesem faszinierenden Organ gesteuert. Das Gehirn »programmiert« unsere Körperbewegungen, unsere Sprache und auch alle unbewußten Abläufe wie etwa Herzschlag, Atmung und Verdauung. Es nimmt – wie gesagt – alle Eindrücke auf, die über unsere Umgebung ständig auf uns einwirken. Es sorgt dafür, daß Ihre Hände in diesem Moment dieses Buch zuverlässig halten, so daß Ihre Augen in Ruhe diese kleinen schwarzen Zeichen – Buchstaben genannt – nacheinander betrachten können. Mit Hilfe von Sehnerven werden die Buchstaben-Bilder direkt zum Gehirn geleitet. Dort werden aus den Buchstabenfolgen Worte wiedererkannt. Das Gehirn verbindet diese Worte mit inneren Bildern, Vorstellungen, Assoziationen und Gefühlen. Als Ergebnis erleben Sie am Ende fast den gleichen »Film« vor Ihrem geistigen Auge, wie ich ihn jetzt vor meinem geistigen Auge denke. Und während ich jetzt denke, bewegt mein Gehirn meine einzelnen Finger so, daß diese präzise Buchstaben tippen können. Es ist tatsächlich ein kleines

Wunder, was sich genau jetzt, während Sie diese Zeilen lesen, abspielt.

Dieser Meinung sind zumindest die Wissenschaftler, die sich in den letzten Jahren sehr intensiv mit der Erforschung des Gehirns beschäftigt haben. Es ist erstaunlich, was man schon alles über das Gehirn weiß – und es ist ebenso verblüffend, wie viele Fragen noch offen sind. So paradox es klingen mag: Jede neue Erkenntnis über das Gehirn vermehrt die offenen Fragen. Das menschliche Gehirn besteht bei einem Gewicht von etwa drei Pfund aus ungefähr zehn Milliarden Nervenzellen. Einige Experten vermuten sogar die Zahl von hundert Milliarden Zellen. Jede einzelne Gehirnzelle steht über ihre verzweigten Nervenenden wiederum in Verbindung mit jeweils zehntausend anderen. So wird der vielzitierte Vergleich mit einem Computer dem menschlichen Gehirn mit seinen unzähligen Möglichkeiten keineswegs gerecht. Die Gehirnforscher tendieren vielmehr dazu, die einzelne Gehirnzelle mit einem Computer zu vergleichen.

Diese äußerst komplexe »Verkabelung« auf elektrochemischer Basis mit Hilfe sogenannter Nervenboten-Stoffe ergibt diesen enorm leistungsfähigen Informationsspeicher. Er hält unvorstellbare Kapazitäten für die Informationsverarbeitung und Zusammenarbeit der verschiedenen Körpersysteme untereinander bereit. So ist jeder Mensch für sich allein schon eine eigene Welt, und diese Gehirnwelt macht auch die individuelle Seelenlandschaft aus. In dieser Seelenwelt leben die verschiedenen Gehirnfunktionen wie eine große innere Familie. Und auch das Innere, die Persönlichkeit, kann wie eine echte Familie eine erfolgfördernde oder -behindernde Atmosphäre haben. Der Gehirnforscher Gazzangia spricht hier von einer »inneren Gesellschaft«, und Ornstein, ebenfalls ein bekannter Gehirnforscher, nennt in seinem Buch »Multimind« unsere vielen Teil-Selbste eine »innere Horde«. Der bekannte NLP-Trainer Thies Stahl verglich als erster die Dynamik dieser Horde oder Gesellschaft in uns mit den Umgangsweisen der verschiedenen Mitglieder einer Familie.

Viele Forscher sind sich heute einig, daß das Gehirn verschiedenste Funktionen in Schaltkreisen gestaltet. So gibt es nicht in dem Sinne echte spezialisierte Zentren wie etwa das Sprach- oder Sehzentrum oder gar das Ich-Zentrum. Sogar das Sehen gilt heute als eine *Gesamtleistung* des Gehirns und nicht nur als isolierte Aktivität der Sehrinde. »Wenn eine Zelle des zentralen Nervensystems eine neue Information erhält, erfahren auf elektrochemischem Wege *gleichzeitig alle anderen Zellen* diese Neuigkeit«, formulierte sinngemäß der Forscher Prof. Dr. Zieglgänsberger vom Max-Planck-Institut in einem Vortrag zu diesem Thema im Rahmen einer Vortragsreihe über Schmerztherapie.

Machen Sie sich bitte bewußt, daß Sie entsprechend nicht etwa den Vater an der einen und die Mutter an der anderen Ecke des Gehirns gespeichert haben. Nein, *jede einzelne Gehirnzelle* »weiß« in ihrer Chemie um diese beiden wichtigen Menschen in Ihrem Leben. Man hat festgestellt, daß Sinneseindrücke wie beispielsweise Bilder, Sprache oder Schmerz den Zellkörper der Zelle sogar in der chemischen Zusammensetzung beeinflussen. Die chemische Antwort auf das äußere Erlebnis kann erstaunlicherweise – so Zieglgänsberger – noch Wochen nach der tatsächlichen Wahrnehmung erfolgen. So hat man faszinierenderweise Zellen im zentralen Nervensystem entdeckt, die erst Tage und Wochen nach einem Schmerzreiz eine Reaktion darauf zeigen. Während der tatsächlichen Schmerzeinwirkung »tun sie, als ob nichts wäre«. Sicher haben auch Sie schon erlebt, daß eine wichtige Erfahrung mit Verzögerung wirkt. »Das muß ich erst einmal sacken lassen«, heißt es in der Umgangssprache. Die Fachleute sprechen nicht von sacken lassen oder geistigem Verdauen, sondern von der »neuronalen Bahnung« des Erlebten. Einmal gebahnt und verarbeitet, prägen besonders intensive Wahrnehmungen die Substanz der einzelnen Gehirnzelle nachhaltig für viele Jahre und Jahrzehnte. So erklärt es sich auch, daß Sie in der Seelenlandschaft die Phänomene Raum und Zeit oft völlig anders erleben als real. »Mir ist, als wäre es gestern gewesen«, beschreiben Menschen alte Erlebnisse, die für ihre Lebensqualität immer noch wie Gegenwart wirken. Verblassen dann die Erinnerungen, geht das offensichtlich mit einer Veränderung in der Chemie der verantwortlichen Zellen einher.

Nicht nur der Gehirnzellkörper selbst speichert Erinnerungen, sondern auch die Verbindungen zwischen den Zellen – neuronale Verknüpfungen genannt – sorgen effektiv und zuverlässig für die Speicherung wichtiger Lebensdaten. Die neuronalen Verknüpfungen sind lebendige Gebilde, die aus Eiweißbausteinen ständig gebaut und auch umgebaut werden. Sie sorgen quasi für eine »Verkabelung« des Erlebten oder Gelernten in verschiedensten »Abteilungen«. Machen Sie dazu einen kleinen Test: Strecken Sie die Arme zur Decke, schauen Sie nach oben, und sagen Sie dazu: »Ich bin depressiv!« Die meisten Menschen erklären dann spontan, daß die Körperhaltung nicht zum Wort passe. Das Gehirn speichert das Wort »depressiv« also nicht nur hinsichtlich seiner Schreibweise oder seiner medizinischen Bedeutung ab. Irgendwo in den Gehirnzellen ist auch festgelegt, welche Körperhaltung und welches Gefühl »richtig« für dieses Wort ist. Ist etwas Erlerntes stabil in den Gehirnzellen und den neuronalen Verknüpfungen repräsentiert, sprechen wir von einem *Engramm.* Das Engramm für den Begriff »depressiv« berührt also nicht nur die Sprach- oder Sehabteilung, sondern auch die Muskel- und Körperbewegungssysteme im Gehirn.

Beeindruckende Erlebnisse speichern die Gehirnzellen langfristig ab. Sie machen es so perfekt, daß wir sämtliche unserer Fertigkeiten selbst dann zur Verfügung haben, wenn wir sie monate- und jahrelang nicht mehr real ausübten. Sollten Sie vielleicht zwei Jahre lang nicht mehr Fahrrad gefahren sein, können Sie auch nach so langer Zeit mühelos wieder losradeln – so gut wurde diese »Programmierung« zwischenzeitlich vom Gehirn »gepflegt«. Anders ist es bei den – immer wieder zitierten – Ratten: Diese Tiere zeigen täglich komplett das gesammelte Repertoire all ihrer jemals gespeicherten Fähigkeiten. Man nimmt an, daß unsere Träume teilweise auch der »Pflege und Wartung« unserer am Tage real gelebten und unausgelebten Fähigkeiten dienen. Wenn das Gehirn schon Fertigkeiten wie Fahrradfahren und das Einmaleins so perfekt wartet, wie effektiv hat es dann wohl die besonders intensiven Grunderlebnisse mit der Ursprungsfamilie »gesichert«?

Es hat sie so gut gesichert, daß die Ursprungsfamilie heute wie ein Teil von uns in den Gehirnzellen sitzt. In der Psychologie spricht man von der Internalisierung der Familie oder einzelner ihrer Mitglieder. Umgangssprachlich verinnerlichen wir Menschen, indem sie uns »nicht aus dem Kopf« gehen, »einen Platz in unserem Herzen« haben oder uns »nicht loslassen«.

Aber Achtung: Das alles sind nur Gleichnisse und absolut keine Tatsachen! Kein einziger Mensch sitzt in Ihnen.

WAS TATSÄCHLICH IN IHNEN ALS ERWACHSENEM WIRKT, IST DIE CHEMIE UND DIE »VERKABELUNG« DER EIGENEN GEHIRNZELLEN – und nicht die Familie selbst. IHR GEHIRN GEHÖRT IHNEN ALLEIN UND IST TEIL IHRES EIGENEN KÖRPERS.

Keiner kann Ihre Biographie ungeschehen machen. Jedoch sind Sie nicht verpflichtet, störende und blockierende Elemente Ihrer Lebensgeschichte als einen Bestandteil der *heute* lebendigen Gehirnzellen zu konservieren.

Jede positive Veränderung eines Menschen *beginnt im Kopf*, genauer gesagt: im Gehirn. Wann immer psychologische Methoden bei einem Menschen eine Veränderung in Denken, Befindlichkeit und Gesundheit bewirken, hatten sie das Gehirn desjenigen zum Verbündeten gewonnen. Das Gehirn ist der eigentliche Sitz der Psyche. Wenn wir lernen, das Gehirn zur Gestaltung unserer Seelenlandschaft zu *benutzen, anstatt es lediglich zu besitzen*, können wir uns tatsächlich selbst prägen. Denn das Gehirn ist lebendig. Es rollt nicht wie ein Auto bei der Geburt vom Band und bleibt dann für immer so bestehen. Wir sprechen nicht umsonst von der »geistigen Nahrung«. Tatsächlich ist das Gehirn ein geistiges Verdauungssystem. Es macht das aus unserer Seelenlandschaft, was wir an geistiger Nahrung aufnehmen. Genauso verarbeitet der Körper über die tatsächlichen Verdauungsorgane. Die Nahrungsqualität entscheidet über den qualitativen Zustand unseres Körpers, der auch tagtäglich neu gestaltet werden möchte, wie es die Bedürfnisse Hunger und Durst überzeugend anzeigen. Sehen, Hören, Fühlen, Riechen und Schmecken sind die »Nahrungsmittel« des Gehirns. Gute Qualität und die richtigen »Rezepte« dieser Nahrungsmittel helfen unserer täglichen geistigen Gesundheit.

Sie haben als Erwachsener sehr viele Kostbarkeiten erlebt und gelernt, die weit über die Prägung der Ursprungsfamilie hinausgehen. Auch diese Kraftquellen – und deren Rezepte – sind schon lange ein Bestandteil Ihres Nervensystems, sei es bewußt oder unbewußt. Das Reimprinting zeigt Ihnen, wie durch eine kreative Gehirnbenutzung die alten Prägungen mit diesen neuen zu einer *heilsamen Verbindung* verschmelzen: in der einzelnen Gehirnzelle, in den neuronalen Verknüpfungen, dann in der Seelenlandschaft und in der Persönlichkeit und schließlich ganzheitlich in Geist und Körper.

Das Neurolinguistische Programmieren: eine Methode für die Entdeckung und Nutzbarmachung unserer brachliegenden Kraftquellen

Hier möchte ich kurz die Methode vorstellen, mit der es heutzutage sicher am besten möglich ist, sich effektiv und positiv zu verändern: das Neurolinguistische Programmieren. Normalerweise hört man die Mitmenschen fragen: »Können Sie das bitte noch einmal wiederholen?« Aus diesem Grund wird die Methode verständlicherweise in der Umgangssprache als NLP abgekürzt. Im vorigen Kapitel beschrieb ich, daß das Gehirn zu unserem wichtigsten Verbündeten wird, wenn wir uns persönlich entfalten und von inneren Blockaden befreien möchten. Das NLP hilft uns, einen direkten Zugang zu diesem enorm leistungsfähigen Organ zu finden und uns mit ihm über die Veränderung, die es in uns organisieren soll, in seiner Sprache zu »unterhalten«.

NLP beschreibt den Zusammenhang zwischen der Erfahrung und Bewußtwerdung des Erlebens der »inneren Welt« eines Menschen und der Entwicklung seiner Fähigkeiten nach außen und innen. Letztendlich hat jede Psychotherapie das Ziel, die innere Welt, also die Seelenlandschaft des Menschen, positiv zu verändern. NLP erreicht diese innere Welt auf direktem Wege. Als ein neues psychologisches Kommunikationsmodell lehrt NLP uns, die *Sprache* unseres *Nervensystems* zu verstehen, umzusetzen und unser Leben erfolgreich zu *programmieren.* Die Kommunikation, also die Sprach»berührung« zweier Menschen (z. B. in der Psychotherapie, in Verhandlungen, im Verkauf etc.), bewirkt Veränderung im Denken und in der Befindlichkeit. Dies geschieht nicht nur zwischen zwei oder mehreren Menschen, sondern auch in der Kommunikation eines Menschen mit sich selbst: bei der Eigenmotivation, der Entwicklung und Umsetzung individueller Lebensziele, beim Selbstmanagement, bei der Persönlichkeitsentfaltung.

Für die erwähnten Veränderungen ist das Gehirn verantwortlich: Es verarbeitet das Gesagte oder Gedachte und reagiert dann in Richtung der Veränderung. Es macht aus dem Veränderungswunsch einen Veränderungsplan. So wie uns beispielsweise eine Landkarte mit den eingezeichneten Symbolen für Straßen, Flüsse und Landschaften hilft, uns bei einer Reise zurechtzufinden, so ist auch die gesagte und gedachte Sprache mit ihren Worten, Sätzen und bildhaften Ausdrücken dabei behilflich, sich in unserer Gehirnwelt zurechtzufinden. Diese Zusammenhänge sind in dem Namen NLP ausgedrückt:

NEURO – steht für die Tatsache, daß jedes menschliche Verhalten und jeder Körperzustand im Gehirn durch neuronale Verknüpfungen repräsentiert ist. Hiermit sind die Verbindungen zwischen den Gehirnzellen (Neuronen) gemeint, die sich bei jedem Lernen, jeder persönlichen Weiterentwicklung neu- und umbilden. Sogar die Chemie des einzelnen Zellkörpers verändert sich bei inneren Prozessen.

LINGUISTISCH – bedeutet, daß wir über diese Verknüpfungen mit Hilfe unserer Sprache kommunizieren können.

PROGRAMMIEREN – bezeichnet die Möglichkeit für uns Menschen, mit Hilfe der Sprache Gedanken zu starten, die dann rückwirkend die neuronalen Verknüpfungen wiederum in eine gewünschte Richtung umprogrammieren.

NLP wurde in den siebziger Jahren von dem Linguisten John Grinder und dem Mathematiker Richard Bandler »erfunden«. Sie hatten über Jahre die sogenannten Zauberer unter den Therapeuten der verschiedenen großen Psychotherapieschulen Amerikas in ihrem Kommunikationsverhalten untersucht. Zu ihnen zählten Carl Rogers, Virginia Stir, Fritz Pearls, Gregory Bateson und der bekannte Hypnose-Arzt Milton Erickson. Bandler und Grinder war aufgefallen, daß diese »Zauber«-Therapeuten oft gar nicht richtig beschreiben konnten, warum sich Menschen durch ihre therapeutische Arbeitsweise so effektiv veränderten. So stellten sich die beiden eine interessante Frage: Kann es sein, daß diese großen Therapeuten in ihren Trainings und Büchern lediglich Strategien weitergeben, von denen sie nur glauben, daß sie erfolgreich sind – daß aber das eigentliche Geheimnis ihres Erfolges Kommunikationsmuster sind, von denen sie gar nicht wissen, daß sie sie beherrschen und einsetzen?

Als Antwort fanden Bandler und Grinder heraus, daß die scheinbar magischen Fähigkeiten dieser Therapeuten aus nachvollziehbaren und erlernbaren Strukturen zusammengesetzt sind. Unabhängig von der vertretenen Therapieschule verhalten sich erfolgreiche Therapeuten in ihrer Haltung anderen Menschen gegenüber intuitiv ähnlich. Die Sammlung dieser Strukturen ist die Grundlage dessen, was NLP ausmacht: ein zielorientierter und kraftvoller Prozeß, der maßgeschneidert auf jeden einzelnen Menschen mit seinen Wünschen und Bedürfnissen angewendet werden kann und der den Anwender über ständigen Kontakt und ständiges Feedback als lernenden Menschen am Geschehen teilhaben läßt. NLP ist daher das optimale Handwerkszeug für die Persönlichkeitsentfaltung.

Wie nun förderten die »Zauber«-Therapeuten ihre Klienten so erfolgreich? Sehen Sie hier einige wesentliche Merkmale:

- *Zielorientiertes Vorgehen:* Die Therapeuten-Vorbilder waren immer auf der Suche nach den Kraftquellen im Menschen. Sie haben nicht so sehr seine Schwächen analysiert, sondern ihm seine natürlichen Stärken ins Bewußtsein gebracht. So wird der Klient relativ schnell unabhängig von der Person des Therapeuten und lernt, sich auf die eigenen Füße zu stellen.

- *Maßgeschneiderte Therapie:* Die Vorbilder sind auf die einzelnen Klienten ganz individuell eingegangen. So kann es vielleicht sein, daß der eine Mensch bei einer Entspannungsübung Erfolg hat, wenn er eine schöne grüne Wiese imaginiert. Schon der nächste leidet jedoch möglicherweise unter Heuschnupfen und hat vor seinem persönlichen Hintergrund viel mehr Erfolg beim inneren Erleben einer Schneelandschaft als bei besagter Wiese. Ein dritter – vielleicht ein Kopfschmerzpatient – hat mit Entspannungsmethoden nur mageren Erfolg. Er erfährt vielmehr Heilung, wenn er in der richtigen Situation einmal einen »gesunden« Wutausbruch mit der dazugehörigen kräftigen Anspannung auslebt.

- *Geistiges Judo:* Der »Zauber«-Therapeut versucht nicht, gegen den Klienten zu arbeiten. Er arbeitet mit ihm. Milton Erickson, einer der untersuchten Vorbilder, wurde in der psychiatrischen Klinik einmal zu einem jungen schizophrenen Patienten gerufen, der glaubte, Jesus zu sein. Natürlich nahm dieser junge Mann wegen der Besonderheit seiner Person auch nicht an den Beschäftigungsprogrammen der Klinik teil. Bisher hatten alle versucht, den Patienten davon zu überzeugen, er sei nicht Jesus. Erickson, bis dahin dem Patienten unbekannt, begab sich in sein Zimmer und fragte ihn: »Wie ich hörte, sind Sie Zimmermann – stimmt das?« In der festen Überzeugung, Jesus zu sein, mußte der Patient nun antworten: »Ja, das ist richtig.« »Dann können Sie mir bestimmt helfen, ein Regal zu bauen.« Auf diesem Weg gelang es schließlich, den Patienten aus seiner Lethargie zu befreien. Er orientierte sich wieder mehr und mehr nach außen – ohne sich selbst vergewaltigen zu müssen. Tauchen in der Therapie Widerstände auf, gehen diese im NLP nicht zu Lasten des Klienten. Man geht im Gegenteil davon aus, daß der Therapeut noch nicht flexibel genug ist, sich auf diesen Menschen individuell einzustellen.

- *Ökologisches Arbeiten:* Nicht nur die Natur hat eine Ökologie, also ein Gleichgewicht, das sich immer wieder neu ausbalancieren muß, um gesund zu bleiben. Scheinbar störende Phänomene haben vor einem bestimmten Hintergrund plötzlich einen positiven Sinn. Regen bedeutet nicht nur »schlechtes Wetter«, sondern sichert auch eine gute Ernte. Genauso kann eine Depression für einen Menschen das lebensrettende Signal für eine grundsätzliche Umorientierung in seinem Leben sein. Diese »ökologischen Feinheiten« muß ein Therapeut für seinen Klienten stets mitberücksichtigen, um ihm wirklich helfen zu können.

Mit diesen Ansätzen erhalten die Klienten optimale Möglichkeiten zur Entdeckung und Nutzung ihrer brachliegenden Kraftquellen, mit deren Hilfe die Seelenlandschaft zum Blühen gebracht wird. All diese Grundlagen fließen auch in die Reimprinting-Methode ein. Diese entstand – wie bereits beschrieben – in der Schule des Neurolinguistischen Programmierens. Besonders Robert Dilts, einer der frühen Mitentwickler des NLP, hat diese Methode zuerst beschrieben und später verfeinert. Dem Menschen werden die Wurzeln seiner Ursprungsfamilie nicht wegtherapiert. Es werden vielmehr neue Wurzeln »hinzugepflanzt«, so daß der Mensch als Ziel über einen möglichst vielfältigen persönlichen und »blühenden« Reichtum verfügen kann.

Familienprägung als »Mausefalle«

In einem bestimmten Londoner Theater steht bereits seit 35 Jahren täglich ein und dieselbe Aufführung auf dem Programm: »The Mousetrap« – zu deutsch »Die Mausefalle« – von der berühmten Kriminalautorin Agatha Christie. Stellen Sie sich vor, Sie hätten in diesem Stück als Schauspieler ein Engagement für ein Jahr ergattert. Selbstverständlich müssen Sie da den eigenen Text von Anbeginn auswendig beherrschen, um die Rolle überhaupt zu bekommen. Die ganze Aufführung funktioniert jedoch nur, wenn Sie außerdem auch noch die Stichworte der anderen Schauspieler kennen, um Ihre Sätze treffend plazieren zu können. Kein Wunder, daß da die meisten Schauspieler schon nach wenigen Auftritten nicht nur den eigenen, sondern auch den Text der anderen Mitspieler auswendig beherrschen. Um richtig mitspielen zu können, ist das Erlernen des *gesamten Stückes* unerläßlich.

Die einzelnen Charaktere leben erst so richtig von dem Gegenspiel der anderen. Denken Sie beispielsweise an »Romeo und Julia«. Natürlich erhält diese dramatische Liebesgeschichte erst die richtige Tiefe durch den Haß der Familien dieser jungen Menschen aufeinander. Ohne diese Sippenfehde oder gar mit Schwiegereltern, die sich gegenseitig zum Kaffeetrinken einladen, wäre das Liebespaar völlig uninteressant. Vergleichen Sie dieses Zusammenspiel einmal mit dem Familienleben. Zwar stehen hier nicht tagtäglich fest vorgeschriebene Dialoge auf dem Programm, aber Stichworte und charakteristische Rollen, die vom Gegenspiel der anderen leben, gibt es allemal. So wirkt der fröhliche Vater mit dem Schalk im Nacken um so liebenswerter, je strenger und lustfeindlicher die Mutter sich gibt, um nur ein mögliches Beispiel zu nennen. Der Streit zwischen Vater und heranwachsendem Sohn erhält vielleicht erst durch die eifersüchtig-kindliche Liebe des Vaters zur Mutter die richtige Würze. Wäre diesem Mann seine Frau gleichgültig, würde er die Mutter-Sohn-Koalition am Ende gar begrüßen, da sie die Frau beschäftigt hält. Die Süßigkeiten verteilende Oma gewinnt für das Kind erst das rechte Ansehen vor dem Hintergrund gestreßter und zerstrittener Eltern.

Zurück zu unserer »Mausefalle«. Würde einer der wichtigsten Schauspieler bei einer Aufführung ausfallen, so könnte aufgrund seiner umfassenden Textkenntnis des Stückes *jeder der anderen ihn theoretisch* ersetzen. Das mag vielleicht an Äußerlichkeiten wie Größe, Alter oder Geschlecht hapern, jedoch nicht an der erforderlichen Textbeherrschung. Normalerweise würde man in diesem Fall für einen Ersatzschauspieler sorgen, denn das Stück kann nur aufgeführt werden, wenn alle vorgesehenen Rollen besetzt sind. Ohne Mörder wäre beispielsweise »Die Mausefalle« völlig sinnentleert. »Hamlet« könnte ohne einen Schauspieler, der Hamlet spielt, einfach nicht aufgeführt werden.

Genauso wie die Schauspieler aus der »Mausefalle« haben auch die meisten Menschen die Rollenverteilung ihrer Ursprungsfamilie auswendig gelernt. Auch Sie haben sich vielleicht schon über einen Freund gewundert, der immer in dramatische Liebesgeschichten hineingerät. Das erste Mal bedauern Sie ihn noch, aber wenn er das dritte Mal vom Ex-Lover einer neuen Freundin verprügelt wird, schöpfen Sie den Verdacht, daß Ihr Freund von einer geheimnisvollen Systematik gesteuert wird. Denken Sie an Romeo und Julia. Die Katastrophe ist von so immenser Bedeutung für die Tiefe der Leidenschaft dieses Paares, daß man sich diese Liebe in einer freundlich-friedlichen Atmosphäre gar nicht vorstellen kann. Sie ahnen gar nicht, wie viele Menschen unbewußt ihr Liebesleben nach der Struktur dieses Klassikers aufziehen.

Zusätzlich zu den Rollen dieser »Mausefallen«-Stücke existieren dann auch entsprechende Glaubenssätze nach dem Motto: »Und die Moral von der Geschicht' ...« Hier gibt es unendlich viele Versionen, wie beispielsweise: »Frauen reden nur Unsinn«, »Mit dem Erwachsensein hört der Spaß auf«, »Je älter, desto dicker« oder »Je älter, desto kränker«. Spannend ist auch der Familien-Mythos wie »Wir sind eine Familie von Pechvögeln« oder »Arme Menschen wie wir sind nett, die Reichen hingegen innerlich verdorben«, wenn Sie das Beispiel von Paul erinnern. Überhaupt hat jedes Familienstück – wie Aufführungen und Filme auch – seine eigene Atmosphäre: Drama, Krimi, Heimatschnulze, Tragödie, Komödienstadel, Abenteuerfilm usw. Nach diesen Kategorien wissen die Zuschauer schon von vornherein unabhängig vom eigentlichen Inhalt, welche emotionale Erlebnisqualität das Stück oder der Film haben wird.

Egal, ob in unserer Ursprungsfamilie ein Drama oder ein Lustspiel aufgeführt wurde – wir haben es genauso komplett auswendig gelernt wie die Schauspieler ihr Stück. Im Gegensatz zum echten Theater wurden unsere Prägungsstücke *24 Stunden täglich über viele Jahre* aufgeführt. Wir hatten Zeit genug, die dazugehörigen Normen und Werthaltungen, also unsere Familienkultur, zu erlernen. Erinnern Sie sich aus dem Kapitel über das Modellernen, daß diese Verinnerlichung in ihrem biologischen Sinn eine Überlebensstrategie für uns darstellt. Sie soll das Gerüst für unsere spätere Orientierung in der Welt und der Gesellschaft sein.

Das wird diese Verinnerlichung dann auch – vielmehr das auswendig gelernte Familienstück. Als Erwachsene sind die meisten Menschen auf der unablässigen Suche nach ihrem so gut eintrainierten Stück – auch wenn es nicht auf dem »Spielplan« der anderen steht. Die meisten kommen übrigens gar nicht auf die Idee, daß andere Menschen vielleicht andere Stücke im Kopf haben, sie halten auf einer zutiefst unbewußten Ebene das ihrige für das einzig mögliche und richtige.

Besonders interessant ist hier die Entdeckung der bekannten Psychoanalytikerin und Autorin Alice Miller, daß erwachsene Menschen später auch in andere Rollen als ihre ursprüngliche Kindidentität ihres Familienstückes hineinschlüpfen. Das geschieht ohne Übung; so stark hat das Modellernen die Rolle schon geprägt. »Das Kind vergißt nur scheinbar das, was man ihm angetan hat, denn in seinem Unbewußten hat es ein fotografisches Gedächtnis, das nachweisbar unter bestimmten Umständen reaktiviert werden kann. Wenn diese Umstände aber nicht vorhanden sind, wenn jede Erinnerung fehlt und die Kindheit stark idealisiert bleibt, wird der spätere Erwachsene häufig in Gefahr sein, andere Menschen oder sich selbst in einer ähnlichen Weise zu quälen, wie er einst gequält wurde, ohne sich allerdings an die Vergangenheit erinnern zu können.«

So kann es durchaus passieren, daß aus einem früher äußerst schüchternen Jungen später plötzlich ein lautstarker und autoritärer Vorgesetzter wird. Wie kann man sich diese äußerlich enorme Wesensänderung erklären? Wo hat dieses autoritäre Verhalten in dem ruhigen Jungen »gesteckt«? Schon nach kurzer Suche findet man vielleicht heraus, daß besagter Vorgesetzter früher einen äußerst dominanten Vater hatte, bei dem die Kinder zu kuschen hatten. Die kindliche Schüchternheit war also der Gegenpart zur väterlichen Lautstärke. Der Junge lernt – wie beim »Mausefallen«-Beispiel – auch die Rolle des Vaters auswendig. Sie liegt in ihm komplett vor, ohne jedoch in der Eltern-Kind-Konstellation ausgelebt zu werden. Das geht ja auch nicht, da der Vater im Familienstück die Rolle fest im Griff hat.

Vergleichen Sie diese im Jungen brachliegende Rolle wieder mit dem Beispiel des Fahrradfahrens: Auch nach jahrelanger Pause können Sie unbeschwert wieder losradeln, wenn Sie früher einmal gut gefahren sind. In der Psychologie nennt man dieses Phänomen den Reminiszenz-Effekt, zu deutsch: den Wiederaufwärm-Effekt. Erwachsene, die beispielsweise glauben, sie hätten ihr Schulenglisch komplett vergessen, erobern sich im Englisch-Kurs diese Sprache deutlich schneller als jene Erwachsene, die im selben Kurs das erste Mal in ihrem Leben diese Fremdsprache lernen. Genauso wie das Fahrrad-Programm oder das vergessen geglaubte Schulenglisch kann auch ein Rollen-Programm jahrelang ungenutzt sein und dann immer noch perfekt funktionieren. Dabei setzt der Effekt des Modellernens im Gegensatz zum Übungslernen, wie gesagt, ohne nennenswerte Test- oder Einstudierphasen ein. Interessant fand ich eine zu diesem Thema passende Erzählung eines Geschäftsmannes, der die Japaner gut kennt. Die japanischen Männer, so sagt er, wechselten beim beruflichen Positionswechsel in der Hierarchie schlagartig auch ihre Stimme: Sie wird pro Schritt nach oben tiefer und lauter. »Das haben die nie geübt, aber jeder hat die neue Stimme einfach drauf«, erklärte er das Phänomen. Neue Rolle – neue Stimme.

Ähnliches spielt sich bei dem jungen Mann aus unserem Beispiel ab. Im Beruf ist die Rolle des autoritären Despoten plötzlich frei – und er kann mühelos hineinschlüpfen. Für die Rolle der »Kuscher« – ehemals die eigene – hat er ja als Vorgesetzter bereits genug Besetzungen. So kann er diese getrost den anderen überlassen. Das Stück ist besetzt und kann aufgeführt werden. Spielt die Sekretärin dann noch die Rolle der fürsorglich-ängstlichen Mutter, könnte sich unser Mann in der Firma so richtig geborgen fühlen – wenn da nicht auch noch so etwas wie sein eigenes Ich wäre.

Denn es kann durchaus sein, daß Menschen sich von der Rolle, in die sie quasi hineingerutscht sind, gegen ihren eigentlichen Willen bestimmt oder regelrecht verfolgt fühlen. Viele Eltern leiden beispielsweise unter ihrer Ungeduld oder gar den Wutausbrüchen den eigenen Kindern gegenüber. »Es kommt einfach über mich, und hinterher tut es mir leid. Ich verstehe mich selbst oft nicht«, so eine Mutter von zwei Kindern. »Das Schlimme ist: Ich habe selbst als Kind so unter der Ungeduld meiner Mutter gelitten und wollte immer später mit den eigenen Kindern alles anders machen.« Diese Frau kann jedoch nicht mehr an die Gefühle des eigenen Vorsatzes heran: Die ehemalige Kindrolle ist ja mittlerweile an den eigenen Nachwuchs vergeben. Ihr selbst bleibt im eigenen »Mausefallen«-Stück nur die Rolle der Mutter. Hier zwingt ihr dann die Macht des Modellernens Verhaltensweisen auf, von denen sie sagt: »Ich ahnte gar nicht, daß sie auch in mir stecken.«

Genauso kann es sein, daß der autoritäre Vorgesetzte aus dem obigen Beispiel gar nicht furchteinflößend wirken möchte. Auch er kann sich erinnern, wie sehr er den Vater wegen dieser Art stets ablehnte oder gar verabscheute. Doch in seinem tief unbewußt in den Gehirnzellen verankerten Theaterstück ist für dominante Rollen eben kein netter oder menschlicher Auftritt vorgesehen. Somit ist die Art, wie unser Mann die Rolle des Vorgesetzten bekleidet, womöglich nicht Resultat eines freien Willens, sondern das Ergebnis einer allzu tief verwurzelten Prägung. Ist dies der Fall, empfinden die Betroffenen meistens vielen Befindlichkeiten und Verhaltensweisen gegenüber regelrechte »Fremdheits«-Gefühle: »Irgendwie gehören die Angst, die Krankheit, die Depression, der Wutanfall usw. nicht zu mir. Eigentlich bin ich ganz anders.« Mittlerweile habe ich gelernt, diese Äußerungen ernst zu nehmen. Die Menschen sehnen sich nach eigenen »Programmen«, mit denen sie sich selbst und nicht andere Menschen darstellen. Denn erst das Gefühl, nach eigenen Programmen zu leben, macht unsere seelische Lebendigkeit aus. Doch mit der beschriebenen Festlegung in den Gehirnzellen können unsere alten Familienstücke zur späteren unfreiwilligen Mausefalle für die Sehnsucht nach der eigenen Persönlichkeitsentwicklung werden. Die Resultate sind nicht immer Krimis – so wie die originale »Mausefalle« –, jedoch sind sie so spannend wie Krimis. Lesen Sie in den nächsten Kapiteln weitere Beispiele für das Phänomen Familienprägung als Mausefallen. Für verschiedene Lebensbereiche stelle ich typische Fälle vor. Lassen Sie diese Berichte zunächst durch das Leseerlebnis auf sich wirken. Im Teil III »Die Bilanz« (ab S. 152) erhalten Sie später die Gelegenheit, die einzelnen Bereiche hinsichtlich Ihrer eigenen Person zu betrachten.

Prägung und Gesundheit

Spannend wie ein Krimi ist auch die Auswirkung des ursprünglichen Familienstückes auf die Gesundheit eines Menschen. Robert Dilts hat herausgefunden, daß sogar der *Körper selbst* das Familienstück in seinen Funktionen auswendig lernt und widerspiegelt. Der Körper erzählt unsere Familiengeschichte als Metapher. Eine Metapher ist ein Bild, das aus einem anderen Zusammenhang genommen ist, um einen schwierigen Sachverhalt anschaulicher zu machen. Man sagt beispielsweise: »Die Idee muß noch reifen.« Hier vergleicht man die Idee mit einem Naturphänomen. Selbstverständlich hat kein Mensch mit guten Ideen echte Früchte im Kopf, doch der Vergleich der Idee mit der reifenden Frucht macht als Bild sofort verständlich, warum ein qualitativ guter gedanklicher Prozeß berechtigterweise Zeit benötigt.

Wie kann es nun passieren, daß der ganze Körper eines Menschen eine Metapher für seine Familiengeschichte ist? Erinnern Sie das Kapitel über das Gehirn. Ich beschrieb, daß es nach neuesten Erkenntnissen deutlich abgegrenzte Funktionszentren in diesem Organ gar nicht in der reinen Form gibt, wie bisher stets angenommen wurde. Jede einzelne Gehirnzelle ist gleichzeitig mit unendlich vielen Schaltkreisen verknüpft, die Verhalten und Körper steuern. So ist es mehr als wahrscheinlich, daß ein und dieselbe Gehirnzelle einerseits eine Gedächtnisspur unserer alten Familiensituation verewigt und andererseits bei Abläufen wie Bewegung, Sprache, Verdauung »mitmischt«. So wird auch begreiflich, warum Psyche und Körper in Wahrheit ein und dasselbe sind.

Scheinbar unfaßbare Phänomene wie Erinnerungen, Gefühle, Ideen werden ebenfalls vom Gehirn auf elektrochemischem Wege ermöglicht. Das Gehirn wiederum gehört nachweislich zum Körper des Menschen. Ein und dasselbe Organ in uns organisiert gleichzeitig und untrennbar Psyche und Körper. Wenn Sie ein Autolenkrad nach rechts drehen, ist dieser Vorgang gleichzeitig von einem unsichtbaren und einem sichtbaren Phänomen begleitet. Sie haben einerseits den Wunsch, an einem bestimmten Ort anzukommen. Dieser unsichtbare Gedanke führt zum Lenken. Das Lenken bewirkt dann andererseits konkret, daß sich die Räder des Autos in Reaktion auf die Lenkung sichtbar nach rechts bewegen. Zu diesem Vorgang bedarf es nicht zweier Menschen: eines, der denkt, und eines, der lenkt. Sie als das »Gehirn« des Autos tun beide Dinge gleichzeitig, weil diese untrennbar zusammengehören. Ebenso gleichzeitig steuert ihr Gehirn Psyche und Körper.

Nur diese Gleichzeitigkeit oder Parallelität ermöglicht dem Gehirn auch, eine Krankheit in den Körper zu »zaubern«, wie das Beispiel eines Familienvaters auf faszinierende Weise zeigt. Mit Frau und Tochter mußte er aus beruflichen Gründen umziehen. Es handelte sich um einen äußerst erfreulichen Grund: Er war befördert worden, und die Firma hatte ihm in der anderen Stadt sogar ein Haus mit Garten besorgt. Frau und Tochter trugen die Veränderung positiv mit. Alle fanden in Nachbarschaft, Beruf und Schule schnell neue Bekannte und Freunde und konnten sich gut integrieren.

Schon eine Woche nach dem Umzug begann der Vater einen heftigen Heuschnupfen zu entwickeln. Als die warme Jahreszeit vorbei war, behielt er allergische Reaktionen. In den Armbeugen entwickelte er sogar neurodermitisähnliche Hautstellen. Trotz gründlicher Untersuchung und Therapie konnten die Ärzte nicht wirklich helfen. Bis dahin war in der väterlichen Familie eine derartige Erkrankung auch nicht bekannt gewesen. Einer der vielen Heilungsversuche führte ihn als Klienten zum NLP-Therapeuten. Schon nach kurzer Zeit arbeiteten beide an dem ursprünglichen, prägenden Familienstück dieses Mannes.

Der Vater dieses Mannes war Berufssoldat gewesen. Dementsprechend häufig mußten der Klient und seine Familie umziehen. Das lief jedoch bei weitem nicht so glatt und positiv ab wie bei dem oben beschriebenen Umzug, wo er ein erwachsener Mann war. Die Soldatenfamilie hatte es insgesamt stets schwer, einen guten Anschluß am neuen Wohnort zu finden. Das lag nicht nur an den üblichen Anpassungsschwierigkeiten, sondern auch an den Eltern dieses Mannes. Die Mutter war eine überpenible Hausfrau, die besonders »allergisch« (Wortwahl des Klienten) auf Besuch im Haushalt reagierte. So durfte er als Junge nie Spielkameraden mit nach Hause bringen, sie hätten ja etwas schmutzig machen können. Auch ansonsten waren beide Eltern gegenüber fremden Menschen unangemessen mißtrauisch gewesen. Besonders heftig zeigten sie diese Abwehr jeweils beim Neueinzug. In den Freunden ihrer Kinder vermuteten sie stets einen schlechten Einfluß auf den Nachwuchs, und viel besser dachten sie auch nicht über Nachbarn und Kollegen. Der betreffende Klient lernte als Junge, daß die Eltern unangemessen heftig und ablehnend auf völlig »harmlose« (Klienten-Wortwahl) Mitmenschen reagierten. Mißtrauisch vermuteten sie sogar in den nettesten Menschen alles Negative und »schossen mit Kanonen auf Spatzen«.

Kaum eine andere Krankheit als der Heuschnupfen eignet sich besser, um diese alte Familiengeschichte in Form einer »Körpermetapher« so anschaulich nachzuerzählen. Wenn Sie sich die Reaktion des menschlichen Organismus bei dieser allergischen Erkrankung vergegenwärtigen, können Sie verblüffende Parallelen entdecken. Der Heuschnupfen entspricht einer Überreaktion des Immunsystems auf eigentlich völlig ungefährliche winzige Fremdkörper. Der Körper ist nicht in der Lage, eine unschuldige kleine Polle von einem bedrohlichen Virus zu unterscheiden. Er tut so, als sei die Polle ein Erzfeind, und »schießt« mit dem Aufgebot aller zur Verfügung stehenden Mittel »mit Kanonen auf Spatzen«. Ein gesunder Körper hingegen registriert die Polle als absolut harmlos und kann friedlich mit ihrer Existenz leben.

Die Parallele zur Familiendynamik des Patienten liegt auf der Hand. Die Eltern lebten den Kindern vor, unangemessen abwehrend auf harmlose Fremdkörper – in diesem Falle andere

Menschen – zu reagieren. Interessant ist auch die mit dem Körperphänomen übereinstimmende Wortwahl des Patienten, wenn er seine Ursprungsfamilie beschreibt: Die Mutter reagierte »völlig allergisch« auf die anderen Kinder, die er mit nach Hause bringen wollte.

Es bleibt die Frage, warum diesen Mann als Erwachsenen nun der Heuschnupfen befiel, als er selbst als Familienvater mit Frau und Kind umzog. In seinem Mausefallen-Stück ist eine allergische Reaktion beim Umzug vorgesehen. Äußerlich kann das Stück nicht aufgeführt werden, da die zur Verfügung stehenden »Schauspieler« – Frau, Kind, Kollegen, neue Nachbarn und sein eigenes vernünftiges Erwachsenen-Ich – für die vorgesehene Besetzung völlig ungeeignet sind. Wie kann das Gehirn es da trotzdem schaffen, das einprogrammierte Stück zur Aufführung zu bringen? Statt der äußerlichen gibt es eine innere Inszenierung. Interessant für diese Aufführung ist dann nicht mehr der tatsächliche Inhalt der alten Familiengeschichte, sondern die *Struktur* des Familiensystems: eine allergische Überreaktion auf Fremdes von außen. Das Gehirn greift diese Struktur auf und entwickelt aus diesem Stoff die Körpermetapher.

Bei vielen Krankheiten wird man Parallelen zwischen Körperreaktion und alter Familiengeschichte finden können. Als beeindruckendes Beispiel ist hier noch die Migräne zu nennen. Hier entstehen oft sogar unerträgliche Kopfschmerzen als Folge eines extremen, entgegengesetzten Wechselspiels von starken Gefäßreaktionen. Zu neunzig Prozent findet der erfahrene Therapeut bei diesen Patienten eine Parallele in der Prägungsfamilie, die in der Struktur dieser Kopfschmerzart entspricht: Wichtige Bezugspersonen lebten dann meist in einem chronisch unvereinbaren und »schmerzlichen« Gegensatz miteinander. Meist sind es die Eltern gewesen, oft aber auch unglückselige Paare wie beispielsweise Mutter und Oma.

Vor diesem Hintergrund können wir das Phänomen der sogenannten Symptomverschiebung besonders gut verstehen. Schon seit vielen Jahren wissen erfahrene Psychotherapeuten und Ärzte, daß manche Patienten nach einer erfolgreichen medizinischen Behandlung plötzlich eine neue Krankheit entwickeln. So bekam einer unserer Patienten nach einer komplikationslos verlaufenen Bandscheibenoperation nach den verschwundenen Rückenbeschwerden plötzlich einen schmerzenden Tennisarm – obwohl er noch nie Tennis gespielt hatte. »Ich habe selbst das Gefühl, als würde ein Problem in meinem Körper herumrutschen«, kommentierte er die neuen Beschwerden. Auch in diesem Fall wurde der Schmerz behandelt, nicht jedoch das Mausefallen-Stück, das auf der Lebensbühne ein schmerzliches Ereignis fest eingeplant hat. Irgendwie findet die Aufführung schon statt. Fällt der eine »Schauspieler« aus (der Rücken), wird eben ein anderer engagiert (der Arm). Eine alte Hamburger Ärztin mit jahrelanger Berufserfahrung erzählte mir ihre sehr interessanten Beobachtungen mit Psoriasis-Patienten. Diese schwer zu behandelnde Hauterkrankung, im Volksmund Schuppenflechte genannt, würde spontan abheilen, wenn die Betroffenen einen schlimmen Unfall erlitten. Übernimmt nach unserer Mausefallen-Theorie also der Unfall die Bösewicht-Rolle, muß die Haut »abtreten«, da ihre Rolle jetzt vom Unfall »geklaut« wurde. Man benötigt schließlich auch nicht zwei Hexen für die Aufführung »Hänsel und Gretel«. Und würden doch zwei Hexen mitspielen, wäre das Stück eben nicht mehr »Hänsel und Gretel«. Entsprechend weiß auch jedes menschliche Gehirn penibel über die vorgeschriebene Rollenverteilung der »inneren Familie« Bescheid. Tatsächlich verschwand die Psoriasis einer guten Freundin innerhalb zweier Tage, als sie nach einem Unfall im Krankenhaus lag. Nach der Gesundung stellten sich die Hautstörungen sofort wieder ein.

Oft führt das Gehirn auch Krankheiten nach dem Tod von wichtigen Familienmitgliedern – meistens den Eltern – auf. Diese Personen können außen nicht mehr die Rollenbesetzung übernehmen, sie sind als Schauspieler quasi abgetreten. Dennoch wollen die Gehirnzellen aufgrund der Prägung das Stück weiterhin zuverlässig aufführen. So inszenieren sie auch hier mit dem Körper selbst die unbesetzte Rolle. Oft erleben zuvor völlig ausgeglichene und selbstbewußte Menschen Angstattakken oder andere Beeinträchtigungen, wenn angstbesetzte oder ungeliebte Elternteile verstorben sind. Das chronische Elternfeindbild ist außen abgetreten und »rutscht« nun über die Krankheit in das eigene Nervensystem. Wenn Menschen ihre tyrannischen Eltern lange Jahre pflegen, können sie durchaus nach deren Tod eine Krankheit entwickeln, die sie weiter angebunden und unfrei hält. Vor diesem Hintergrund erscheinen mir auch Totenkulte, wie sie in anderen Ländern und Kulturen noch weit verbreitet ausgeübt werden, als sehr sinnvoll für die körperlich-seelische Gesundheit eines Menschen. Die Spanier beispielsweise halten an Feiertagen auf den Friedhöfen fröhliche Picknicks ab, an denen die Toten »teilnehmen«. So werden Verstorbene weiterhin auf eine freundliche Weise vom eigenen Gehirn als *außerhalb des eigenen Körpers* erlebt, sie haben nur den »Wohnsitz« gewechselt. Man kann mit ihnen Kontakt haben und fröhlich sein, man kann sich aber auch trennen, indem man wieder nach Hause geht und man selbst ist. Leider kann ich das Thema Toten- und Ahnenkult hier nur streifen und betonen, daß diese Rituale sicherlich dem tiefen Bedürfnis der Menschen nach seelisch-körperlicher Gesundheit entsprungen sind. Sie ermöglichen dem Gehirn eine kontrollierte und übersichtliche »Speicherung« der von der Welt verschwundenen nahestehenden Menschen.

Dem Mann aus unserem Beispiel konnte mit der Reimprinting-Methode geholfen werden. Als in der NLP-Sitzung sein ursprüngliches Familienstück in seinem »persönlichen Gehirn« zu einer eigenen, gesunden und kraftvollen »Aufführung« verwandelt werden konnte, hörte der Heuschnupfen auf.

Prägung und Beziehungen

Unter dieser Überschrift könnte ich leicht ein eigenständiges Buch schreiben. Es ist sicher jedem verständlich, wie stark die alten Familienprägungen unsere erwachsenen Beziehungen zu ungewollten Mausefallen machen können. Dieses umfangreiche Thema kann an dieser Stelle nur gestreift werden. Statt einer allgemeinen Erörterung möchte ich hier weitere Fälle vorstellen, die exemplarisch das Phänomen »Prägung und Beziehung« spannend und repräsentativ zugleich wiedergeben.

Eine junge Patientin mit zwei kleinen Kindern begab sich mit schweren Depressionen in meine Therapie. Es stellte sich heraus, daß ihre Wesensveränderung ungefähr zu dem Zeitpunkt begann, als der Ehemann plante, ein Haus für die Familie zu kaufen. Die Depressionen verstärkten sich noch mit dem Einzug. Zunächst vermutete ich, daß sich das junge Paar, wie so oft der Fall, mit Schulden übernommen hatte oder daß die neue Umgebung der Patientin nicht gefiel. Doch diese Thesen mußte ich verwerfen. Mir wurde sogar berichtet, daß der Mann aus einer sehr wohlhabenden Familie stammte und daß er das neue Haus aus seinem Vermögen spielend bezahlen konnte. Die Umgebung sei eine Verbesserung, vor allem für die Kinder. Auch in den Paargesprächen ergab sich nichts »Verdächtiges«. Der Mann ging auf eine angenehme Art ehrlich und verständnisvoll mit seiner Frau um. Ich konnte ihm seine große Ratlosigkeit anmerken: Da tat er alles, um seine Familie glücklich zu machen, und erlebte statt des ersehnten Frohsinns die seltsame Traurigkeit seiner Frau.

In einem Gespräch unter vier Augen schilderte er mir, wie wichtig ihm das Familienleben ist. Seine Eltern hatten es zu Wohlstand gebracht – jedoch auf Kosten der familiären Geborgenheit. So wuchs er zwar in materiellem Überfluß auf, bekam seine Eltern jedoch nur selten zu Gesicht. Er war ein gehobenes Schlüssel-Kind. Als erwachsener Mann gab er sich daher alle Mühe, der eigenen Familie eine besonders schöne Familienatmosphäre zu bieten. Er konnte es beruflich sogar einrichten, relativ oft zu Hause zu sein und sich an der Kindererziehung aktiv zu beteiligen – eigentlich ein Traumfamilien-Ehemann.

Hier ergab sich die Auflösung hauptsächlich in der Familiengeschichte der Frau. Ihren Vater hatte es als ostdeutschen Flüchtling in das westdeutsche Heimatdorf der Mutter verschlagen. Die Eltern verliebten sich und heirateten. Er zog in das Familienhaus seiner Frau ein, in dem auch seine rüstige und dominante Schwiegermutter mit lebte. Nach der Geburt zweier Kinder – eines davon ist die Klientin – flaute die erste Verliebtheit zwischen den Eltern wohl stark ab. Ernüchtert mußte der ehemalige Flüchtling feststellen, daß er in einem uneinnehmbaren Matriarchat gelandet war. Seine Frau war ihrer eigenen Mutter ängstlich hörig und kam aus ihrer Kindrolle nicht heraus. Zunächst hatte er es als Flüchtling sehr angenehm gefunden, in ein gemachtes Nest zu kommen, doch langfristig wollte er selbst Herr im eigenen Hause werden. Er bat seine Frau, mit ihm gegen den Willen der Schwiegermutter ein eigenes Haus zu bauen, somit ihr Elternhaus zu verlassen und als Familie eigenständig zu leben.

Aus diesen Wünschen ist wegen der Ängstlichkeit der Mutter nie etwas geworden. Der Vater litt unter seiner ewigen Gastrolle im Hause der Schwiegermutter, die ihn auch seine Rechtlosigkeit im für ihn immer »fremden« Heim stets herrisch spüren ließ. Einerseits war er Schwiegersohn und Enkelkinder-Lieferant, andererseits blieb er für diese mütterliche Familie ewig der »Zugereiste und Aufgenommene«. Für die Ehe hatte das natürlich zerstörerische Folgen. Der Vater lebte seine Wut nicht aus, sondern verfiel über Jahre in ein chronisches Beleidigtsein. Er strafte Frau und Schwiegermutter durch eine permanent finstere Verstimmung. Für die Kinder war die Atmosphäre natürlich sehr gespannt.

Die Patientin nun schlug sich als kleines Mädchen gefühlsmäßig auf die Seite des Vaters. Vom Verstand her erfaßte sie zwar nicht den eigentlichen Grund für die Kälte zwischen den Eltern, entschied sich aber rein emotional für die Sichtweise, daß die Mutter an dem offensichtlichen Unglücklichsein des Vaters die Schuld hatte. Die tiefe Identifikation mit dem Vater wurde ihr als Ehefrau zum Verhängnis. Als der Ehemann von seinem eigenen Vermögen ein Haus kaufte, fühlte sie sich genauso »fremd« wie der Vater im Haus der Schwiegermutter, das ja auch nicht seinen Besitzverhältnissen entsprungen war. Ja, gerade die Tatsache, *daß* der Mann großzügig sein Geld in die Ehe einbrachte, verschlimmerte die ganze Situation. Sie war nicht glücklich, sondern fühlte sich auf einer tief unbewußten Ebene genauso angebunden und rechtlos wie früher der Vater. Sie hatte in ihrem Familienstück gelernt, daß der Ehepartner mit Besitz für den von der Herkunft her »armen« anderen zum Unglück wird.

Die Depression entpuppte sich also als die in der Tochter wiederauflebende finstere Verstimmtheit des Vaters. Das durch Modellernen in der Kindheit erworbene Beleidigtsein-Programm hatte sich über all die Jahre in ihren Gehirnzellen versteckt. Beim Hauskauf dann kam es zur »großen Aufführung« des intensiv erlernten alten Familienstückes. In diesem Stück ist nicht vorgesehen, daß man sich darüber freut, wenn ein Familienmitglied die anderen an seinem Besitz teilhaben läßt. Nein, man fühlt sich erpreßt und seiner Freiheit beraubt.

Auf tragische Weise verstärkte der Ehemann diese Mausefalle, indem er immer mehr materielle Freuden eingab: schöne Möbel, für seine Frau ein eigenes Zimmer, Erholungsreisen usw. Er war der irrigen Meinung, mit diesen Gaben seine Frau heilen zu können. Denn er hatte ja in seiner Familie gelernt, daß man mit materieller Großzügigkeit Liebe und Zuneigung zu seinen Nächsten ausdrücken kann. In diesem Teufelskreis wurde sie immer unglücklicher. Depressiv und stumm erduldete sie die zunehmende Freiheitsbeschneidung.

Bis zur Therapie erlebte auch diese Frau ihre Depression mit dem bereits oben beschriebenen »Fremdheitsgefühl«. Sie konnte sich vom Verstand her keinen Reim auf ihre seelische Talfahrt machen. Nachdem ich dem Paar die beschriebenen Zusammenhänge bewußtgemacht hatte, machte sie an sich selbst sehr interessante Beobachtungen. Sie ertappte sich dabei, wie sie Situationen, auf die sie beleidigt reagieren konnte, regelrecht inszenierte. So traf sie beispielsweise mit ihrem Mann die Verabredung, er solle am nächsten Tag den kleinen Sohn um vierzehn Uhr bei der Tagesmutter abholen. Bereits ab zwölf Uhr konnte sie bestimmten Äußerungen entnehmen, daß er diese Verabredung offensichtlich vergessen hatte. »Anstatt ihn dann rechtzeitig zu erinnern, wartete ich insgeheim zwanghaft darauf, ihm um vierzehn Uhr eine enttäuschte Szene machen zu können. Den Nachmittag verbrachte ich wieder stumm und unglücklich. Ich ließ ihn richtig ins Messer laufen. Eins weiß ich aber genau: Eigentlich will ich diese Atmosphäre zwischen uns nicht. Oft denke ich, diese Depression existiert wie eine fremde Macht in mir.«

In diesem Fall kam es gar nicht zum Einsatz der gesamten Reimprinting-Methode. Das Paar war offen und flexibel genug, die unglücklichen Wirkmechanismen ihrer Mausefalle allein aufgrund obiger Recherchen zu verstehen. Es galt für beide, eine »eigene Erfindung« über Familienglück zu entwickeln, um sich von den Prägungsfesseln zu befreien. Da nun der eingebrachte finanzielle Wohlstand des Mannes eine unabänderliche Tatsache darstellte, mußte die Ehefrau eine neue Denkschublade für vermögende Menschen aufmachen: »Es kann durchaus möglich sein, daß ein Mensch seinen Besitz mit mir teilt, weil er mich sehr lieb hat.«

Bei der Frau aus diesem Beispiel hat die Prägungsfalle zu einer inneren Veränderung geführt. Es gibt auch Fälle, wo sich Menschen unter dem Einfluß des Beziehungsphänomens sogar äußerlich gravierend verändern. Ein Mann war bis zu seiner Heirat dünn wie ein Hering gewesen. Nach der Eheschließung nahm er als Achtundzwanzigjähriger innerhalb eines Jahres hundert Pfund zu. Es stellte sich heraus, daß sein eigener Vater ebenfalls sehr dick in der Ehe war. Dieser hatte sich laut den

Erinnerungen des Patienten gegenüber der temperamentvollen und streitlustigen Mutter »ein dickes Fell« angeschafft. Dem Gehirn dieses jungen Mannes war es egal, daß seine eigene Ehefrau ein völlig anderes Wesen als die Mutter hatte: ruhig, ausgeglichen, verständnisvoll. Bis zur Heirat hatte er ihr Wesen auch in vollen Zügen genossen. Doch auf das Stichwort »Ehe« hin führte sein Unbewußtes das im Gehirn perfekt gespeicherte Ehestück auf. In dieser Mischung aus Drama und Komödienstadl gibt es feste Rollen für einen dicken Mann und eine nervige Frau. Er war schon dick geworden, also mußte nur noch die Frau zum Schreckgespenst verzaubert werden. Das geht dann so. Sie: »Wann kommst du heute abend nach Hause?« Während er vor der Heirat schlicht eine ungefähre Uhrzeit nannte, lautete die zum Ehestück passende Antwort: »Ich hasse es, wenn du mich ewig kontrollierst.« Ein solcher Vorwurf bringt auch Menschen mit einem sanften Charakter auf die Palme, die Frau wird tatsächlich zum Nervenbündel, und schon ist die Aufführung perfekt.

Diese beiden Beispiele sprechen eigentlich für sich. Der Vollständigkeit halber möchte ich dieses Kapitel mit einer weiteren interessanten Geschichte einer Patientin, die seit zwanzig Jahren einen festen Lebenspartner hat, abschließen. »Ich habe diesen Mann mit achtzehn Jahren kennengelernt. Wir haben uns prima verstanden, waren auch gute Freunde. Wir kamen beide aus zerstrittenen Elternhäusern und genossen die liebevolle Geborgenheit, die wir uns gegenseitig geben konnten. Mit einundzwanzig Jahren bekam ich ein Kind von ihm. Heiraten fanden wir überflüssig, wir lebten auch so glücklich mit unserer kleinen Familie. Nach ein paar Jahren holten wir die Heirat nach. Schon nach einer Woche Ehe gab es einen schlimmen Streit. Die Streitereien hörten nicht mehr auf und gipfelten nach weiteren drei Jahren in einer räumlichen Trennung und dann in der Scheidung. Eine Woche nach der Scheidung besuchte mein Ex-Mann mich und unseren gemeinsamen Sohn – und blieb bis heute bei uns. Er zog wieder ein, und seit zehn Jahren leben wir glücklich in Scheidung. Wir wissen beide nicht mehr, über welche Themen wir in der Ehe gestritten haben, es ist, als hätten wir einen Gedächtnisschwund für diesen Zeitraum.«

Erfahrene Paare wissen, daß räumliche Trennungen es manchmal ermöglichen, den Partner wieder als Menschen mit einer ganz eigenen Ausstrahlung zu erleben – ohne ihn blind aufgrund eines inneren Films mit einem Schatten aus der Vergangenheit zu verwechseln. Natürlich darf diese letzte Geschichte keinesfalls als ein ideales Rezept für Streitehen verallgemeinert werden. Sie soll Ihnen nur verdeutlichen, wie stark uns überwunden geglaubte alte Familienstücke plötzlich hilflos überrollen können, wenn nur für ihre Aufführung das passende Stichwort geliefert wird, wie zum Beispiel »Ehe« oder gar »Vater, Mutter, Kind«.

Prägung und Familie

Auch heute noch wachsen viele Menschen in größeren Familienverbänden auf. Die Familien leben bei uns zwar nur noch selten als Großfamilie zusammen, jedoch können die Generationen auch bei räumlicher Entfernung offensichtlich einen tiefen Einfluß aufeinander ausüben. Bei der Vorstellung der eigentlichen Reimprinting-Methode gehe ich gezielt auf einen Fall ein, der aus dem Zusammenwirken vieler Generationen auf einen Menschen entstanden ist. Hier möchte ich zur Veranschaulichung der verwickelten Möglichkeiten unserer Prägungsfallen die Geschichte eines achtzehnjährigen Schülers vorstellen, der seit seinem achten Lebensjahr an chronischen Kopfschmerzen litt.

Er wuchs in einem Dorf auf, wo seine Großeltern seit Generationen die einzige Bäckerei betrieben. In diesem Fall war die Großmutter die Bäckerstochter, der Großvater hatte in das Geschäft eingeheiratet. Die Großmutter hatte wiederum von ihrem Vater gelernt, daß das Geschäft im Leben immer Vorrang hat – sogar vor dem Familienleben. Entsprechend wurde auch der Vater des Klienten schon früh in das Bäckerfach eingeweiht, er sollte den Laden einmal übernehmen. Mit zwanzig Jahren lernte der Vater bei einem Besuch in der nächsten Kreisstadt die Mutter unseres Klienten kennen. Sie verliebten und verlobten sich, und nach zwei weiteren Jahren zog die Mutter mit in die Bäckerei ein. Die vorhandenen Räumlichkeiten boten ausreichend Platz für zwei Familien. Das junge Paar richtete sich eine eigene Wohnung ein, und schon bald kam besagter Klient auf die Welt.

Als der Junge acht Jahre alt war, starb überraschend der Großvater, der alte Bäckermeister. Hals über Kopf mußte sein Sohn, inzwischen auch mit den beruflichen Würden eines Meisters ausgestattet, das Geschäft übernehmen. Doch der Generationswechsel vollzog sich nur halb. Die alte Bäckersfrau blieb eisern im Geschäft – jetzt erst recht. Sie mußte doch überwachen, ob ihr inzwischen über dreißig Jahre alter »Junge« alles richtig macht. Das führte dazu, daß Mutter und Sohn tagsüber gemeinsam die Bäckerei führten und abends zusammen über den Geschäftsbüchern saßen. Da kam es schon öfter vor, daß die alte Bäckerin ihrem »Jungen« schnell ein paar Abendbrotschnitten und ein Bier hinstellte, während Schwiegertochter und Enkel in ihrer separaten Wohnung den Feierabend des Vaters allein verbrachten. Die Bäckerwitwe unternahm keinerlei Initiative, im Dorf ihre sozialen Kontakte zu pflegen. Ihr genügte als Partnerersatz völlig die Teamarbeit mit ihrem Sohn.

Schnell stellte sich die Ehekrise ein. Öfter drängte die Mutter ihren Mann, sie selbst mehr in das Geschäft mit einzubeziehen, denn ihrem Empfinden nach besetzte die Schwiegermutter dort einen Platz an seiner Seite, der eigentlich ihr zustand. Die Mitarbeit der Schwiegertochter lehnte diese stets als »völlig überflüssig« ab. So fühlte sie sich auch bald. Doch es kam nie zu einem Ablösungsprozeß, geschweige denn zu einem Kompromiß. Schon sehr bald gab die Mutter den offenen Widerstand auf. Die Schwiegermutter hielt ihre Position stur bis zum siebzigsten Lebensjahr durch. Sie hatte ja durch die eigene Prägung keinerlei Feingefühl für ein ausbalanciertes Familienleben vermittelt bekommen und konnte den durch ihr Verhalten verursachten Schaden bewußt sicher nicht ermessen. Der Vater unseres Klienten traute sich nie, die Ansprüche seiner Frau auch nur ansatzweise zu verteidigen.

Die Mutter fand bald eine Halbtagsstelle in der nächstgelegenen Bücherei. Sie verwandelte ihren ehemaligen lauten Protest in einen stillen, finsteren Ehewiderstand. Sie sprach nur noch sparsam und einsilbig mit ihrem Mann, wirkte stets beleidigt und richtete sich bezeichnenderweise ein getrenntes Schlafzimmer ein. In dieser Atmosphäre lebte der achtzehnjährige Sohn nun schon seit zehn Jahren, als er in meine Behandlung kam.

Nach den bisherigen Ausführungen über Mausefallen-Phänomene wundern Sie sich als Leser sicher nicht über die Kopfschmerzen dieses Klienten. Sie sind quasi als eine Gemeinschaftsleistung von Mitgliedern mehrerer Generationen zu verstehen. Bezeichnend ist hier wieder die Tatsache, daß alle beteiligten Erwachsenen mit dem Jungen immer liebevoll umgegangen sind. So sollten Sie auf der Suche nach den Hintergründen Ihrer persönlichen Mausefalle nicht nur mit der Frage forschen: »Was hat man mir angetan?« Viel wichtiger ist die Frage: »In welcher zwischenmenschlichen Dynamik bin ich aufgewachsen?« Oder: »Was haben die Großen mir früher vorgelebt?« Wir müssen also sensibel für die Gefühlswelt unserer früheren Angehörigen werden, um uns heute besser verstehen zu können.

Das Reimprinting konnte mit dazu beitragen, daß der Patient, jetzt zwanzig Jahre alt, heute fast symptomfrei ist.

Prägung und Erfolg

Wer möchte erfolgreich sein? Diese Frage ist nicht besonders ergiebig. Wer *darf* erfolgreich sein? Bei dieser Überlegung werden wir schon fündig, wenn wir verstehen wollen, warum die meisten Menschen sich selbst so sehr bei der Realisierung ihrer Ziele im Wege stehen. Diese Ziele können im privaten, beruflichen, gesundheitlichen und im persönlichen Bereich liegen. Jeder Mensch hat für sich eine ganz individuelle Definition von Erfolg. Wir sprechen hier von Erfolg, wenn ein Mensch durch eigene Kraft und aktiven Einfluß aus einem persönlichen Wunsch Realität werden läßt. Selbstverständlich will ich hier keine falsche Psycho-Romantik nach dem Motto verkaufen: »Jeder ist seines Glückes Schmied.« Das wäre ungerecht allen Menschen gegenüber, deren Lebensqualität nachweislich unter sozialer Ungerechtigkeit oder gar politischer Unterdrückung leidet.

Gerade angesichts dieser äußeren Barrieren sollte aber jeder Mensch in sich selbst ein gesundes Erfolgskonzept leben. Es ist überflüssig, daß sich zu äußeren Schranken auch noch innere Erfolgsblockaden hinzugesellen, mit denen Menschen sich den eigenen Lebenserfolg verbieten. Erinnern Sie sich daran, mit welchem pädagogischen Konzept Pippi Langstrumpf sich selbst ins Bett schickt: Sie führt einen Dialog mit sich selbst, um ihr Ziel zu erreichen. Genau das tut jeder erwachsene Mensch auf einer meist unbewußten Dialogebene in der eigenen Person. Wie sonst sollte man sich selbst zu Erfolgen motivieren können?

Die intensivste Beziehung hat ein Mensch *zu sich selbst.* Sie selbst sind der Mensch, mit dem Sie am häufigsten zusammen sind: Tag und Nacht. Nach über zehn Jahren psychotherapeutischer Praxis bin ich immer noch entsetzt über die Härten, Ungerechtigkeiten, Nörgeleien und Beleidigungen, mit denen viele Menschen sich selbst Tag und Nacht malträtieren. Da wird deutlich, wie wenig Unterdrückungsenergie es von außen bedarf, um Menschen zu ducken. Machthungrige Politiker und Vorgesetzte haben hier ein leichtes Spiel. Sie müssen nur noch ansprechen, was die Menschen eh schon über sich denken: Daß sie nichts taugen, wert- und nutzlos sind und aus diesem Grund eine »starke Hand« brauchen.

Wir benutzen in unserer Arbeit einen Muskeltest, der deutlich anzeigt, wie stark oder schwach Patienten auf ihre inneren Dialoge reagieren. Bei laut gesprochenen Selbstbeleidigungen wie »Ich Trottel« oder »Ich Idiot» *gelingt es keinem Patienten, den Muskeltest zu bestehen.* Sagen die gleichen Patienten im Test laut etwas Anerkennendes zu sich selbst, *haben sie nachweislich schon beim Sprechen deutlich mehr Muskelkraft zur Verfügung.* Wenn wir uns im inneren Dialog also selbst schon entwerten, liefern wir allen anderen Menschen unsere Schwäche gratis. Sie finden diesen Muskeltest im Anhang unter dem Stichwort »O-Ringtest« beschrieben.

Für die Erreichung von Lebenserfolgen und Lebenszielen benötigt jeder Mensch neben der äußeren auch innere Kraft. Kraft aus unserem Inneren können wir nur schöpfen, wenn irgend jemand auch einmal Kraft hineingeschöpft hat: und zwar in der Phase der Familienprägung. Ich bin bei weitem nicht die erste Psychologin, die die Wichtigkeit einer positiven Erziehung für das spätere Lebensglück eines Kindes beschreibt. Dieser frühe Einfluß hinterläßt lebenslange Gedächtnisspuren: Erwachsene lassen nämlich auch den früheren Erziehungs- und Motivationsstil von Eltern und anderen Großen in ihrem inneren Familienstück weiterlaufen.

Ein zuvor sehr leistungsfähiger junger Mann bekam ausgerechnet in seinem Lieblingsstudium Lernstörungen. In der Therapie erinnerte er sich an die Grundschule: »Mir machte das Lernen richtig großen Spaß.« Als er sein erstes gutes Zeugnis nach Hause brachte, beendete seine Mutter den gefährlichen Höhenflug ihres Sohnes mit dem vorsorglichen Kommentar: »Das ist nur das erste Mal so gut. Später wirst du es noch sehr schwer in der Schule haben.« Auch zu ganz alltäglichen Situationen gab es die allseits passende Lebensweisheit: »Den Vogel, der morgens singt, frißt abends die Katz'.«

Später verinnerlichte unser Student diese Art Kommentar tief unbewußt in den eigenen Gehirnzellen. Sowie ihm etwas besonders gut gelang, ihm eine Aufgabe großen Spaß machte oder er für eine Tätigkeit regelrecht begabt erschien, würde der Höhenflug durch eine innere Lähmung schnellstens beendet – genauso, wie früher die Mutter von außen destruktiv auf seinen Leistungsdrang wirkte. Kein Wunder also, daß die Lernschwierigkeiten ausgerechnet in seinem Lieblingsstudium auftauchten. Nicht nur im Studium, auch sonst befiel ihn chronisch eine innere Mutlosigkeit, wenn sich in seinem Leben ein besonderer Höhepunkt ereignete: die neue Freundin, eine schöne Wohnung, eine lang ersehnte Reise. Als Erwachsener mußte die Mutter gar nicht mehr persönlich bei ihm auftreten, so perfekt spielte jetzt das eigene Gehirn ihre Rolle in seinem inneren Dialog nach.

Sollten Sie nicht das Glück haben, als Kind ausreichend Anerkennung, Lob und Wertschätzung der eigenen Person erfahren zu haben, so besteht ihre einzige Chance darin, diesen positiven Umgang mit sich selbst als erwachsenem Menschen kultivieren zu lernen. Auch dieser Student »schrieb« mit Hilfe der Reimprinting-Methode sein inneres Stück zu einer Kraftquelle um und schaffte so dann doch glücklich seinen Studienabschluß. Viel wichtiger noch – er fing an, seine Lebenserfolge in vollen Zügen zu genießen. Nicht von ungefähr heißt es, daß sich ein Mensch freuen *kann*.

Wenn Sie sich Lebenserfolg wünschen, dann sollten Sie ein tiefes Mißtrauen gegen den Satz »Eigenlob stinkt« entwickeln. Diese Fehlmeldung bringt Sie unnötig in Gefahr, wie Wachs in den Händen von Menschen zu werden, die es nicht gut mit Ihnen meinen. Sie weicht Ihr Rückgrat auf, welches Sie für Ihre Lebenserfolge allernötigst brauchen. In Wirklichkeit ist Eigenlob das Lieblingsparfüm der erfolgreichen und glücklichen Menschen. »Wenn ein tugendhafter Mensch sich selbst liebt, so ist er deswegen noch kein sich selbst liebender Mensch, das heißt kein Egoist« (Mong Dsi: Weisheiten des Fernen Ostens).

Prägung und Beruf

Die meisten berufstätigen Menschen halten sich durchschnittlich über viele Jahre an den Werktagen acht Stunden täglich an ihrem Arbeitsplatz auf. Zeit genug, um auch am Arbeitsplatz seine Familienstücke sorgfältig zu inszenieren und vor einem dankbaren Publikum aufzuführen. Günstigerweise bieten die Arbeitsgruppen, die sich da für die verschiedensten Projektabläufe zusammentun, meist die ideale Anzahl von Schauspielern für die jeweils erforderliche Rollenverteilung. Als Folge entwikkeln dann scheinbar völlig vernünftige Menschen Verhaltens- und Reaktionsweisen, die eher in den Kindergarten gehören als zu einem ausgereiften Erwachsenendasein.

Diese Inszenierungen der alten Stücke können erhebliche Arbeitsstörungen auf allen Unternehmensebenen hervorrufen: unter Gleichgestellten, Vorgesetzten und Untergebenen, unter den Vorgesetzten selbst. Irreale Ängste, Leistungsblockaden und zwischenmenschlicher Streß sind die Folgen. Diese Auswirkungen wirken wie Sand im Getriebe der zu bewältigenden Sach-, Fach- und Führungsaufgaben der Unternehmensmitglieder. Der meiste Ärger am Arbeitsplatz entsteht nicht durch den mangelnden Leistungswillen oder unzureichendes berufliches Können von Arbeitnehmern und Arbeitgebern, sondern durch die Gespenster der Vergangenheit, die diese Menschen untereinander beschwören. In der psychologischen Fachsprache nennt man das ein Übertragungsphänomen: Aufgrund einer äußerlichen Kleinigkeit – sei es das Aussehen oder die Ähnlichkeit einer Situation – fängt das Unbewußte an, das Gegenüber mit einem ganz anderen Menschen aus der Lebensgeschichte zu verwechseln. Ab sofort reagieren die Gehirnzellen wie auf die damalige Person. Mit der individuellen Person des »Auslösermenschen« hat das alte Programm in der Regel nichts mehr zu tun. Es gibt sowohl positive als auch negative Übertragungen – je nachdem, ob neue Mitmenschen uns an liebe oder problematische Personen erinnern. Positive Übertragungen können zu sehr schönen und fruchttragenden neuen Kontakten führen. Leider bergen sie auch die Gefahr der unberechtigten Überschätzung eines anderen Menschen. Wirklich unangenehm aber sind negative Übertragungen. Sie gehören wohl mit zu den gravierendsten Ungerechtigkeiten, die Menschen unbewußt einander zufügen – nicht nur in der Firma.

Sekretärinnen werden kopflos, weil der Chef täuschend echt an den Vater erinnert, gleichgestellte Abteilungsleiter verstrikken sich im Bruderkampf, Verkäufer verweigern trotzig den Kunden wie ehemals den fordernden Eltern ihre Aufmerksamkeit, Geschäftsinhaber ängstigen sich vor der Ausbeutung durch die Angestellten wie ehemals vor dem Süßigkeitenraub durch gierige Geschwister. Angestellte wiederum verfallen in eine unberechenbare Pubertät den Vorgesetzten gegenüber – verbunden mit der vollen Wucht des dazugehörigen irrationalen, durch »die Alten« ausgelösten Verfolgungswahns.

Wir hatten einen Patienten, der schlagartig nie zuvor gekannte Ängste und Redehemmungen entwickelte, als er einen neuen Vorgesetzten bekam. Nach kurzer Zeit fanden wir heraus, daß ihn dieser völlig unschuldige Mann an seinen älteren Bruder erinnerte, der diesen Patienten in der Kindheit immer übel unterdrückt hatte. Der neue Vorgesetzte hatte die gleiche charakteristische Augenpartie wie der ungeliebte Bruder. Das reichte als Anlaß für diese Aufführung im Kopf unseres Patienten vollständig aus.

Sehr interessant war auch der Fall einer Speditionskauffrau, die in einer neuen Firma stets unter erheblichen Anlaufschwierigkeiten litt. »Ich benehme mich aus irgendeinem Grund beim Einstand viel schusseliger, als ich eigentlich bin, als hätte ich ein Brett vorm Kopf.« Diese Frau hatte eine zwei Jahre jüngere Schwester. Die beiden Mädchen hatten als Kinder ganz unterschiedliche Strategien, um mit der Streitehe der Eltern umzugehen: Die jüngere Schwester flüchtete sich in die Verdrängung der schlimmen Familiensituation. Sie verdrängte so gut, daß sie auch sonst nicht mehr viel mitbekam – beispielsweise in der Schule –, und entwickelte die dazugehörigen Konzentrations- und Lernschwächen. Besagte Speditionskauffrau hingegen flüchtete sich als Kind in Leistung. Sie machte sich dadurch unangreifbar, daß sie in der Schule gute bis sehr gute Ergebnisse erzielte.

Kam sie nun als Erwachsene in eine neue Firma, mußte sie wohl oder übel zunächst die Rolle der »Jüngsten« übernehmen. Das galt selbstverständlich nicht hinsichtlich der Lebensjahre, sondern hinsichtlich des Firmenkontextes für die Position unter allen Kollegen. Leider sah ihr Familienstück jedoch für die Rolle der Jüngsten eine Denk- und Leistungsblockade vor, die diese Frau ja auch stets deutlich zu spüren bekam. Dieses Blockadephänomen hörte aber schlagartig auf, wenn ein neuer Kollege oder eine neue Kollegin kamen, die die Jüngsten-Rolle besetzten. Denn nun konnte sie vollständig in ihrer alten Rolle der leistungsstarken Älteren aufblühen. »Aber ich kann wohl schlecht meinem Chef vorschlagen, zwei Tage nach mir noch jemanden einzustellen, damit ich der Firma etwas nütze«, bemerkte sie ganz richtig nach unserem »Familien-Fund«. Statt einer so aufwendigen Lösung führten wir dann lieber die Reimprinting-Methode durch.

Es gibt Unternehmen, die schon heute auf die Kenntnisse der systemischen Familientherapie und des Neurolinguistischen Programmierens zurückgreifen, um ihr Mitarbeiterpotential von den alten Übertragungsfallen zu »entzaubern«. Das ist besonders im Bereich Projektmanagement wichtig, wenn das reibungslose Zusammenwirken verschiedener Menschen und Teams zum guten Gelingen eines neuen Projektes erforderlich ist. Eine entsprechend fachgerechte Teamarbeit kann nur von wirklich erfahrenen Psychologen durchgeführt werden, bringt aber überzeugende Erfolge für die Leistungsfähigkeit der im Unternehmen arbeitenden Menschen. Die Reimprinting-Methode bietet den zusätzlichen Vorteil, mit einzelnen Personen des Unternehmens ohne einen entblößenden »Seelenstriptease« vor Kollegen intensiv und sehr schnell (ein halber bis ein Tag genügt) das innere Familienstück in eine positive Kraftquelle verwandeln zu können. Das Ergebnis ist dann ein konstruktiver und flexibler Umgang mit den Kollegen.

Hammer-Geschichte
Ein Mann will ein Bild aufhängen. Den Nagel hat er, nicht aber den Hammer. Der Nachbar hat einen. Also beschließt unser Mann, hinüberzugehen und ihn auszuborgen. Doch da kommen ihm Zweifel: Was, wenn der Nachbar mir den Hammer nicht leihen will? Gestern schon grüßte er mich nur so flüchtig. Vielleicht war er in Eile. Aber vielleicht war die Eile nur vorgeschützt, und er hat etwas gegen mich. Und was? Ich habe ihm nichts angetan; der bildet sich da etwas ein. Wenn jemand von mir ein Werkzeug borgen wollte, ich gäbe es ihm sofort. Und warum er nicht? Wie kann man einem Mitmenschen einen so einfachen Gefallen abschlagen? Leute wie dieser Kerl vergiften einem das Leben. Und dann bildet er sich noch ein, ich sei auf ihn angewiesen. Bloß weil er einen Hammer hat. Jetzt reicht's mir wirklich. – Und so stürmt er hinüber, läutet, der Nachbar öffnet, doch bevor er guten Tag sagen kann, schreit ihn unser Mann an: »Behalten Sie Ihren Hammer, Sie Rüpel!«

Diese wunderschöne Geschichte von Paul Watzlawick aus seinem Bestseller-Buch »Anleitung zum Unglücklichsein« beschreibt, wie perfekt Menschen innere Aufführungen zu äußeren umwandeln können. Es ist wohl eindeutig, daß der Nachbar nach diesem Vorfall diesen Unglücksprogrammierer *tatsächlich* nur noch flüchtig grüßen wird. Er entspricht dann genau der Rolle, die besagter Mann für ihn in Gedanken »geschrieben« hat. In der Psychologie bezeichnet man die Technik des Hammer-Ausleihers als »Selffulfilling prophecy«, zu deutsch: die »sich selbst erfüllende Voraussage«. Menschen nehmen innerlich – hundertprozentig von der Richtigkeit ihrer Gedanken überzeugt – ein Zukunftsereignis voraus. Aufgrund der klaren Vorstellung vom zu erwartenden Geschehen entwickeln sie auf einer unbewußten Ebene *genau das Verhalten*, das den vorweggenommenen negativen oder positiven Verlauf möglichst reibungslos garantiert. Zum Schluß lösen die Betroffenen die prophezeite Zukunft sogar durch ihr eigenes Dazutun aus. Hinterher heißt es dann im Brustton der Überzeugung: »Hab' ich's nicht gleich gesagt?« Es gibt Menschen, die diese Inszenierungskunst bis zur Perfektion beherrschen.

Das Hammer-Beispiel ist in seiner Tragweite noch eine harmlose Version besagter Inszenierungskunst. Zukünftige Ereignisse betreffen schließlich nicht nur Episoden mit Nachbarn. Wir machen uns bewußt und unbewußt alle möglichen Gedanken über die Zukunft. Im Gegensatz zur Gewißheit der Vergangenheit kann kein Mensch hundertprozentig wissen, was die Zukunft ihm bringen wird. Meistens werden Zukunftsvisionen aus *Lebenseinstellungen* genährt, die wir wiederum größtenteils in unserer Kindheit erworben haben. Bedenken Sie nochmals die Hammer-Geschichte. Lassen Sie vor diesem Hintergrund folgende Sätze auf sich wirken, die Lebenseinstellungen und -weisheiten von verschiedenen Menschen und ihren Familienstükken wiedergeben.

- »Im Alter wird man krank.«
- »Was Hänschen nicht lernt, lernt Hans nimmermehr.«
- »Männer sind Egoisten.«
- »Frauen bringen Unglück.«
- »Stiefmütter sind böse.«
- »Wahre Liebe gibt es nur im Roman oder im Fernsehen.«
- »Geld macht unglücklich.«
- »Ich bin ein geborener Pechvogel.«
- »In meiner Familie haben alle Frauen Migräne (... bekommen alle Krebs, lebt man nicht lange, kriegt man's mit der Galle usw.).«
- »Freu dich nie zu früh – es kann noch schlimm enden ...«
- »Bist du einmal reich auf Erden, wolln alle deine Freunde werden. Bist du aber selbst in Not, sind alle deine Freunde tot.«

Die Übertragung von der Hammer-Geschichte auf diese allgemeinen Lebensweisheiten liegt auf der Hand. Einmal durch Familienprägung in Kopf und Körper verinnerlicht, können diese insgesamt einschränkenden, sich selbst erfüllenden Prophezeiungen tatsächlich, wie von Watzlawick beschrieben, ein lebenslanges Unglück programmieren. Nehmen wir als Beispiel den letztgenannten klugen Spruch über Freunde. Es ist enorm, wie Menschen mit dieser Weisheit im Gehirn tatsächlich Freunde, Verwandte und Kollegen abstoßen, wenn es ihnen schlecht geht – sei es durch ihr unangenehmes Verhalten oder gar durch gezielte Manöver. So sagt die Schwiegermutter einer meiner Patientinnen konsequent nur den Nachbarn Bescheid, wenn sie ins Krankenhaus muß. Obwohl sie sogar die Firmentelefonnummern von Sohn und Schwiegertochter besitzt – die sie sonst recht gern benutzt –, ruft sie im Ernstfall absichtlich nicht an. Ist sie selbst nicht zu erreichen, vermuten die Kinder sie bei Nachbarn oder Freunden und wähnen alles in bester Ordnung.

Im Krankenhaus selbst erntet die alte Dame dann Mitleid, wenn sie nicht besucht wird. »Mein Sohn hat immer so viel zu tun, ich weiß nicht, wann er Zeit für mich hat.« Tatsache ist, daß er gleich käme, wenn er richtig informiert worden wäre. »Einmal wußten nicht einmal die Nachbarn, in welchem Krankenhaus sie war. Wir mußten überall herumtelefonieren. Das war jetzt schon der dritte Vorfall dieser Art«, stöhnte die genervte Schwiegertochter.

Denken Sie bitte nicht, solche ärgerlichen Vorkommnisse spielten sich nur im Zusammenhang mit alten Menschen ab. Personen jeden Alters schaffen sich kunstvoll außen die feindliche Welt, die zu ihren Vorbereitungen auf das Leben paßt. »Ein guter Mitarbeiter war offensichtlich unangenehm berührt, als ich ihm einen Extra-Urlaubstag schenken wollte«, berichtete uns ein Manager ratlos. »Als wenn es nicht in sein Konzept paßt, fair behandelt zu werden.« Es ist wie mit Pauls Lottogewinn. Wenn ein Mitmensch für Sie eine Feindrolle vorgesehen hat, können Sie machen, was Sie wollen: Jede Tat wird Ihnen kunstvoll als Schlechtigkeit verdreht.

Die bisher besprochenen Beispiele beziehen sich auf zwischenmenschliche Ereignisse. Wenn die Technik der Selffulfilling prophecy aufgrund von Lebenseinstellungen die Gesundheit und den persönlichen Erfolg eines Menschen beeinträchtigt, hat dieses Prinzip fatale Auswirkungen. Im NLP arbeiten wir auch intensiv mit der unbewußten Lebenslinie, der »Timeline« unserer Patienten. Es ist erschreckend, wie viele noch junge Menschen in unserer Kultur schon ab dem sechzigsten Lebensjahr graue Bilder von Depression, Einsamkeit und Krankheit auf ihre unbewußte Lebenslinie pflanzen. Bedenken Sie die Katastrophe, wenn diese grauen Bilder genauso »in Erfüllung« gehen wie die unguten Gedanken in der Hammer-Geschichte. Eine Katastrophe deshalb, weil in unserer Kultur die meisten Menschen nach dem sechzigsten Lebensjahr noch weitere unendliche zwanzig bis dreißig Lebensjahre vor sich haben!

Wir hatten den Fall eines jungen Alkoholikers, der schon mit achtzehn Jahren auf geheimnisvolle Weise »irgendwie« genau wußte, daß er nicht alt werden würde. Er hatte stets unter der jammernd-vorwurfsvollen Art seiner Mutter gelitten. Die Ehe seiner Eltern war unglücklich. Die Mutter hatte eine sehr betuliche Schwester, jedoch einen völlig gegenteiligen Bruder. Dieser Bruder fuhr als Schiffsoffizier zur See. Er war ein richtiges Rauhbein, trank und rauchte, was das Zeug hielt, und genoß an Land das Leben in vollen Zügen – nach Seemannsart. Einmal zum familiären Kaffeetrinken eingeladen, ging ihm das Getue seiner beiden Schwestern, die seinen Lebenswandel naserümpfend ablehnten, gehörig auf die Nerven. »Er rauchte die beiden in der Pfeife«, erzählte besagter Patient mit leuchtenden Augen. »Die haben nur noch dagesessen und geheult.« Selten zeigte er einen so glücklichen und lebendigen Gesichtsausdruck wie beim Erzählen dieser Geschichte.

Noch nie hatte er erlebt, daß ein Mensch seiner Mutter so überzeugend die Stirn bieten konnte. Sein Vater hatte auf die schlechte Ehe stets mit Abwesenheit reagiert, was er in seinem Manager-Beruf prima organisieren konnte. Natürlich wurde die Mutter so immer unglücklicher statt umgänglicher. Unter diesen Umständen fand der Sohn im Vater natürlich kein geeignetes Männermodell für einen direkten und befreienden Umgang mit der komplizierten Mutter, unter deren Unverständnis er so litt. Kein Wunder, daß er dann den Onkel nach seinem überzeugenden Auftritt als Männermodell »adoptierte«. Leider erlitt dieser Onkel kurz nach der Kaffeetrinken-Episode unter schwerem Alkoholeinfluß im Alter von Mitte Dreißig einen tödlichen Unfall.

Kurze Zeit später keimte in unserem Patienten die eigene Todesahnung auf. Er hatte unglücklicherweise gelernt: »Tolle Menschen mit persönlicher Freiheit trinken viel und sterben früh.« Jeder Jugendliche wünscht sich sehnlichst, toll und frei zu sein. Auch dieser junge Mann arbeitete hart daran, über das Modellernen dieses Ziel zu erreichen. Spätestens mit zwanzig Jahren war er ein waschechter Alkoholiker. Er rauchte wie ein Schlot. Befragt nach den Gesundheitsschäden dieses Lebenswandels, antwortete er stets: »Ich sterbe sowieso mit dreißig, was soll ich also jetzt noch auf meinen Körper achten?« Die Idee, daß nur er selbst und keine undefinierbare Schicksalsbestimmung an seinem Grab arbeitete, hatte er nie. Mit fünfundzwanzig Jahren hatte er schon vier Suizidversuche hinter sich. Die Überzeugung, sein Alkoholismus sei »richtig«, und der Alkoholkonsum selbst waren schon zu weit fortgeschritten. Leider kam für ihn jede Hilfe zu spät. Wir verloren den Fall aus den Augen. Später erfuhren wir, daß er es tatsächlich »geschafft« hatte, im Alter von dreißig Jahren zu sterben. Ein trauriges Ende für einen Menschen, der auszog, sich selbst zu befreien.

Es bleibt zu sagen, daß *positive Lebenseinstellungen* eine ebenso starke Selffulfilling prophecy darstellen wie einschränkende »Weisheiten«. Wenn Sie erfolgreiche Menschen nach ihren früheren Zukunftsvisionen befragen, hören Sie oft Antworten wie: »Ich habe irgendwie immer gewußt, daß ich es schaffen würde.« Oder: »Ich hatte nie den geringsten Zweifel, daß ich meine große Liebe finden würde.« »Ich habe mir das Alter immer schön vorgestellt.« Wie in der Hammer-Geschichte entwickeln Menschen mit diesen optimistischen Lebenseinstellungen automatisch Verhaltens- und Denkweisen, die sie unaufhaltsam zu ihrer Lebenserfüllung steuern. Entwerfen Sie innerlich ein kraftvolles Prägungsstück mit den untrennbar damit verbundenen offenen Lebenseinstellungen, die das Positive magnetisch anziehen. Die Aufführung vollzieht sich dann (fast) von allein.

Das Reimprinting
oder
Die Sehnsucht eines jeden Menschen
nach Gesundheit

Die Weltgesundheitsorganisation (WHO) hat schon vor vielen Jahren den Begriff Gesundheit neu definiert. Früher galt als gesund, wer keine Krankheit aufwies. Heute wird Gesundheit mit dem Maß an *Lebensqualität* gemessen, das ein Mensch täglich an Leib und Seele erfährt. Was aber bedeutet Lebensqualität für den einzelnen? Ein Dach über dem Kopf, genug Geld und Lebensmittel? Das befriedigt den Leib, aber die Seele noch lange nicht. Seelische Lebensqualität kann man nicht in Gewicht, Quadratmetern oder sonstigen Einheiten messen, und dennoch wirkt sie sich handfest gesundheitsfördernd oder -schädigend auf das »Material« Körper aus.

Woher wissen aber die Menschen um ihre fehlende Lebensqualität, wenn sie in der Familie nur eine für ihre Seele ungesunde Atmosphäre kennengelernt haben? Woher kommt die Ahnung, daß es noch etwas Besseres geben müsse? Selbstverständlich nährt auch der Vergleich mit anderen Familien und Menschen diese gesunde Sehnsucht. Aber es gibt noch einen, und zwar einen unbestechlichen Maßstab für seelisch-körperliche Gesundheit: Er ist tief in unserem Unbewußten, in Körper und Gehirn, verankert. So beschreibt es – für mich überzeugend – der russische Wissenschaftler Anochim, der bereits 1935 eines der wertvollsten Modelle für die Kybernetik aufstellte. Er behauptet nicht, daß ganz konkrete Ansprüche – wie etwa der Wunsch nach einem bestimmten Auto oder einem idealen Lebenspartner – in uns vorliegen, aber daß wir von Geburt an sehr genau wissen, wie sich ein gesundes Leben körperlich *anfühlen* muß. Dieses Wissen trägt jede Zelle unseres Körpers in sich. Der Nährstoffgehalt des Blutes, der osmotische Druck, Sexualhormone usw. müssen einen bestimmten *konstanten* Spiegel erreichen, damit unser Organismus, und somit Körper und

Seele, sich wohl und gesund fühlt. Gehirn und Körper streben unermüdlich die Erreichung dieses angeborenen Ziels an. Abweichungen von diesem körperlichen Maßstab werden uns immer wieder über Unzufriedenheit, Schmerz, Depressionen und Krankheit zurückgemeldet. Diese Gefühle sollen uns eigentlich dazu motivieren, etwas dafür zu tun, daß besagte Spiegel erreicht oder wieder erreicht werden.

Unser Körper funktioniert sowieso in seinen wichtigsten Abläufen nach dem Homöostase-Prinzip. Beispielsweise »weiß« das Gehirn von Geburt an, daß überall im Körper eine Temperatur von 37,0 bis 37,5° C herrschen sollte. Abweichungen von diesem Sollwert werden empfindlich registriert und prompt mit Gegenreaktionen, wie etwa dem Schwitzen, ausgeglichen. Psychische Erlebnisse berühren die Körperempfindungen ebenso wie gegenständliche Abläufe – beispielsweise die Nahrungsaufnahme oder ein Schmerz aufgrund der Berührung der heißen Herdplatte. Jeder weiß, daß bei Verliebtheit das Herz anders schlägt oder daß bei Angst vor einem anderen Menschen sich die Muskeln verkrampfen. Auch diese körperlichen Reaktionen auf psychisches Erleben vergleicht das Gehirn mit der in den Körperzellen angeborenen Idealvorstellung von unserer körperlichen Gesundheit. Führt beispielsweise die oben erwähnte Muskelverkrampfung zu einer deutlichen Abweichung vom gesunden Idealzustand des Körpers, schaltet auch hier das Gehirn prompt eine Gegenreaktion ein. Diese wäre dann nicht Schwitzen, sondern vielleicht eine Depression, eine unzufriedene Ruhelosigkeit oder eine psychosomatische Erkrankung. Erinnern Sie bitte hier aus dem Kapitel über das Gehirn, daß sogar jede einzelne Gehirnzelle – vernetzt in einer Unzahl von neuronalen Schaltkreisen – um die Existenz aller Elemente Ihrer Prägungserlebnisse »weiß«. Auch hier vergleicht schon die einzelne Zelle die Chemie des Zusammenwirkens all dieser Prägungselemente mit der Chemie des gleichzeitig von ihr angestrebten gesundheitlichen Idealzustands. Ist die Diskrepanz zu groß, entsteht in Körper und Seele die Sehnsucht, die tief unbewußt wahrgenommene Lücke zu füllen.

Selbst scheinbar zerstörerische Verhaltensweisen, wie beispielsweise Alkohol- oder Nikotingenuß, können wir nur richtig verstehen, wenn wir auch die gesundheitserhaltenden Elemente dieser Süchte sorgfältig wahrnehmen. Alkoholgenuß steht bei vielen Menschen oft in einem unmittelbaren Zusammenhang mit einem äußerst positiven sozialen Erlebnis. Wer schunkelt schon selig und ist dabei stocknüchtern? Was ist, wenn dies für einen bestimmten Menschen der einzige Weg zu einem wirklich befriedigenden und erhebenden Gruppengefühl ist? Auch ein schönes zwischenmenschliches Erlebnis mit anderen Menschen kann jeder Lebendige körperlich fühlen. Auch diese Art Gefühle werden in ihrer Qualität vom Gehirn wahrgenommen und mit der Idealvorstellung in der Zelle verglichen. Im NLP versucht man nicht, diesen einen Weg (hier Alkohol) gewaltsam zu blockieren, sondern ihn *um zehn neue zu ergänzen.* Wenn ein Unbewußtes dann *elf* Möglichkeiten hat, Wohlgefühl-Ziele zu erreichen, wird der Alkohol-Weg automatisch uninteressant. Erfolgreiche Psychotherapie arbeitet *mit der Sehnsucht der Menschen und nicht gegen sie.*

Die Reimprinting-Methode entspricht der Sehnsucht eines jeden Menschen, seinen ihm angeborenen Maßstab für eine individuelle gesundheitserhaltende Lebensqualität zu erreichen. Diese Sehnsucht arbeitet in der menschlichen Seele unbestechlich, ruhelos und unabhängig von der Familienprägung. Sie motiviert den Menschen, »über sich hinauszuwachsen«, also zusätzlich zu der durch die Familie entstandenen Grundlagen noch viele weitere, über diese erste Prägung hinausgehende Blüten zu treiben. Man muß jeden klagenden Menschen ernst nehmen, auch wenn er es, objektiv betrachtet, noch so gut hat. Offensichtlich fehlt ihm noch ein Puzzle-Teil in seiner inneren Verfassung, um sich von innen heraus wohl zu fühlen. Diese fehlenden Puzzle-Teile für eine optimale körperlich-seelische Gesundheit entbehren dic meisten Menschen schon in ihrer Familienprägung. Die Reimprinting-Methode hat zum Ziel, diese Lücken zu füllen, um so ein vollständiges inneres Gebilde der idealen ganzheitlichen Gesundheit eines Menschen zu erreichen. Das englische Wort »Reimprinting« bedeutet nicht etwa »neu prägen«, sondern »wieder prägen«. Es wird eine Situation hergestellt, in der ein Mensch seine Vergangenheit noch einmal aufrollen und ungünstige Prägungssituationen zu einem gesunden Ende bringen kann. Dabei versucht man nicht, das bereits vorhandene Prägungspotential zu bekämpfen oder gar – eine für mich zutiefst unheimliche Vorstellung – zu löschen. Wir versuchen vielmehr, zu den unzureichenden Kraftquellen *neue hinzuzufügen*, das Wachsen über sich hinaus zu ermöglichen.

Ich vertrete also nicht die Theorie, daß ein Mensch automatisch gutheißt, was er kennengelernt hat, nach dem Motto: »Der hat nie etwas anderes erlebt, also stört es ihn nicht.« Ein beeindruckendes Beispiel sind hier afrikanische Frauen, die sich ihren Mann oft mit etlichen Mit-Ehefrauen teilen müssen. Es gab einmal eine Fernseh-Talk-Show zu diesem Thema. Dort vertraten sogar Völkerkundler die These, daß die afrikanische Frau die Vielweiberei schätze, weil sie meist keine andere Form der Ehe kenne und immerhin durch dieses System optimal versorgt sei. Entrüstet belehrten die eingeladenen afrikanischen Frauen die Zuschauer, daß sie alle sehr wohl massiv unter dieser Ehekultur litten. Auch in persönlichen Gesprächen werden Ihnen afrikanische Frauen immer bestätigen, daß sie unter der Existenz der Mit-Ehefrauen emotional genauso leiden wie die deutsche Frau wegen der Geliebten ihres Mannes. Auch eine jahrhundertealte Tradition ändert nichts daran, daß Schmerz auch als Schmerz empfunden wird.

Auch vor der Entwicklung der sehr systematischen Reimprinting-Methode haben die Menschen schon immer versucht, wegen der Diskrepanz zwischen vorgefundener Welt und dem inneren Wohlgefühl-Maßstab über ihre ursprüngliche Familienprägung, Tradition und Kultur hinauszuwachsen, dem Überlieferten etwas Eigenes, Kreatives, Neues hinzuzufügen. Die Menschen probieren immer wieder neue Wege aus, um sich dem unbewußt körperlich verankerten Ziel zu nähern. Nur so erhält die Menschheit durch jede weitere Generation ständig neue Impulse. Wäre dem nicht so, müßte das Buch an dieser

Stelle enden. Ich habe ausführlich beschrieben, wie sich die Familienprägung auf das Leben des Erwachsenen auswirkt. »Einmal geprägt, für immer gezeichnet, fertig ist die Laube ...«, so hoffnungslos muß kein menschliches Leben verlaufen. Chancen für eine positive Weiterentwicklung bieten sich ein Leben lang.

Jeder Mensch strebt deshalb unbewußt sein Leben lang ein Höchstmaß an psychischer Gesundheit an, weil sich die psychische Gesundheit so wohltuend und lebensverlängernd im Körper spürbar macht. Sie ist unsere stärkste und natürlichste Heilkraft. Um dieses Ziel zu erreichen, muß er auch sein ursprüngliches, für eine lebenslange körperlich-seelische Gesundheit oft unzureichendes Prägungsstück weiterentwickeln, damit seine Gehirnzellen lernen, zuverlässig und automatisch ein gesundes Leben mit allen dazugehörigen Puzzle-Teilen zu realisieren – genauso, wie sie zuvor verläßlich das alte Stück aufführten. Der Stoff, aus dem die Veränderungen sind, der Mausefallen in eine blühende Seelenlandschaft verzaubert, sind die persönliche Kreativität und der Reichtum aller Erlebnisse, die über die Ursprungsprägung hinaus gemacht wurden. Diese dann neu verankerte innere Aufführung stellt unbewußt Weichen für ein erfülltes und gesundes Leben. Das Gehirn koordiniert die körperlichen Abläufe zu gesundheitlicher Kraft. Es sorgt dafür, daß Sie durch unbewußte Merkmale wie Körperhaltung, Mimik, Klang der Stimme eine positive und überzeugende Ausstrahlung auf andere Menschen ausüben. Es lenkt Ihre Gedanken zu lebenserfüllenden Zukunftsvisionen. Selbstachtung und Selbstwertgefühl werden zur Selbstverständlichkeit.

Das Reimprinting kann natürlich keinen Einfluß auf Menschen und äußere Lebensereignisse, die Sie tagtäglich neu herausfordern, ausüben. Aber es hilft Ihnen, aktiv auf das Leben zuzugehen und flexibel und kreativ auf das Leben zu reagieren.

Sie lernen ab dem nächsten Kapitel die aufbauenden Schritte der Reimprinting-Methode ausführlich kennen. Anhand des

Fallbeispiels der dreißigjährigen Inga erleben Sie den Verlauf eines Reimprintings. Sie können die Persönlichkeitsentfaltung und die Weiterentwicklung dieser Patientin Kapitel für Kapitel mitverfolgen. Jedem Kapitel habe ich eine übersichtliche Kurzzusammenfassung angefügt. Wenn Sie diesen Buchteil aktiv für Ihre Selbsterfahrung mit der eigenen Ursprungsfamilie anwenden wollen, empfehle ich Ihnen zweimaliges Lesen der folgenden Seiten. Nutzen Sie den ersten Durchgang, um die Geschichte von Inga auf sich wirken zu lassen. Blättern Sie dann noch einmal zurück, und vertiefen Sie sich anhand der nun bereits verinnerlichten neuen Erfahrungen in die Arbeit mit sich selbst. Lassen Sie sich für die einzelnen Schritte ruhig Tage oder gar Wochen Zeit. Ich erhebe nicht den Anspruch, mit den vorgestellten Möglichkeiten jeder Form von wahrscheinlichen Familienkonstellationen gerecht zu werden, das wäre bei der Vielfalt menschlicher Biographien überhaupt nicht möglich. Suchen Sie sich bitte die Anregungen heraus, die auf Sie zutreffen. Rosinenpicken ist erlaubt!

Teil I: Die Familienserie

Stellen Sie sich vor, ein Regisseur oder eine Filmemacherin wendet sich ausgerechnet an Sie: »Ich finde die Geschichte Ihrer Jugend äußerst interessant. Gerade nach so einem Stoff habe ich schon lange gesucht. Ich würde darüber gern eine Familienserie drehen, in der Sie als damaliges Kind die Hauptrolle haben. Bitte erzählen Sie mir alle Erinnerungen und Geschichten über Ihre Familie.« Sie wissen, daß heutzutage viele Filmemacher nicht mehr ausschließlich Happy-End-Geschichten auf die Leinwand bringen. Sie vertiefen sich vielmehr begeistert in Alltagsthemen und -dramen, schauen gern hinter die bürgerliche Fassade. Was also wäre es für ein Gefühl, die eigene Geschichte aus dem Fernsehsessel heraus mit der Fernbedienung in der Hand ablaufen zu sehen? »Das wäre eine völlig ungewohnte Sichtweise, eine ganz neue Perspektive«, antwortete ein Klient auf diese Frage.

Wie oft fordern Menschen einander auf, die *Einstellung* zu einem Problem zu ändern. »Du mußt lernen, die Sache aus einer anderen *Perspektive*, aus einem neuen *Blickwinkel* zu sehen!« oder »Du mußt es schaffen, innerlich einen *Abstand* zu diesem Problem/zu dieser Erinnerung zu bekommen«, ist die gängige Wortwahl. Bei der Reimprinting-Methode setzen wir diese Aussagen wortwörtlich um. Die kursiv gesetzten Begriffe bezeichnen die Tatsache, daß jeder Mensch auch beim Denken und Erinnern seine Wahrnehmung wie eine *Kamera* führt: Das Erlebnis ist vielleicht schon *weit weg* oder noch so *nah*, als wenn es gestern gewesen wäre. Machen Sie sich klar, daß jede Erinnerung lediglich ein im Gehirn wieder abgespielter »Film« eines vergangenen Ereignisses ist und *nicht das Ereignis selbst*. Wenn wir später leiden, dann unter dem Gehirnfilm, das Ereignis selbst existiert oft schon lange nicht mehr.

Es ist Richard Bandler, einem der beiden Mitbegründer des NLP, zu verdanken, daß wir heute so viel besser die Bedeutung besagter Gehirnfilme auf die menschlichen Gefühle erfassen können. In seinem Buch »Using Your Brain for a Change« beschreibt er sehr genau, wie wortwörtlich die *Einstellung* zu einem Thema oder Problem identisch mit der *Darstellungsqualität des Gehirnfilms* ist. Die Erfahrungen mit seinem Ansatz haben mich vollständig mit der Existenz des Fernsehens versöhnt. Natürlich bin ich – selbst Mutter einer achtjährigen Tochter – weit entfernt davon, den Fernseher als Mittelpunkt des Lebens zu akzeptieren. Wie immer geht es um das Maß der Dinge, welches sich, nebenbei gesagt, ganz von allein ergibt, wenn die Erwachsenen das sonstige Leben des Kindes interessant gestalten können. *Zusätzlich* zum eigentlichen Leben aber steigert der Fernseh-Konsum ganz offensichtlich die *optische Flexibilität* und die *Imaginationsfähigkeit* der Menschen. Bei geschulter Anleitung lernt jeder, die gewonnene meist tagtägliche Erfahrung mit Film- und Kameraführung für die bewußte Ordnung und Gestaltung innerer Gedankenabläufe zu nutzen.

Noch nie haben die Menschen ein so überzeugend funktionierendes Handwerkszeug für ihre Gedankenkultur – mit der jeder Mensch in sich selbst allein zurechtkommen *muß* – erhalten wie durch Bandler. Vielleicht mögen Sie bei näherem Interesse auch in sein oben erwähntes Buch mit dem deutschen Titel »Veränderung des subjektiven Erlebens« hineinlesen. Auch neugierige NLP-Anfänger können mit diesem Buch etwas anfangen.

Beim Gedanken an problematische Kindheitserlebnisse erinnern sich die meisten Menschen an ihre Familie tatsächlich so, als wenn es gerade gestern gewesen wäre. Ihr Gehirn reproduziert die Ereignisse auf dem »inneren Bildschirm« wie aus der früheren Kindperspektive heraus: Eltern und andere Große werden in der inneren Kameratechnik mit dem nach oben gerichteten Blick des Kindes abgebildet. So rutscht man automatisch wieder in das Gefühl des kleinen, unselbständigen und – im Vergleich zu den Großen – unterlegenen Kindes hinein. Verbunden damit leben auch die alten Gefühle unverändert weiter, die wir als Drei-, Sieben- oder Zwölfjährige hatten – je nachdem, welches Ereignis wir gerade erinnern. Mit dieser Abbildungstechnik einer alten Erinnerung bleibt man innerlich auf dem psychischen Stand eines beispielsweise Dreijährigen – keine gute Ausgangsposition, um problematische Kindheitserinnerungen und -prägungen in unserer Psyche zu Ruhe und Frieden zu bringen. Besagte Technik in der Kameraführung wird nicht von ungefähr auch von Horror- oder Kriminalfilm-Regisseuren gern zur Spannungssteigerung eingesetzt: der Mörder nähert sich dem Opfer. Zum Schluß sehe ich nicht zwei Menschen auf dem Bildschirm – eben Mörder und Opfer –, sondern nur noch den sich nähernden Mörder in Großaufnahme. Automatisch »rutsche« ich so als Zuschauer um so stärker in die Gefühle des Opfers hinein. Ich sehe mit den Augen dieses bedauernswerten Menschen und vergesse völlig, daß ich mich real in absoluter Sicherheit befinde.

Der erste heilsame Schritt im Reimprinting verbannt problematische Kindheitserinnerungen wie eine Familienserie auf den (Phantasie-)*Fernseh-Bildschirm.* Dabei sollen Sie von außen *sich selbst* als Kind mit den *Augen und dem Verstand* des erwachsenen Menschen sehen, der Sie heute *real* sind: Nicht ich als Großer habe die Probleme, sondern das Kind in dem Film dort. Schon hört die Schwäche zu regieren auf. Statt dessen rückt die heute real vorhandene *Kraft und Überlegenheit,* mit der ich als Erwachsener diesem kleineren, jüngeren Ich theoretisch helfen könnte, ins Bewußtsein. Diese neue und für die Persönlichkeit *aktuelle Perspektive* allein bedeutet schon für viele Menschen nach etlichen Jahren ein inneres Aufatmen und bringt chronisch festgefahrene Gedanken zum Fließen und zu neuen Ergebnissen. Jeder hat schon einmal erlebt, wie leicht es ist, anderen Menschen gute Ratschläge zu geben. Als Außenstehender, aus der *Zuschauerperspektive* heraus, haben Sie eine optimale Übersicht über die Lebensfaktoren, die auf Ihre Mitmenschen einwirken. Doch bei den eigenen Problemen mangelt es plötzlich an der überlegenen Klugheit, die wir für andere parat haben. Wir sind so in unser eigenes Leben verwickelt, so sehr Teilnehmer des Geschehens, daß aus dieser Perspektive kein heilsamer Überblick zustande kommen kann.

Ein wichtiges Unterscheidungsmerkmal zu anderen psychotherapeutischen Techniken der Vergangenheitsbewältigung ist bei diesem Reimprinting-Schritt daher das *Loslösen* von den alten Gefühlen des betroffenen Teilnehmers im Geschehen. Deshalb wundern Sie sich nicht, wenn Sie bei dieser Art »Psycho-Fernsehen« plötzlich frei von den alten Gefühlen sind oder diese stark gemildert wirken. Das soll so sein. Therapieerfahrene Klienten denken stets, der Therapeut möchte sie noch einmal durch das Leiden hindurchschicken, und wundern sich über diese Dissoziations-Technik. Glauben Sie mir, eine Wunde heilt nicht davon, daß man immer und immer wieder mit dem Finger darin bohrt! Wir wollen alte Verletzungen heilen und nicht neu aufreißen.

Selbstverständlich soll der Klient beim Reimprinting auch etwas fühlen. Jedoch sorgen NLP-Therapeuten dafür, daß der Klient später das positive, kraftvolle Gefühl der heilsamen *Veränderung* mit Haut und Haaren intensiv empfindet – vielleicht das erste Mal in seinem Leben. Die negativen Gefühle hat er schließlich lange und ausführlich genug ertragen.

Die Vorteile der distanzierten Bildschirm-Betrachtungsweise, die ich in diesem Abschnitt noch ausführlich beschreiben werde, sprechen für sich:

- Mit den Augen des Fernsehzuschauers betrachte ich – vielleicht zum ersten Mal – meine Ursprungsfamilie mit dem *Verstand des Erwachsenen.* Ich werde mit der Erinnerung nicht automatisch wieder zum kleinen Kind, sondern begebe mich in die eigene *Sachverständigenperspektive.*

- Das Bildschirmbild ist zweidimensional und in seiner Abbildung insgesamt kleiner als die tatsächlich einmal erlebte Vergangenheit. Das läßt starke Emotionen zum Bildschirminhalt, wie Ängste, Trauer oder Depression, auf ein erträgliches

Maß abklingen. Im Zweifelsfall kann man sich den alten Film sogar schwarzweiß vorstellen, um die kindlichen Gefühle zu beruhigen.

- Es ist eine emotionale Entspannung, sich sein jüngeres Ich einmal von außen zu betrachten. So entsteht im inneren Erleben *tatsächlich* der wortwörtliche Abstand. Von Fakiren weiß man, daß sie diese Distanzierung zum eigenen Ich als Schmerzreduktionstechnik benutzen: »Nicht ich werde durchstochen, sondern der Mann da hinten.« Die Betrachtung des eigenen Ichs von außen, aus der Sachverständigenperspektive heraus, nennt man *Dissoziation.*

- Die Betrachtung eines erinnerten Geschehens in einem handhabbaren Phantasiefernseher (schließlich kann ich bestimmen, wo er steht und ob er an- oder ausgeschaltet ist) macht die *Verdrängung früherer Erlebnisse überflüssig.* Statt dessen präsentiere ich sie dem inneren Auge in einem erträglichen Ausmaß. Der gefühlsmäßige Abstand verhindert so die »Vogel-Strauß-Technik« oder ein »Unter-den-Teppich-Kehren« und ermöglicht ein sorgfältiges Hinschauen und eine aktive Auflösung der alten Knoten mit dem erwachsenen Verstand. Tatsächlich konnten sich schon viele Patienten erst mit der gefühlsmäßigen Sicherheit dieser Fernseh-Methode plötzlich an verdrängte Erlebnisse aus der Kindheit erinnern und diese dann zufriedenstellend aufarbeiten. Allein die Wahrnehmung dieser verdrängten Erlebnisse kann heilsam sein, wie auch Alice Miller beschreibt: »Die Notwendigkeit, immer neue Illusionen und Verleugnungen aufzubauen, um die eigene Wahrheit nicht zu erleben, verschwindet, wenn diese Wahrheit einmal erlebt wurde. Wir sehen dann, daß wir das ganze Leben etwas gefürchtet und abgewehrt haben, was gar nicht mehr passieren kann, weil es bereits *passiert ist,* und zwar am Anfang unseres Lebens, als wir wehrlos waren.« Diese Wahrheit können die meisten Patienten besser übers *Hinsehen* als über das *Wiederfühlen* erleben.

- Das Medium Fernsehen als innere Bewältigungssicht bietet jedem erfahrenen Fernsehkonsumenten alle erdenklichen Raffinessen der Handhabung von erinnerten oder konstruierten Gedanken. So kann man ein »Fortsetzung folgt« erscheinen lassen, wenn der Stoff für diesen Tag reicht. Man kann die Einblendung »drei Jahre später« oder »zwei Monate danach« benutzen, um mit dem Faktor Zeit gewinnbringend zu arbeiten. Filme können schneller und langsamer laufen, vor- und zurückgespult werden. Man wird quasi der eigene Regisseur im persönlichen Erinnerungsgeschehen, und das gibt seelische Kraft.

- In unserer Kultur haben alle Menschen umfangreiche Referenzerfahrungen, also bereits verinnerlichte Erlebnisse, mit ungewöhnlichen, flexiblen oder überraschenden Verläufen menschlicher Schicksale in den dargestellten Filmen. Diese durch unzählige Sendungen verankerten optischen Referenzerfahrungen werden beim Reimprinting als eigenes kreatives Potential genutzt.

»Da freue ich mich ja, daß mein Fernsehgucken so doch zu etwas Nützlichem geführt hat«, sagte Inga nach dem Reimprinting. Ich möchte als Abschluß dieses Kapitels noch ihre Fallgeschichte darstellen.

Die dreißigjährige Inga begab sich vor einem Jahr in meine psychotherapeutische Behandlung. Sie ist verheiratet und hat einen dreijährigen Sohn. Gerade fing sie nach der Babypause an, in ihrem Beruf als Modedesignerin wieder Fuß zu fassen. Obwohl sie ihren Traumberuf gut beherrscht und die Chefin offenbar sehr mit ihrer Kreativität zufrieden ist, macht ihr die Arbeit immer wieder angst. »Ständig denke ich, unterschwellig läuft etwas gegen mich. Das geht von Anfang an so. Ich befürchte, alles falsch zu machen. Meine Chefin und die Kollegen verunsichern mich.« An die Tatsache, daß diese Chefin sie ständig bat, möglichst bald wieder zu arbeiten, kann sie sich vom Verstand her erinnern. Doch ihre Gefühle ignorieren diese Aufwertung ihrer Person. Mit dem Vorschlag, sich einmal an einer selbstentworfenen Kollektion zu versuchen, hat die Chefin alles noch schlimmer gemacht. »Immer denke ich, jetzt kommt alles raus, jetzt merken sie, daß ich nichts kann! Ich fühle mich wie eine Betrügerin!«

Ingas Mann gibt ihr alle Unterstützung für ihre Karriere. Er kann sich als Freiberufler seine Zeit selbst einteilen und sich so tagsüber viel und gern (!) um den Sohn kümmern. Auch in diesem Fall werden wir in der Ehe nicht fündig. Seit einiger Zeit lebt die kleine Familie im Neuanbau auf dem Grundstück von Ingas Schwiegereltern. Vielleicht ist das problematisch? »Nein, ich verstehe mich gut mit meinen Schwiegereltern, und für unseren Sohn ist es toll, so nah bei Oma und Opa aufzuwachsen.«

Inga hat sich schon immer in ihrer eigenen Schaffenskraft stark unterschätzt. »Immer wieder wundere ich mich über meine eigenen Leistungen. Ich weiß nie, wie ich die Sachen eigentlich geschafft habe: Abitur, Lehre, Berufsausbildung. Dieses dumme Versagergefühl kenne ich schon ewig. Früher haben mir immer meine Eltern mit seelischer Unterstützung geholfen, heute ermutigen mich meine Freunde und mein Mann. Immer benötige ich diese Zusprache von außen.«

Seit vielen Jahren leidet Inga an Neurodermitis, einer chronischen Hautempfindlichkeit, bei der sie oft an Hals und Händen unter unangenehm juckenden Stellen leidet. Inga »produziert« auch eine Infektionskrankheit nach der anderen: mal eine Blasenentzündung, verschleimte Bronchien, dann wieder einen Schnupfen, und es gibt auch kaum eine von Durchfällen begleitete Sommergrippe, die sie ausläßt. Ihre Ärztin habe ihr schon öfter erklärt, daß ihr Immunsystem insgesamt zu schwach sei.

Im Gespräch fällt auf, daß Inga schnell Tränen in den Augen hat. Besonders angegriffen wirkt sie, wenn sie über das Verhältnis zu ihren Eltern erzählt. Aus ihrem privaten Interesse für Psychologie heraus hat sie sich über ihre körperlich-seelische Instabilität schon viele eigene Gedanken gemacht. Sie selbst eröffnet die Therapie mit der These, daß die Wurzeln für ihre Leiden wohl in der Kindheit – genauer gesagt, in der Beziehung zu ihren Eltern – liegen müssen. Da ich die Thesen der Patienten über sich selbst immer sehr ernst nehme, beginnen wir, ihre Kindheitsgeschichte mit der Reimprinting-Methode aufzuarbeiten. Zunächst erkläre ich ihr ganz allgemein das Mausefallen-Phänomen, welches Sie aus den bisherigen Seiten schon kennen. Außerdem bitte ich sie, in den nächsten Tagen beim Fernsehen bewußt auf die vielen optischen Tricks der Kameraführung zu achten. Sie selbst soll zusätzlich mit den Steuerungsmöglichkeiten der Fernbedienung spielen.

Kurzzusammenfassung: die Familienserie

Als Vorbereitung auf den ersten Reimprinting-Schritt achten Sie einmal beim Fernsehen oder beim Kinobesuch nicht so sehr auf den Inhalt, sondern mehr auf die zahllosen Möglichkeiten von Kameraführung und Filmwiedergabe. Vor allem Werbefilme bieten eine phantasievolle Vielfalt von optischen Möglichkeiten:

- farbig oder schwarzweiß oder gar eine Komposition dieser Möglichkeiten in einem Bild;
- Großaufnahme oder weite Entfernung, vielleicht sogar die »Hubschraubersicht« von oben;
- Farbfilter (z. B. rot- oder blaustichig);
- Weichzeichner oder starke Kontraste;
- hell oder dunkel eingestellt;
- Vor- und Rücklauf;
- Zeitlupe und Zeitraffer und vieles mehr.

Der Zauber von Familienserien und von Monarchien

Im Kino machen seit Jahrzehnten aufregende Ereignisse wie Liebes-, Horror- oder Actionfilme von sich reden. Auf dem Fernseher, vis à vis der heimischen Couch, hat sich schon lange ein weiteres Filmgenre die Herzen der Zuschauer erobert: die Familienserie. Als eher stille Invasion erblicken wir heute auf allen Kanälen ewige Fortsetzungen von Serien wie »Lindenstraße«, »Die Waltons«, »Der Landarzt« und »Dallas«. Nicht zu vergessen die uralten Publikumslieblinge »Bonanza« oder »Die Unverbesserlichen«. »Sagas« und Mehrteiler über »Dynastien« erzielen hohe Einschaltquoten.

Vor der Verbreitung des Fernsehens waren es die Fortsetzungsromane, die die Seelen der Leser belebten, und in bestimmten Kulturen besetzten und besetzen seit Jahrtausenden Mythen und religiöse Erzählungen über nahezu unübersehbare familiäre und gesellschaftliche Verwicklungen von Göttern und Helden den Platz unserer heutigen Familienserie.

Eine Umfrage ergab, daß fast dreiundsechzig Prozent aller deutschen Fernsehzuschauer diese Serien regelmäßig sehen, sie sind also des Zuschauers liebstes Kind. Dabei interessieren sich die wenigsten Konsumenten für das Privatleben der Schauspieler. Viele Zuschauer kennen die Schauspieler kaum beim Namen, für sie sind diese Menschen Miss Ellie, Ben Cartwright oder Krystle.

Die Faszination dieser Sendungen werden in erster Linie nicht von effektheischenden Filmsensationen ausgelöst. Nein, der Zuschauer ist in die ganz kleinen Details verliebt: Wie sehr leidet Sue Ellen, wenn J. R. sie immer wieder betrügt? Wie fühlt wohl die arme Miss Ellie, wenn sich ihre Söhne im Bruderstreit bis aufs Messer bekämpfen? Man ist in dem *System* von Menschen gefangen, die da auf dem Bildschirm jene typische Familienatmosphäre erzeugen, welche wir an unserer Lieblingsserie so schätzen und lieben.

Ebenso herrlich übersichtlich wirkt das Familienleben der aristokratischen Gesellschaft, wie es in der sogenannten Yellow Press in allen Details dem wißbegierigen Publikum präsentiert wird. Bedenken Sie, daß die Klatschblätter bei uns die stärksten Auflagen erreichen. Weit dahinter erst rangieren die Verkaufszahlen sogenannter Frauenzeitschriften oder anderer bekannter Wochenmagazine. Während ich diese Zeilen tippe, macht das englische Königshaus gerade von sich reden. »Diana«, das Buch über die unglückliche Ehe der prominenten Prinzessin, ist ein Verkaufsschlager. Alle Welt fragt sich, ob vielleicht die Erziehungsfehler der Queen aus Prinz Charles einen so herzlosen Ehemann gemacht haben. Der Leser solcher Bücher und Magazine ist also in der überlegenen Position des Sachverständigen, was sich auch in den entsprechenden Leserbriefen ausdrückt: »Weiter so, Diana. Das hast Du richtig gemacht!« Ich als Leser oder Leserin bin also dank meines Überblicks diejenige Person, die Diana sagen kann, sie habe etwas richtig oder falsch gemacht. Im Gegensatz zur Monarchie, wo eine Familie mit all ihren Generationen für ein Volk übersichtlich auf der Bühne steht, haben wir es mit dem deutschen politischen System schon viel schwerer. Was wissen wir schon über die Mutter von Helmut Kohl, um zu beurteilen, ob sie ihn richtig erzogen hat?

Seitdem ich intensiv mit der Reimprinting-Methode arbeite, kann ich den Zauber von Familienserien und Monarchien sehr gut verstehen. Ich denke, daß die Menschen es genießen, eine Familie mit all ihren Mitgliedern, den verwickelten Sympathien, Konkurrenzen und Antipathien *im Überblick* zu haben. Es ist ein herrliches Gefühl, bei all dem Durcheinander als Zuschauer die Person zu sein, die am besten Bescheid weiß. Man wird in alle Intrigen eingeweiht und weiß oder meint zu wissen, wie der einzelne hinter verschlossenen Türen wirklich den anderen gegenüber empfindet.

Das ist eine Sachverständigenperspektive, die sich jeder Mensch in der eigenen Familie gewünscht und die er gebraucht hätte. War man doch selbst im eigenen »Clan« – vor allem als Kind – den vielfältigen sozialen Strömungen und Unterströmungen seiner Prägungsfamilie nahezu hilflos und ohne Einspruchsrecht ausgeliefert. Vor allem geschahen viel zu viele Dinge, für deren Verständnis uns der Überblick fehlte. Ich bin sicher, daß die heutigen Familienserien und die wesentlich dienstälteren Monarchien und Mythologien den vielen Zuschauern als Metapher für den Überblick dienen, den sie in der eigenen Familie nicht genießen oder der ihnen als Kind versagt blieb. Denken Sie dabei ja nicht, daß besagte Fernsehgeschichten besonders exotisch konstruiert sind. Sie können sich gar nicht vorstellen, aus was für unglaublichen Familienverläufen – meist über mehrere Generationen – menschliche Schicksale entspringen.

So darf ich hier schon andeuten, daß wir die Wurzeln für Ingas heutiges Leiden bis hin zum unheilvollen Einfluß ihres *Urgroßvaters* auf ihre Familie zurückverfolgen konnten – mehr sei zunächst nicht verraten.

In der Reimprinting-Methode knüpfen wir an das ohnehin schon starke Bedürfnis vieler Menschen an, Familien als Sachverständiger mit Überblick zu betrachten. Nur daß der Gegenstand des Interesses diesmal die eigene Familie ist. Als erstes geben wir der »eigenen Familienserie« einen entsprechenden Namen. Dieser muß in seiner Wirkung nach allen Seiten hin offengehalten werden. Nur so kann er später zu einem Stichwort für diese positive Veränderung durch das Reimprinting werden. Also darf es nicht etwa heißen: »Ein Hundeleben« oder »Die Hölle in der Rothenbaumchaussee«. Wählen Sie neutrale Namen wie »Die Schröders« oder »Ein Leben auf dem Lande«. Auch Straßennamen wie beispielsweise »Im Wiesengrund« werden gern genommen.

Inga entschied sich für die letztgenannte Möglichkeit. Sie benannte ihre Serie »Ein Leben in der Schmiedestraße«.

Kurzzusammenfassung: Ihre Familienserie

Vor allen anderen Überlegungen denken Sie sich bitte auch einen neutralen Namen für Ihre Familienserie aus:

- den tatsächlichen Familiennamen, den Ihre Kernfamilie früher trug;
- Straße oder Ort des Familienwohnsitzes;
- einen sonstigen *neutralen* Titel, von dem Sie genau wissen, daß er Ihre persönliche Familienserie beschreibt.

Die Puppe in der Puppe in der Puppe ...
oder
Wie alt ist mein Film?

Natürlich fragen Sie sich, welchen Prägungszeitpunkt Sie für Ihre Familieninszenierung ansetzen sollten. Nehmen Sie sich für diese Überlegung die russische Matroschka-Holzpuppe als Gedankenhilfe. Vielleicht besitzen Sie sogar eine solche. Gesehen haben Sie dieses Holzpuppenspiel bestimmt schon: Da steckt eine Puppe in der Puppe in der Puppe ... Jede einzelne Matroschka können Sie wie eine Schachtel öffnen, und Sie finden als Innenleben die nächstkleinere Version vor. Es gibt Anfertigungen in allen Größen. Fünf bis zwanzig und mehr Puppen können sich in der großen versteckt halten.

Die Matroschka können Sie als einfache Metapher für Ihre Persönlichkeitsentwicklung betrachten. Während der vielen Lebensjahre sind Ihre »kleineren Ichs« nicht etwa ausgewandert oder haben sich mit Ihren Gefühlen in Luft aufgelöst. Irgendwo in Ihnen existiert noch das kleine Mädchen oder der kleine Junge von damals; und irgendwo lebt noch der abenteuerlustige und ruhelose Teenie in der Seelenlandschaft, um nur zwei jüngere Ichs zu benennen. Wenn Sie sich unglücklich, ängstlich, unsicher, eifersüchtig oder depressiv fühlen, handelt es sich oft um starke Gefühle von kleinen und noch schwachen Ichs: Man fühlt sich hilflos, abhängig und ausgeliefert – obwohl man es rein theoretisch gar nicht nötig hätte. Viele erwachsene Menschen mit diesen Problemen wissen vom Verstand her sehr wohl, daß ihre Seelenschmerzen gar nicht zu ihren Möglichkeiten als »große Leute« passen. Genauso ist es mit den Matroschkas. Von außen sehen Sie nur die ganz große Holzpuppe. Sie wirkt erwachsen und souverän. Sie entspricht all Ihren Kräften, Erfahrungen und Möglichkeiten als Erwachsener. Wenn Sie die große Holzpuppe in die Hand nehmen und nur leicht schütteln, hören Sie die kleinen drinnen klappern. Obwohl deutlich zu hören, bleibt deren Kleinheit Ihrem Blick verborgen. Dieser ruht weiter auf der großen Gestalt.

Das »Klappern« im Erwachsenen kann so laut werden, daß sogar er selbst seine tatsächliche Größe in Panik und Verzweiflung vergißt. In der Regel registrieren die Klienten die Diskrepanz zwischen dem Aufruhr der Gefühle und ihrer theoretisch vorhandenen Überlegenheit sehr bewußt. »Vom Verstand her weiß ich genau, daß ja gar nichts im Kaufhaus passieren kann, und doch traue ich mich nicht hinein.« Das große Ich wundert sich über das Klappern seines Innenlebens. Die meisten Menschen registrieren nur die Störung, nicht die Verzweiflung und die Kleinheit des klappernden Teils. Entsprechend ungerecht sind dann die Geschosse: von scharfer und verurteilender Selbstkritik bis hin zu massiven Psychopharmaka und sonstigen Problemvernichtungsstrategien.

Tatsächlich aber braucht das kleine Ich dringend Hilfe. Anstatt zum Schweigen muß es seelisch in Ordnung gebracht werden. In Kurzform berichtet, funktioniert die Reimprinting-Methode dann so: Das jüngere Ich mit all seinen Problemen wird aus der Puppe befreit, »heil« gemacht und dann wieder eingesetzt. Es lebt ab jetzt in der großen Person glücklich und zufrieden, klappert nicht mehr, sondern erzeugt im tiefsten Inneren, im seelischen Kern, ein lebensfrohes Wohlgefühl. Wie das alles genau vor sich geht, erleben Sie in den folgenden Kapiteln.

Wichtig ist jetzt, das jüngere Ich einer Lebensphase zu bestimmen, die ganz besonders für die Prägung einer persönlichen Mausefalle verantwortlich scheint. In der Regel sind in einem solchen Lebensabschnitt auch die damals wichtigsten Familienmitglieder mit ihrem prägenden Einfluß präsent. Gewählt wird in einem Zeitraum zwischen frühestens der Geburt und spätestens der Pubertät, also zwischen null und achtzehn Jahren. Viele Menschen können einen biographischen Zeitraum, der repräsentativ für ihre problematischen Prägungen steht, spontan benennen.

So auch Inga, die ohne Zögern angab: »Ich kann ganz genau sagen, wann meine Probleme begannen. Es war zu dem Zeitpunkt, als wir nach Süddeutschland zogen, meine Eltern ein Haus auf dem Grundstück meiner Großeltern väterlicherseits bauten und mein Vater gleichzeitig in die Firma seines Vaters – also meines Opas – eintrat. Damals war ich fünf Jahre alt.« Hier gleich eine Randbeobachtung, die ich später noch einmal aufgreife: Es ist schon einmal beachtenswert, daß Inga als junge Frau mit ihrem eigenen Mann auch auf dem Grundstück seiner Eltern wohnt. Rein äußerlich leben also sie und ihr Mann heute in der gleichen Konstellation zu den Eltern ihres Mannes, wie auch ihre eigenen Eltern es taten.

Sehr oft trifft man auf diese erstaunlichen Parallelen zwischen Kindern und ihren Eltern. Sie sind nicht immer so deutlich wie bei Inga. Ich weiß von einem Lehrer mit linksliberaler Gesinnung, der ganz entsetzt über die politisch rechte und ausländerfeindliche Einstellung seines siebzehnjährigen Sohnes ist. Er hat keine Chance, an seinen unglaublich starrköpfigen Sproß heranzukommen. Durch die vom Familienkrieg genervte Ehefrau kam in der Paartherapie zutage, daß besagter Vater seine politische Einstellung besonders gegenüber seinem Sohn in den vergangenen Erziehungsjahren ebenfalls stets sehr selbstüberzeugt und rechthaberisch vertreten hat. In jungen Jahren hatte dieser Lehrer dem eigenen konservativen Vater mit seiner linken Überzeugung und dem in den sechziger Jahren typischen Erscheinungsbild eines Studenten das Nervenkostüm zerrüttet. In diesem Familienstück muß also immer der Sohn den Vater halsstarrig und unbeirrbar mit einer andersartigen Gesinnung schockieren, die dieser wiederum selbstüberzeugt als abartig verurteilt. Wie man es schafft, die eigene Meinung kompromißlos für die einzig richtige zu halten, lernt der Sohn jeweils vom Vater.

Man muß die Parallelen zwischen früheren und heutigen Beziehungen nicht so sehr im Inhalt, sondern in der *zwischenmenschlichen Dynamik* suchen; also nicht fragen: »*Was* wird gemacht?«, sondern: »*Wie* wird was gemacht?« Mit dieser Fragestellung kam auch eine sogenannte Karrierefrau zu der für sie ganz überraschenden Erkenntnis, daß sie zum Ehemann das gleiche Verhältnis hatte wie ehemals zu ihrer Mutter. Schon oft hatte sie sich gefragt, warum sie einen Mann mit einem ganz anderen Charakter als die Männer ihrer Herkunftsfamilie bevorzugte. Zu diesen hatte sie nämlich damals ein gutes Verhältnis. Jedoch die Mutter war es, die sie als Mädchen stark in ihren Begabungen förderte. Auf die gleiche Art unterstützt heute ihr Mann sie bei ihrer beruflichen Karriere. Ein Ehemann mit dem Charakter des Vaters – so lieb dieser auch menschlich war – hätte eine Karrierefrau an seiner Seite nicht ertragen.

Nach diesem kleinen Exkurs schildere ich eine weitere Technik für die Zeitbestimmung Ihres Filmes: Denken Sie sich im Zimmer eine imaginäre Linie. Sie soll Ihren Lebenslauf repräsentieren. Markieren Sie an einem Ende mit einem sichtbaren Gegenstand die *Gegenwart*. Am anderen Ende wäre dann der Zeitpunkt Ihrer *Geburt*. Stellen Sie sich auf den Gegenwartspunkt, jedoch mit dem Rücken zum Geburtszeitpunkt gewendet. Begeben Sie sich mit langsamen, bedächtigen Schritten *rückwärts* auf der Lebenslinie in die Jugend hinein. Viele Menschen erleben so einen Punkt, der sie irgendwie festhält, sie in der Fortbewegung zögern läßt. Erleben Sie das auch so, gehen Sie *seitlich* mit einem großen Schritt aus der Lebenslinie heraus, und markieren Sie den gefundenen Punkt mit einem Gegenstand. Überlegen Sie das ungefähre Alter Ihres jüngeren Ichs, welches diesem Zeitraum entspricht.

Wenn Sie als Erwachsener noch einen guten Kontakt zu Eltern, Verwandten und Geschwistern haben, sollten Sie diese Menschen – solange Sie diese wichtigen Zeugen Ihrer Kindheit noch sprechen können – in Ihre Recherchen mit einbeziehen. Auch entfernte Tanten oder Cousinen können manchmal aufschlußreiche Erinnerungsdaten in Ihre Überlegungen eingeben, wie etwa: »Ich weiß genau, daß du plötzlich ganz still und ernst warst, als dein Bruder geboren wurde. Vorher wirktest du immer so ausgelassen und fröhlich.«

Hierzu gebe ich noch eine wichtige Information: Es ist beim Reimprinting nicht so wichtig, ob Sie die Vergangenheit hundertprozentig erinnern oder ob diese in Ihrem Gehirnfilm ein

Zusammenschnitt aus Erzählungen anderer und den eigenen Erinnerungsbruchstücken ist. Auch die Erzählungen werden in Ihrem Gehirn gespeichert, wirken also in Ihren Gehirnzellen und somit über die vielfältigen neuronalen Verknüpfungen auf Ihre seelisch-körperliche Verfassung.

Es kann auch sein, daß Ihre Ursprungsfamilie über Jahre oder gar Jahrzehnte von der Zusammensetzung der Familienmitglieder her in einer unveränderten Konstellation lebte. Ist dies der Fall, bestimmen Sie einen Zeitpunkt zwischen Ihrem dritten und siebten Lebensjahr, also einer Zeit, in die die ersten intensiven Familienerinnerungen fallen. Sind Sie mit mehreren Geschwistern gleichzeitig aufgewachsen, wählen Sie einen Zeitabschnitt, in dem möglichst *alle Brüder und Schwestern* auf der Welt waren. Notfalls ist das Kleinste dann ein Baby. Fallen die Geburtsjahre der Geschwister zu weit auseinander, gilt Ihre Aufmerksamkeit denen, die Ihnen auch vom Alter her am nächsten standen. Entsprechend wählen Sie den Zeitpunkt.

Wir wissen heute, daß viele Erwachsene als Mädchen und Jungen von nahen Verwandten oder gar den eigenen Eltern sexuell mißbraucht wurden. Ist dies Ihr Thema, sollten Sie *auf keinen Fall* den genauen Zeitabschnitt dieser Mißbrauchserlebnisse wählen. Setzen Sie den Zeitpunkt für Ihre Familienserie *ein halbes bis ein Jahr* vor diesen traumatischen Ereignissen an. Der zukünftige Täter existiert zwar schon, aber der Mißbrauch hat noch nicht stattgefunden.

Ist jemand von einer Person außerhalb der Familie mißbraucht worden, sollte man ebenfalls eine Familieninszenierung zeitlich vor diesem Ereignis erwägen.

Ich hatte eine Patientin, die als siebenjähriges Mädchen von einem Nachbarn mißbraucht worden war. Sie traute sich damals nicht, den Eltern von diesem Erlebnis zu erzählen. Für ihre Familienserie wählten wir den Zeitpunkt, als sie fünf Jahre alt war, zur Ausgangsbetrachtung. Man konnte an diesem Abschnitt ganz deutlich erfassen, welche Mankos der Eltern dazu führten, daß die kleine Tochter sie später nicht vertrauensvoll in ihre schlimmen Erlebnisse einweihen konnte. Die Patientin gewann beim Reimprinting sogar aus sich heraus die Erkenntnis, daß der Nachbar vielleicht nie einen Übergriff gewagt hätte, wenn die Eltern auch auf ihn eine andere persönliche Ausstrahlung gehabt hätten. Er konnte intuitiv das Vertrauensdefizit zwischen Tochter und Eltern erfassen. Solche Erkenntnisse sind – wie bereits beschrieben – nur durch die angestrebte Übersicht des außenstehenden erwachsenen Zuschauers zu gewinnen. In der Identifikation mit der ehemaligen Opferrolle hätte die Patientin als erwachsene Frau keine Chance für diese »Weitwinkelperspektive« erhalten.

Manchmal gibt es ungünstige Familienkonstellationen, die schon von Geburt an die prägenden Weichen stellen. In diesem Fall müssen Sie das jüngere Ich schon als Baby auf den Bildschirm schicken. Eine Patientin wurde zum Beispiel »fälschlicherweise« als Mädchen geboren. Der Vater bekam einen Schrecken, weil er sich bei ihrem Anblick gleich große Sorgen um die Zukunft seines Geschäfts machte. Die Mutter fühlte sich als Versagerin, weil sie es nicht »geschafft« hatte, einen Jungen auf die Welt zu bringen. Die Großeltern trösteten sich über ihre Geburt mit dem Gedanken hinweg: »Na, dann eben beim nächsten Mal!« Das nächste Mal gab's aber nicht, sie blieb das einzige Kind der Eltern. In diesem Fall wurde also die Patientin von Geburt an mit einer problematischen Familienatmosphäre konfrontiert und wählte von sich aus diesen Zeitpunkt als repräsentative Betrachtungsweise aus.

Viele Menschen erlebten als Kinder die Trennung der Eltern. In diesem Fall sollte der Zeitpunkt ungefähr ein bis zwei Jahre vor der Trennung liegen. Hat man sich als Kind nach einer solchen Trennung noch viele Jahre in eine zweite Familie hineinentwickelt – beispielsweise wenn die Mutter noch einmal geheiratet hat –, so können sogar zwei Reimprinting-Durchgänge empfehlenswert sein: Auch die neue Familie, wie vielleicht Stiefvater, Stiefgeschwister oder neue Geschwister aus dieser zweiten Verbindung, hat dann das Leben selbstverständlich mitgeprägt.

Einige Menschen haben mit ihrer Familie so böse Erfahrungen gemacht, daß sie die Beteiligten noch nicht einmal auf einem kleinen Schwarzweiß-Bildschirm ertragen wollen. Auch hier ist das Medium Fernsehen hilfreich: Für ein Aufarbeiten der prägenden Dynamik dürfen auch *in der Phantasie engagierte Schauspieler*, die vielleicht aus Film und Fernsehen ein Begriff sind, einzelne Rollen übernehmen. Sie haben dann zwar andere Gesichter, füllen jedoch die Gestalten aus der Mausefalle mit Leben. Wie genau das funktioniert, erläutere ich in einem späteren Kapitel.

Umgekehrt gibt es auch Personen, die als Kinder sehr gelitten haben, jedoch als Erwachsene diese Probleme als Lappalie abtun möchten: »Also, ich war zwar immer eifersüchtig auf meine jüngere Schwester, aber wer ist das schließlich nicht?« Es geht beim Reimprinting nicht um Mord oder Totschlag, sondern um die kleinen und doch so schmerzenden Spannungen, denen wir früher oft tagtäglich ausgesetzt waren. Nehmen Sie die Gefühle der kleinen Puppe ernst! Für die ist nun mal das Auftauchen der kleinen Schwester ein Weltuntergang gewesen, und wenn tagtäglich noch so viele kleine Schwestern auf der Welt auftauchen mögen. Der Schmerz beispielsweise darüber, daß der Lebenspartner fremdgeht, wird auch nicht durch die Tatsache gemildert, daß außer Ihnen noch viele andere Menschen betrogen werden. Haben Sie also Mut zur »unwichtigen Kleinigkeit«.

Wenn Sie aufgrund der bisherigen Vorschläge immer noch nicht sicher bezüglich einer geeigneten Zeitphase aus Ihrer Kindheit sind, dürfen Sie auch gern ein Lebensalter zufällig bestimmen. Mit einem Patienten, der eher aus allgemeinem Interesse seine Familiengeschichte aufarbeiten wollte, habe ich sogar schon einmal gewürfelt. Mit zwei Würfeln ergibt sich immerhin die Variationsbreite von zwei bis zwölf Jahren. Bei der Arbeit mit dem Reimprinting selbst können Sie jederzeit bei neuen Erkenntnissen den Zeitpunkt noch nachträglich variieren. Beim tatsächlichen Medium Fernsehen gibt es dann, wie schon angesprochen, beispielsweise die Möglichkeit der *Rückblende* oder Einblendungsmöglichkeiten mit dem Text *»Drei (oder soundso viele) Jahre später«*.

Vielleicht mögen Sie sich auch näher mit dem *O-Ringtest* im Anhang des Buches beschäftigen. Bei einiger Übung mit diesem Muskeltest verrät Ihnen Ihre eigene Körperreaktion ein »schwaches« Lebensjahr. Später zeigt dieser Test durch eine deutlich abrufbare Kraftreaktion sogar an, wie gut Ihnen das Reimprinting geholfen hat.

Sie sollen also nicht am Ende wie im Geschichtsunterricht ein präzises Datum von früher finden. Wir sind auf der Suche nach *prägenden Phasen*, die wir als Kinder in unserer Familie gemacht haben, und wollen dafür *ungefähre* Zeiträume auswählen. Für das Reimprinting interessieren uns natürlich nicht so sehr die positiven Familieneinflüsse, denn diese Prägungen sollen ja als tief verinnerlichte Kraftquelle selbstverständlich erhalten bleiben. Wir wollen vielmehr die Konstellationen und Erlebnisse aufspüren, die uns damals an der vollen Entfaltung einer optimalen seelischen Gesundheit gehindert haben. Erinnern Sie sich an meine These, daß wir Menschen von Geburt an eine unbestechliche und sehr anspruchsvolle Idealvorstellung von unserer seelisch-körperlichen Gesundheit haben. Wäre dies nicht der Fall, würden auch nicht in unserer Gesellschaft so viele Erwachsene unter scheinbar guten Lebensbedingungen dennoch so offensichtlich leiden.

Viele Patienten wissen ganz genau, daß ihre Kindheitsatmosphäre nach den obigen Maßstäben nicht optimal gewesen ist. Sie haben aber eine große Scheu, offen darüber zu sprechen – erst recht daran zu arbeiten. Sie haben Angst davor, schlecht über ihre Familie zu sprechen. »Ich kann doch meine Mutter nicht so in die Pfanne hauen, sie hat sich bestimmt immer viel Mühe mit mir gegeben. Sie konnte nur selbst nicht aus ihrer Haut.«

Es geht beim Reimprinting überhaupt nicht darum, Menschen zu verurteilen. Diese Methode ist kein juristisches, sondern ein psychologisches Verfahren. Aber sie ist ein Heilverfahren. Und bei einem gelungenen Heilungsversuch muß auch bekannt sein, was schmerzt. Stellen Sie sich vor, jemand tritt Ihnen kräftig auf den großen Zeh. Es ist offensichtlich, daß dieser Mensch Ihnen aus Versehen weh tat: Vielleicht ging er unbeabsichtigt rückwärts und stolperte dabei, oder er hat leider zu große Füße. Ändert seine Unschuld etwas an der Tatsache, daß Ihr Zeh so scheußlich schmerzt? Natürlich nicht! Wenn Sie nun stöhnend auf einem Bein herumhüpfen, haben Sie damit noch lange nicht den Zehtreter zum Bösewicht abgestempelt. Unter Familienmitgliedern wird dieser Schmerz aber oft mit aller Kraft hinuntergeschluckt: Bloß die Verletzung nicht zeigen, man könnte damit ja ein falsches Licht auf den Verursacher werfen. Im Reimprinting wollen wir hauptsächlich den schmerzenden Zeh heilen und nicht auf Biegen und Brechen einen Schuldspruch über den Verursacher fällen. Also: Man darf schon guten Gewissens zugeben, daß der Zeh verletzt ist. Damit ist man noch lange nicht unsolidarisch.

Wer die Verletzung verheimlicht, ist höchstens unsolidarisch mit der kleinen Puppe in der Puppe in der Puppe ... – denn diesem kleinen Ich kann dann nicht oder nur sehr schwer geholfen werden.

Kurzzusammenfassung: Wie alt ist mein Film?

1. Sie kennen – wie die meisten Menschen – schon viele Jahre sehr genau einen problematischen Zeitpunkt in Ihrer Prägungsgeschichte.
2. Sie gehen auf der im Raum aufgebauten Lebenslinie langsam rückwärts.
3. Sie interviewen Zeugen von damals, zu denen Sie heute ein gutes Verhältnis haben: Eltern, Geschwister, Onkel, Tanten, Cousins/Cousinen usw.
4. Bei jahrelang unveränderten Familienkonstellationen wählen Sie den Zeitraum zwischen Ihrem dritten und siebten Lebensjahr.
5. Sie überlassen die Entscheidung zwei Würfeln, wenn Sie mehr aus allgemeinem Interesse die Reimprinting-Methode ausprobieren möchten, und variieren den Zeitpunkt vielleicht später noch.
6. Sie bestimmen ein »schwaches« Lebensjahr mit dem Omura-Ringtest.

Hinweise

- Bei einer Mißbrauchsproblematik wählen Sie *unbedingt* einen Zeitpunkt ein bis zwei Jahre vor diesem Vorfall. Es gibt den Täter schon, aber die Geschichte könnte durch das Reimprinting auf dem Psycho-Bildschirm noch einen positiven Ausgang haben.
- Bei Prägungserlebnissen in *zwei* Familien – beispielsweise bei Trennung der Eltern – sind vielleicht auch *zwei* Reimprintings erforderlich.
- Gab es mehrere Geschwister, wählen Sie den Zeitraum, in dem die für Sie wichtigsten Schwestern oder Brüder mit Ihnen zusammen in der Familie lebten.
- Spielten auch *Großeltern* lange Jahre eine wichtige Rolle, bestimmen Sie möglichst einen Zeitpunkt, an dem diese noch *am Leben* waren, damit so auch deren Prägungseinflüsse besser verstanden werden können.

Die sichere Festung: der Fernsehsessel

Wenn Sie das Reimprinting durchlaufen wollen, sollten Sie dafür einen ruhigen Raum wählen, in welchem Sie sich ungestört mit sich und Ihren inneren Prozessen beschäftigen können. Wählen Sie hier einen bequemen Sessel oder einen sonstigen angenehmen Sitzplatz als Ausgangspunkt Ihrer Gedankenarbeit. Vor diesem Sitzplatz ermöglichen Sie sich bitte einen übersichtlichen Blick über eine geräumige Fußbodenfläche, denn später sollen Sie in drei bis fünf Meter Entfernung vom Sessel aus verschiedenen Gegenständen Ihre frühere Familie entsprechend der zuvor bestimmten Kindheitsphase aufbauen. Dort hinten steht dann also später Ihr Phantasiefernseher für Ihre Familienserie. Zunächst aber sollen Sie Ihr heutiges Gegenwarts-Ich für die weiteren Schritte stärken.

Nachdem Sie sich entsprechend eingerichtet haben, gilt die Aufmerksamkeit Ihrem Sitzplatz, den ich im weiteren Verlauf einfach Fernsehsessel nenne. Richten Sie sich diesen Platz bei

Bedarf sorgfältig ein. Präparieren Sie ihn mit Ihrem Lieblingskissen oder einem besonderen Tuch. Stellen Sie sich vielleicht in bequemer Nähe Ihr Lieblingsgetränk bereit (Alkohol aus verständlichen Gründen bitte nur in Maßen). Testen Sie mehrmals, ob Sie sich auch rundherum wohl und sicher auf diesem Sitzplatz fühlen. Dieser Fernsehsessel soll Sie in positivem Sinne immer wieder daran erinnern, daß Sie heute groß und erwachsen sind. Er soll Ihre »sichere Festung« für den ganzen Reimprinting-Durchlauf werden.

Inga und ich stellten unsere beiden Sessel im Therapiezimmer nebeneinander, so daß wir wie beim echten Fernsehen den Blick gemeinsam nach vorn richten konnten. Inga selbst hatte den Einfall, ein mit ihrem Lieblingsparfüm »ausgerüstetes« Taschentuch in die Sesselritze zu stecken, um bei Bedarf gleich daran Kraft schnuppern zu können. Der Geruch bringt sie auch heute noch ganz offensichtlich in einen seelisch positiven Zustand: Sie atmet tief durch, entspannt den ganzen Körper und muß beim Riechen unwillkürlich lächeln oder lachen. Zusätzlich legten wir noch eine ausgediente *Fernbedienung* bereit, die sie bei Bedarf wie beim echten Fernsehen anfassen konnte. Sie traf mit sich selbst die Abmachung, daß sie auf diesem Stuhl immer die *Dreißigjährige* mit dem *erwachsenen Verstand* sein wird.

Diese Verabredung mit sich selbst ist auch für Sie wichtig. Sicherlich hat auch jeder Mensch als Erwachsener seine schlechten Momente. Jedoch hat jeder Große real eine Vielzahl an Kraftquellen und Fähigkeiten, die die Möglichkeiten eines kleinen Kindes bei weitem übersteigen. Hierzu zählen auch alle Erfahrungen und Meinungen, die sich im Laufe der erwachsenen Lebensjahre aufbauen konnten. Man ist körperlich größer und kräftiger; und meistens ist das Ansehen des Erwachsenen in der Öffentlichkeit größer als das eines Kindes.

Stellen Sie sich vor Ihren Fernsehsessel, oder gehen Sie langsam vor ihm im Raum auf und ab. Denken Sie gezielt an Erfolgserlebnisse aus Ihrem Erwachsenendasein. Worauf sind

Sie besonders stolz? An welchen glücklichen, kraftvollen Moment aus den letzten Tagen und Wochen erinnern Sie sich am liebsten? Was können und dürfen Sie – im Gegensatz zum damaligen Kinderdasein – heute alles genießen? Nehmen Sie möglichst gezielt die Körperhaltung ein, die zu diesen positiven Gedanken paßt.

Setzen Sie sich mit diesen gezielten Gedanken an die Kraftquellen Ihres heutigen Lebens in den Fernsehsessel. Geben Sie sich das Versprechen, daß dieser Platz – wann immer Sie Ihren Körper darin spüren – Sie an die positiven Aspekte Ihres erwachsenen Gegenwarts-Ichs erinnern soll.

BEGINNEN SIE NIE EINE ARBEIT ÜBER EINE PROBLEMATISCHE VERGANGENHEIT, OHNE ZUVOR EINE SOLCH »SICHERE FESTUNG« FÜR DAS GEGENWARTS-ICH ERRICHTET ZU HABEN.

Es gibt Therapieformen, wo die Klienten und Patienten ohne »Netz und doppelten Boden« in die Vergangenheit geschickt werden. Das kann bewirken, daß diese Menschen über eine lange Zeit regredieren, das heißt, sie vergessen ihre erwachsenen Möglichkeiten und verharren auch nach der Therapiestunde in einer kindlich-hilflosen Gefühlswelt. Sie können regelrecht amnestisch (chronisch vergeßlich) für ihre realen, erwachsenen Stärken und Möglichkeiten werden.

> Auch Inga sollte bei einer solchen Therapie noch einmal ganz in die Verzweiflung und Einsamkeit des kleinen Kindes hineingehen. Als ihre körperlichen und seelischen Symptome sich dann verstärkten, wertete der Therapeut das als gutes Zeichen. Jedoch gingen diese »guten Zeichen« nicht mehr weg. »Ich fühlte mich lange Zeit nur noch klein und elend und mußte die Therapie dann abbrechen.«

Sie sollen sich nicht in der Vergangenheit verlieren. Daher sorgt der präparierte Fernsehsessel dafür, daß Sie sich jederzeit durch ein bloßes Hinsetzen in der Gegenwart wiederfinden. Denn in ihr sollen Sie schließlich weiterleben.

Kurzzusammenfassung: der sichere Fernsehsessel

1. Sie wählen sich einen ruhigen Raum, in dem sich ein angenehmer Sitzplatz befindet.
2. Sie stellen den Fernsehsessel gegenüber einer überschaubaren freien Fußbodenfläche auf.
3. Der Fernsehsessel wird zur sicheren Festung für das *Gegenwarts-Ich* präpariert:
   - durch Utensilien wie Kissen, Decke, Tuch;
   - Beigaben wie ein Lieblingsgetränk oder ein Lieblingsparfüm;
   - durch Bereitlegen einer echten Fernseh-Fernbedienung.
4. Stehend oder gehend machen Sie sich Ihre *erwachsenen Kraftquellen* bewußt.
5. Wenn Sie genug positive Gedanken gesammelt haben, setzen Sie sich in Ihren Fernsehsessel. Ab jetzt wird er Sie immer an die positiven Aspekte Ihres *Gegenwart-Ichs* erinnern.

Die Inszenierung der Prägungszeit

Nachdem Sie für Ihren sicheren Fernsehsessel gesorgt haben, können Sie je nach Raumverhältnissen in zwei bis vier Meter Entfernung vom Sessel auf dem Fußboden symbolisch Ihre Prägungsfamilie aufbauen. Zur nächsten Wand oder Raumbegrenzung sollte noch ein Meter Platz bleiben. Wählen Sie für jede wichtige Person aus dieser Zeit einen handlichen Gegenstand aus. Der Gegenstand, der Ihr Kind-Ich symbolisiert, sollte besonders schön oder groß sein, denn Ihr Kind-Ich oder die »kleine Puppe« spielt schließlich für die spätere Zuschauerschar die Hauptrolle. Sein Fühlen und Erleben ist der wichtigste Inhalt in der Familienserie. Wenn Sie in der Programmzeitschrift die Darstellerliste durchsehen, wird ganz oben als erstes die Hauptrolle genannt. Hier setzen Sie in Gedanken Ihren eigenen früheren Namen ein.

Inga stellte sich in dieser Zeile den Schriftzug »Die kleine Inga« vor. Dann suchte sie sich in unserer Praxis für die Darstellung

ihrer damaligen Familienmitglieder Glasmurmeln aus. Das eigene Kind-Ich bekam zur Unterscheidung eine größere als die anderen Beziehungspersonen. Zu ihrer Inszenierung zählten:
- die kleine Inga im Alter von fünf Jahren
- die Mutter Wiebke und der Vater Peter
- der kleine einjährige Bruder Ronald
- Großmutter Irmi und Großvater Friedrich väterlicherseits
- Urgroßvater Kurt (der Vater von Großmutter Irmi)
- die Großeltern mütterlicherseits (Rolf und Ruth)

Die letztgenannten Großeltern wohnten zwar in einem anderen Dorf als die kleine Inga, kamen aber häufig zu Besuch. Zwischen Ingas Mutter und der Oma bestand ein reger Telefonkontakt. Insofern mischten sie auch in der allgemeinen Familienstimmung mit.

Es kann sehr wohl sein, daß auch Personen ohne Verwandtschaftsgrad eine wichtige, prägende Rolle in der Kindheit spielten. So mußte bei einem Klienten unbedingt noch die Nachbarstochter aufgebaut werden; und bei einer Arzttochter zählte die frühere Haushälterin noch mit zum Familieneinfluß. Denken Sie bei der eigenen Familie auch an stille und unscheinbare Mitglieder. So kann beispielsweise die alleinstehende Tante, die als »spätes Mädchen« irgendwo ganz unscheinbar ein Zimmerchen mitbewohnte, durchaus für spätere Überraschungen im Mausefallen-Krimi sorgen.

Das gleiche gilt für die Rolle von Verstorbenen, insofern deren Andenken einen gravierenden Einfluß auf die lebendige Familie ausübte. Bei einem Patienten war der Vater im Krieg gefallen. Die damals noch junge Mutter lebte von da an als treue Witwe im Andenken an ihren Mann. Jahrelang ließ sie das Ehebett und sein Arbeitszimmer unverändert. Der Patient: »Es war, als lebte er immer noch mit uns.« Statt eine neue Beziehung einzugehen, verfiel die Mutter in Abhängigkeit zu einer religiösen Sekte und deklarierte dem Sohn gegenüber ihr Sektenleben als Treuebeweis an den Vater. Entsprechend wurde der Patient durch die Mutter im Namen seines unsichtbaren Vaters – der ja zu alldem nichts mehr sagen konnte – nachhaltig geprägt. Er baute dann den verstorbenen Vater symbolisch mit einer durchsichtigen Murmel in einiger Entfernung zur hinterbliebenen Familie auf, um dessen Einfluß auf seine Entwicklung zu demonstrieren.

Nachdem Sie also genügend handliche Gegenstände für Ihre Familienserie bereit haben, legen Sie diese auf den Fußboden. Hier wählen Sie zur Darstellung der Familiendynamik – wie oben am Beispiel des verstorbenen Vaters bereits angedeutet – verschiedene Abstände zwischen den durch die Gegenstände symbolisierten Personen. Hierbei geht es vielmehr um die seelischen als um die tatsächlichen Entfernungen. Da kann der eine »außen vor« sein, ein anderer »zwischen zwei Menschen stehen«, Personen können sich sowohl »nahe stehen« als auch »einander auf der Pelle hocken«. Wählen Sie als Größenordnung für die Darstellung eine Fußbodenfläche von vielleicht einem Quadratmeter, da Sie diese Inszenierung später von Ihrem Fernsehsessel aus überblicken wollen. Zwischen der symbolischen Familie und dem Fernsehsessel muß ein deutlicher Sicherheitsabstand bestehen bleiben.

Setzen Sie sich zwischendurch auf Ihren erwachsenen Sachverständigenposten – also in den Sessel –, um die aufgebaute Familie optisch auf sich wirken zu lassen. Sie dürfen sich gern Zeit nehmen, um die Familienmitglieder so weit hin- und herzurücken, bis die visuelle Darstellung der Dynamik von damals am weitesten entgegenkommt. Wichtig ist dabei Ihre *ganz subjektive und gefühlsmäßige Version der Familie.* Es geht nicht in erster Linie um die Frage der hundertprozentigen Richtigkeit, sondern um Ihre Empfindung der damaligen Lebensphase. Sie kennen das Phänomen: Fragen Sie zehn verschiedene Augenzeugen nach demselben Ereignis, und Sie erhalten zehn verschiedene Versionen der Wiedergabe. Da Sie die Hauptperson in dieser Intervention sind, ist Ihre emotionale Sichtweise gefragt. Sie müssen sich auch nicht endgültig festlegen, spätere Korrekturen sind jederzeit erlaubt. Zum Schluß betrachten Sie in Ruhe diese aufgebaute Familie. Schon durch diese gegenständliche Präsentation können bestimmte Konstellationen ins Auge fallen und nachdenklich machen.

Inga machte gleich zwei interessante Beobachtungen. Sie hatte den despotischen Großvater recht weit außerhalb der Familie plaziert. »Er war immer so schlecht gelaunt und störte den Familienfrieden.« Die entsprechende Großmutter-Murmel lag ziemlich dicht neben der Urgroßvater-Murmel. »Es sieht von hier so aus, als wären diese beiden das eigentliche Paar und nicht Oma und Opa – und dabei sind das doch die Eheleute«, überlegte Inga. Weiterhin gab es zwischen den Generationen kaum wahrnehmbare Trennungen. Die Murmeln ihrer Kernfamilie gingen optisch fast nahtlos zu dem Großmutter-Urgroßvater-Paar über, »als hätte meine Kernfamilie gar keine eigene Haut«.

Wieder ist hier die Wortwahl der Patientin zu beachten. Sie selbst hat ja chronische Hautprobleme. Die Haut ist die Hülle unseres Körpers. Sie ist das Organ, welches die *Grenze* zwischen unserem Innenleben, also unserem Organismus, und der Außenwelt darstellt. Eingangs beschrieb ich ausführlich, wie die kindliche Persönlichkeit durch die *gesamte Familienatmosphäre* geprägt wird. Inga hatte vor dem Umzug zu den Großeltern väterlicherseits die Geborgenheit einer Kleinfamilie erlebt. Plötzlich war sie als Kind mit der tagtäglichen Nähe einer anderen Generation konfrontiert. Die bisher bekannte Grenze nach außen wurde porös und für einen nach ihrem kindlichen Empfinden ungewohnten Einfluß durchlässig. Wie beim Heuschnupfen-Beispiel erzählt auch hier der Körper in seiner Sprache das alte Familienereignis als Metapher.

Es ist aber nicht unbedingt erforderlich, daß schon bei diesem Schritt die großen Erkenntnisse fließen. Wichtig ist die optisch-symbolische Präsentation aller relevanten Personen für die Familienserie in einem ausreichenden Sicherheitsabstand vom Fernsehsessel. Im weitesten Sinne entspricht dieses Vorgehen dem Erstellen eines Soziogramms, also der graphischen Darstellung des Beziehungssystems einer festen Gruppe von Menschen. Am besten nehmen Sie sich noch Papier und Stift und skizzieren die fertige Inszenierung. Vielleicht möchten Sie an einem anderen Tag weiterarbeiten, dann hilft diese Gedächtnisstütze Ihnen beim erneuten Aufbau der symbolischen Familie. In unserer Praxis halten wir die Ausgangsinszenierung der Familienserie mit einem Polaroid-Foto fest.

Kurzzusammenfassung: die Inszenierung der Prägungszeit

1. Sie suchen sich im Zimmer einige handliche Gegenstände, die symbolisch die einzelnen Familienmitglieder der von Ihnen ausgesuchten Prägungsphase darstellen sollen. Ihr eigenes Kind-Ich bekommt zur Kennzeichnung der Hauptrolle einen besonderen Gegenstand.
2. In sicherer Entfernung vom Fernsehsessel setzen Sie diese Gegenstände auf dem Fußboden optisch zueinander in Beziehung. Sie sollen die damalige Familiendynamik repräsentieren. Lassen Sie sich ganz von Ihrer subjektiven Erinnerung leiten. Die Aufstellung muß vom Fernsehsessel aus gut überschaubar sein.
3. Vom Fernsehsessel aus lassen Sie das Ergebnis optisch auf sich wirken. Vielleicht möchten Sie noch weiter hin- und herrücken, bis alles gut zur damaligen Atmosphäre paßt.
4. Betrachten Sie diese Gegenstand-Familie in Ruhe. Fällt Ihnen vielleicht schon jetzt an dieser visuellen Konstellation etwas auf?
5. Skizzieren Sie sich die Aufstellung mit der Namenszuordnung zu den Gegenständen auf ein Blatt Papier, um diese Inszenierung jederzeit wieder aufstellen zu können.

Der Pilotfilm: eine Familie stellt sich vor

Nun kann der erste Abschnitt der Familienserie beginnen. Sie stellen sich im Bereich der Gegenstand-Familie einen imaginären Psychofernseher vor, auf dem die Bilder Ihrer Familienserie zum Laufen gebracht werden sollen. Nehmen Sie vielleicht sogar eine Fernbedienung zur Hand, um so die gedankliche Fernsehsimulation zu stabilisieren. Wir halten uns ganz an die üblichen Gepflogenheiten und spielen zum Auftakt der Serie den interessierten Zuschauern einen Pilotfilm vor. So ein Pilotfilm ist der Vorläufer der eigentlichen Serie und soll den Zuschauer mit den einzelnen Charakteren der Familienmitglieder vertraut machen. Im Fernsehen geht es da nicht um tiefenpsychologische Details. Ganz oberflächlich verteilen sich die Rollen auf liebe und böse Menschen, auf Pechvögel und Glückspilze. Publikumslieblinge und Serien-Biester werden geboren. Es gibt Charakterrollen, unscheinbare, auswechselbare Gestalten und Ulknudeln.

Ihre Aufgabe ist es, dem imaginären Zuschauer jetzt alle durch die Gegenstände repräsentierten Menschen Ihrer ganz persönlichen Familienserie vorzustellen. Dabei gilt unbedingt die Kunst, oberflächlich und plakativ zu bleiben. Wie oben beschrieben, geben Sie bitte die spontane Wirkung aller Rollen auf die breite Zuschauermasse wieder. Es gilt als strenger Maßstab die Fragestellung: Wie findet *der Zuschauer* diese Menschen und diese Familie? Man muß sich sehr konzentrieren, um die Zuschauersicht diszipliniert einzuhalten. Doch der Einsatz lohnt sich, weil er Sie um viele neue Eindrücke bereichert.

Eine vierzigjährige Patientin, von Beruf Erzieherin, wurde dabei ganz nachdenklich. Sie wirkte plötzlich wie ein Mensch, dem irgend etwas sehr peinlich ist. Zur Erklärung muß gesagt werden, daß sie als schlimmstes Kindheitserlebnis den Tag erinnerte, an dem ihre Mutter sie als kleines Mädchen zur Strafe in den Keller sperrte. In diversen Gruppentherapie-Sitzungen hatte sie deshalb schon die Mutter beschimpft und das Kellererlebnis nachgespielt, um »noch einmal ganz in das Gefühl zu gehen«. »Von außen betrachtet, kommt mir jetzt ein fast gegensätzliches Bild«, sagte sie. »Das Ganze spielt auf einem Bauernhof. Ich sehe in der Küche eine junge, dünne dreiundzwanzigjährige Frau – die Mutter. Sie wirkt überarbeitet und chronisch müde. Daneben tobt ein kräftiges, lautes, temperamentvolles und überaus anspruchsvolles Kind – das bin ich früher. Als Erwachsene muß ich die Frau wegen der kleinen Nervensäge fast bedauern. Diese Erkenntnis ist mir zwar peinlich, aber ich kenne diese nimmermüde Kindersorte allzugut aus meinem Beruf. Die junge Frau in meiner Familienserie ist von den Umständen her gar nicht in der Lage, pädagogisch richtig zu reagieren. Die Keller-Geschichte ist die reine Verzweiflungstat und keine herzlose Aggression gegenüber einem armen kleinen, harmlosen Kind, wie ich immer dachte.«

Damit hat die Patientin noch lange kein Plädoyer für Kellerstrafen gesprochen. Wichtig ist hier ihre Erkenntnis über den eigenen Anteil am traumatischen Erlebnis. »Eigentlich finde ich es sogar positiv und befreiend, daß ich als Kind so viel Kraft hatte«, sagte sie in der nächsten Sitzung. Diese neuen Gedanken halfen ihr später nachhaltig, sich als Erwachsene aus ihrer chronischen Opferrolle (»Alle sind gegen mich«) zu befreien und sich auch als »Täter« im Leben zu fühlen – mit all der dazugehörigen Kraft.

Weitere Erkenntnismöglichkeiten durch die Zuschauerperspektive können Sie in den weiteren Kapiteln nachlesen. Beachten Sie zunächst am obigen Beispiel, wie die Patientin über die Mutter und das Kind spricht: in der dritten Person. Sie sagt »die Mutter« und nicht »meine Mutter«. Sie sagt »die Nervensäge« und nicht »ich«. Mit diesem Sprachgebrauch demonstrieren Sie auch durch die gezielte Wortwahl den Abstand zwischen Ihrem Fernsehsessel und der inszenierten Familienserie. Halten Sie sich quasi an die Textform einer Programmheft-Ankündigung über die Familienserie. Sie sehen also konsequent durch die Zuschauerbrille. In der Therapie halten wir die Klienten stets an, diesen Sprachgebrauch beizubehalten – notfalls mit Unterbrechungen. Auch über das frühere Kind-Ich wird in der dritten Person gesprochen.

In der Reihenfolge der Vorstellung kommt das Kind-Ich dann an letzter Stelle. Zuvor stellen Sie in Ihrem Pilotfilm laut gesprochen oder in Gedanken all die anderen Personen plakativ vor. Wichtig sind Name, Alter, Beziehung zur Hauptperson (also zum Kind-Ich) und die *spontane* persönliche Wirkung auf die Zuschauerschar.

Lassen Sie als Beispiel Ingas Pilotfilm zu ihrer Serie »Ein Leben in der Schmiedestraße« auf sich wirken:

Inga: »Als erstes stelle ich Ingas Vater vor. Er heißt Peter und ist dreißig Jahre alt ...«

Therapeutin: »So alt wie Sie heute!«

Inga schweigt verblüfft. »Stimmt genau, aber so habe ich ihn noch nie gesehen. In meinem Kopf ist er auch damals schon unvorstellbar erwachsen. Aber wenn ich an die dreißigjährigen Männer denke, die ich heute kenne, kommt er mir plötzlich ziemlich jung vor.«

Viele Personen sind verblüfft, die Eltern in der eigenen Familienserie plötzlich als junge Menschen zu erleben, vielleicht sogar jünger als ihr Erwachsenen-Ich auf dem sicheren Fernsehsessel. Erinnern Sie sich an die vierzigjährige Erzieherin, die ihre Mutter zum Zeitpunkt der Keller-Geschichte im Alter von dreiundzwanzig Jahren wahrnahm. Erst diese Sicht mit den Augen der älteren auf eine erheblich jüngere Frau ermöglichte ihr die neuen Bewertungen über den Ablauf des damaligen traumatischen Ereignis.

Inga weiter über den Vater: »Peter wirkt auf den Zuschauer sympathisch. Er vermittelt einen scheuen, sensiblen, liebenswürdigen Eindruck, ist also rein optisch kein Gewinner-Typ. Er arbeitet gemeinsam mit seinem Vater in dessen Firma. Dieser ermöglichte ihm und seiner Familie gerade, auf dem Grundstück ein eigenes Haus zu bauen. Peter wirkt aber nicht besonders glücklich. Vielleicht liegt es daran, daß sein Traumberuf ein anderer war als der, welchen er jetzt aus Vernunftgründen ausübt.«

Über die Mutter: »Peters Frau heißt Wiebke und ist ein Jahr jünger. Wiebke sieht gut aus. Sie ist eher ein energischer Typ. Zu dieser Zeit wirkt sie auf den Zuschauer hektisch und gestreßt. Vielleicht kommt das durch den Hausbau, das zweite Kind – es ist noch ein Baby – und die Umstellung auf die neue Situation. Sie scheint aber auf das neue Haus stolz zu sein. Der Zuschauer weiß noch nicht, wie er sie finden soll.

Die zu diesem Zeitpunkt sechzig Jahre alte Großmutter Irmi väterlicherseits ist eine richtig liebe und fleißige Omi nach Bilderbuch. Sie betütelt ihre beiden Enkelkinder, entlastet ihre Schwiegertochter und steckt der jungen Familie häufiger Geld, Süßigkeiten und Lebensmittel zu. Sie ist meistens mit ihrem Vater namens Kurt (also Ingas Urgroßvater) zusammen, der ihr bei der ganzen Arbeit im Haus und Garten hilft. Insgesamt ist die Omi allerdings nicht sehr selbstbewußt und richtet sich ängstlich nach ihrem despotischen Mann, dem Friedrich. Nie würde sie ihm ernsthaft widersprechen.«

Zwischenfrage der Therapeutin: »Seit wann leben Urgroßvater und die Großeltern zusammen?«

Inga: »Als der Opa die Oma kennenlernte, wohnte diese als junges Mädchen allein mit ihrer Mutter auf einer ganz armseligen Gartenparzelle. Der Vater (also besagter Urgroßvater Kurt) hatte Frau und Tochter verlassen und lebte seit drei Jahren mit einer sehr viel jüngeren Frau in einer anderen Stadt zusammen. Kurt versuchte mehrmals eine berufliche Existenz aufzubauen, hatte jedoch nie das rechte Glück und Durchhaltevermögen. Ein ums andere Mal ging er pleite. Vielleicht trank er auch immer zum falschen Zeitpunkt zu viel Alkohol.

Der Opa Friedrich erarbeitete sich mit seiner Firma gleich in den Nachkriegsjahren ein Vermögen. Das arme Mädchen Ilse war auf den ersten Blick seine Traumfrau. Zielstrebig, wie er war, heiratete er sie bald. Er erstand ein großes Grundstück an einem süddeutschen See und ließ dort ein Traumhaus errichten. Nach einiger Zeit wurde die Mutter von Irmi sehr krank. Irmi zuliebe wurde die Oma ins Haus geholt. Nach zwei weiteren Jahren kehrte Kurt – verlassen von seiner jungen Freundin – zurück. Er versöhnte sich mit seiner Frau – die ihn immer schmerzlich vermißt hatte – und zog auch bei den damals jungen Eheleuten ein. Nach weiteren fünf Jahren starb Irmis Mutter. Kurt lebt weiterhin im Hause seines Schwiegersohns. Zwei Jahre nach dem Tod der Urgroßmutter wurde dann Ingas Vater Peter geboren – als jüngster von drei Geschwistern.«

Nach dieser Rückblende setzt Inga den Pilotfilm fort: »Als

nächstes stelle ich den Opa Friedrich vor. Er ist und war ein erfolgreicher Geschäftsmann mit einer eigenen Firma. Die Zuschauer finden ihn bestimmt unsympathisch. Allerdings sieht man auch, daß er nicht der Gesündeste ist. Das nimmt ihm vielleicht auch viel Lebensfreude. Er hat nur schlechte Laune, wenn er nach Hause kommt. Alles kuscht vor ihm, auch seine Frau. Man meint, er bildet sich etwas darauf ein, daß ihm alles gehört. Dafür springt er mit den Leuten um, wie es ihm gefällt. Er ist das Ekel vom Dienst. Das sagt wohl alles.« Sie deutet auf die ganz außen liegende Murmel.

»Das Gegenteil stellt Urgroßvater Kurt dar. Mit seinen fast 80 Jahren wirkt er noch rüstig und vergnügt. Er hat immer den Schalk im Nacken, unternimmt gern etwas mit seiner größeren Urenkelin (das ist also Inga selbst). Er ist der einzige, der in dieser Serie so richtig zufrieden wirkt. Die Zuschauer gewinnen ihn gleich lieb.« Die Murmel vom Urgroßvater liegt in der Mitte der ganzen Familienkonstellation.

»Die Großeltern mütterlicherseits sind sozusagen kleine Leute. Ab und zu besuchen sie ihre Tochter auf dem aus ihrer Sicht imposanten Grundstück. Opa Rolf war nach dem Krieg lange Zeit arbeitslos und ist heute Frührentner. Ihm sind viele Ungerechtigkeiten im Leben widerfahren. Er wirkt immer etwas gekränkt. Die Oma Ruth wirkt bescheiden und nett. Oft lassen sich diese Großeltern beim Kaffeetrinken von ihrer Tochter die Schauergeschichten über Opa Friedrich erzählen: wie er stets schlecht gelaunt ist, wie er mit seiner Frau herummault usw. Dann sagen sie zusammen: ›Ja, ja – Geld ist nicht alles!‹

Über den kleinen, einjährigen Bruder Ronald läßt sich nicht viel sagen. Er ist ein nettes und fröhliches Kind. Alle lieben ihn, sogar der mürrische Opa Friedrich.

Aber um die kleine, fünfjährige Inga würde der Zuschauer sich Sorgen machen. Sie ist viel zu still für eine Fünfjährige, wirkt blaß und irgendwie ängstlich. Ihre ewige Bronchitis macht den Eltern große Sorgen. Oft kann sie nachts wegen des Hustens nicht durchschlafen. Dann sitzen die Eltern abwechselnd an ihrem Bett. Sie hängt offensichtlich sehr am Vater, der nur abends da ist. Tagsüber wirkt sie ziemlich verloren in der für sie ganz neuen Umgebung.«

Inga schildert also das Leben einer richtigen Großfamilie, die mit vier Generationen auf einem Grundstück lebt. Der Pilotfilm hat seine Aufgabe erfüllt: Der Zuschauer weiß jetzt über jeden Charakter oberflächlich Bescheid. Inga wollte übrigens während dieser ersten »Sendung« die ganze Zeit die Fernbedienung halten, um sich besser in den Zuschauer versetzen zu können.

Wenn Sie Ihren eigenen Pilotfilm »senden« wollen, möchte ich Sie gerne zu einem lauten Selbstgespräch ermuntern. Sollten Sie sich dabei komisch vorkommen, hilft ein kleiner Trick: Sprechen Sie Ihre Personenbeschreibungen auf einen Kassettenrekorder. Später möchten Sie vielleicht gern noch einmal diese Schilderungen auf sich wirken lassen. Das laute Sprechen hilft Ihnen auf jeden Fall, sich emotional klarer distanzieren zu können.

Um sich zu verdeutlichen, daß der Pilotfilm gelaufen ist, imaginieren Sie den Schriftzug »Fortsetzung folgt« auf Ihren Psychofernseher. Diese Möglichkeit hilft Ihnen, die Reimprinting-Methode zeitlich nach Ihren Bedürfnissen zu portionieren. Sie sind beispielsweise nicht angehalten, auf Biegen und Brechen bei einem Durchgang die komplette Familie zu beschreiben. Vielleicht möchten Sie über ein, zwei Personen länger nachdenken. Erlauben Sie sich dieses Verweilen mit der Möglichkeit der erwähnten Einblendung. Das »Fortsetzung folgt« kommt auch in der echten Serie stets zu ganz unmöglichen Zeiten – oft sogar, wenn die Situation gerade so richtig spannend wird. Vom Fernsehen her kennen Sie die Referenzerfahrung, den Gedanken an das Seriengeschehen zu »parken«, bis Sie neu einschalten dürfen. Legen Sie nach einem solchen Zwischenstopp die Familien-Gegenstände in eine Schachtel, um sie dann später entsprechend der von Ihnen angelegten Skizze wieder zu inszenieren.

Kurzzusammenfassung: der Pilotfilm

1. Begeben Sie sich auf Ihrem Fernsehsessel in Ihre *Erwachsenenperspektive.* Machen Sie sich Ihr *heutiges Alter* bewußt. Betrachten Sie von hier aus die dort hinten aufgestellten Gegenstände.
2. Imaginieren Sie einen Psychofernseher an den Ort der Inszenierung, nehmen Sie bei Bedarf eine echte Fernbedienung in die Hand.
3. Konzentrieren Sie sich ab jetzt darauf, die Mitglieder Ihrer persönlichen Familienserie sprachlich *immer in der dritten Person* vorzustellen: *die* Mutter, *der* Vater usw. Sagen Sie auch nicht »Ich«, sondern *das kleine Mädchen/der kleine Junge X.*
4. Sie stellen die Familienmitglieder nacheinander vor. Die Reihenfolge ist egal. Nur das eigene *Kind-Ich* kommt *zum Schluß* dran.
5. Nennen Sie beim Vorstellen jeweils:
- Verwandtschaftsbeziehung zur Hauptperson,
- Name,
- Alter zu der Zeit, in der die Serie spielt,
- die spontane Wirkung auf den Zuschauer,
- u. U. wichtige Hintergrundinformationen in Form von Rückblenden (z. B.: Wie ist es zu der und der Konstellation gekommen? Erinnern Sie die Frage nach dem Zusammenleben von Ingas Urgroßvater und den Großeltern).

6. Sind alle Personen – auch die Hauptperson – dargestellt, blenden Sie nach Beendigung des Pilotfilms ein symbolisches »Fortsetzung folgt« ein.
7. Packen Sie nach dem »Fortsetzung folgt« die Familiengegenstände in eine Schachtel oder einen Behälter. Später können Sie diese entsprechend Ihrer Skizze wieder aufbauen.

Hinweise

- Sprechen Sie während der »Sendung« möglichst laut.
- Benutzen Sie dazu gern einen Kassettenrekorder, denn vielleicht möchten Sie zu einem späteren Zeitpunkt wieder in diese »Sendung« hineinhören.
- Denken Sie an die Möglichkeit, eine echte Fernbedienung in der Hand zu halten.

Das schonungslose Urteil des Zuschauers

Versetzen Sie sich im nächsten Schritt ganz in die Gefühlswelt eines Fernsehzuschauers, der Ihre Familie tatsächlich über den Äther kennenlernen würde. Was für Gefühle hätte er hinsichtlich der einzelnen Personen? Was für Fragen würde er sich stellen? Wie würde er die gesamte Atmosphäre erleben? In der Therapie spielen wir Therapeuten bei Bedarf die Zuschauerrolle mit, indem wir entsprechend interessierte Fragen stellen.

Oft beziehen sich die ersten Impulse auf verblüffend naheliegende Beobachtungen, die der Hauptperson bisher gar nicht aufgefallen sind. Eine Klientin sah sofort, daß der Vater in der Familienserie äußerlich sehr anziehend wirkte – die Mutter hingegen nicht. Sie hatte im Laufe der Jahre extrem zugenommen und wirkte ungepflegt und wesentlich älter als ihr Mann. »Man würde gleich schonungslos sagen: Was hält den Mann an dieser unattraktiven Frau? Wo er doch so gut aussieht.« Diesen äußerlichen, überdeutlichen Aspekt hatte die Patientin vorher nie in dieser Deutlichkeit erfaßt. Viele Menschen verdrängen ähnlich gelagerte Offensichtlichkeiten, die auch in der früheren Familie stets in der Bedeutung kleingehalten wurden. Besagte Klientin hatte in der Vergangenheitsbewältigung eher mit Erinnerungen an dem Erziehungsstil der Eltern gekämpft. Im Fernsehen fiel sofort auf, daß die kleine Tochter (also das Kind-Ich) ein sehr hübsches Mädchen war. »Ganz der Vater«, würde der Zuschauer sagen. Aufgrund dieser Beobachtungen kamen sehr wesentliche Erkenntnisse über die Dynamik ihres Mausefallen-Stücks ins Rollen, mit deren Hilfe diese Klientin auch ganz entscheidende Knoten in ihrem erwachsenen Leben lösen konnte.

Ein ähnliches schonungsloses Erlebnis hatte ein ca. fünfzigjähriger Mann angesichts der spontanen optischen Wirkung seiner Eltern. In der Rückblende kam heraus, daß die Mutter schon ein uneheliches Kind von einem anderen Mann hatte, als der Vater sie heiratete. Später wurde dieser Klient als leiblicher Sohn dieser beiden Menschen geboren. »Man sieht sofort, daß diese junge Frau der damaligen Zeit froh sein mußte, daß überhaupt noch ein Mann sie heiratete. Genauso offensichtlich sieht der Zuschauer gleich, daß sie nie diesen wesentlich älteren Mann geliebt hat und mit dieser Ehe in den berühmten sauren Apfel beißen mußte. Der Mann hingegen ist hoffnungslos in seine Frau verliebt. Er weiß aber auch, daß er sie ohne uneheliches Kind nie bekommen hätte. Ich gebe zu, daß ich meine Eltern so noch nie gesehen habe.« Oft ergeben sich ähnliche Verhältnisse, wenn die Mutter in der Nachkriegszeit den Vater nur deshalb heiratete, »weil es damals an Männern nicht die große Auswahl gab«.

Ein weiteres Beispiel für schonungslose Erkenntnisse ist eine junge Studentin, die in der Therapie stets schilderte, daß ihre Mutter nach der Trennung vom Vater »sehr zu kämpfen hatte«. Es hat »lange gedauert, bis sie sich wieder für das Leben interessierte«. Beim Anblick seiner Familienserie verschwanden diese höchst moderaten Äußerungen. »Wenn ich ehrlich bin . . ., die Frau da ist aus Zuschauersicht ein medikamenten- und alkoholabhängiges psychisches Wrack. Sie ist regelrecht verwahrlost. Ja, das ist das einzig richtige Wort. Sie weiß nicht, was sie tut, ist völlig unberechenbar, und der Zuschauer ist empört darüber, daß ein kleines Kind (also ihr Kind-Ich) bei so einer Frau aufwächst.«

Auch Inga fand einen interessanten Ansatz für eine neue Sichtweise: »Die Rückblende hat mich sehr nachdenklich gemacht. Wenn Opa Friedrich so sehr in Oma Irmi verliebt war, was ist dann aus diesen Gefühlen geworden?« Beim Gespräch darüber fielen ihr weitere wichtige Einzelheiten ein. »Als ich etwa fünfzehn Jahre alt war, erzählte mir Oma Irmi einmal über ihre Jugend. Sie hatte wohl ganz furchtbar unter der Trennung ihrer Eltern gelitten. Immer hatte sie sich sehnlichst gewünscht, daß der Vater eines Tages zur Familie zurückkommen würde. Das tat er dann ja auch. Oma Irmi nun hatte jahrelang den verschwundenen Vater verherrlicht. Sie freute sich als junge, verheiratete Frau wahnsinnig darüber, als er zu ihr zog. Sie sagte wortwörtlich, daß sie damals froh war, die verlorenen Jahre mit dem Vater so richtig nachholen zu können.«

Frage der Therapeutin: »Wie gern mochte denn Opa Friedrich den Uropa Kurt?«

Inga: »Überhaupt nicht. Er verachtete seine Luftikus-Art. Umgekehrt war es auch nicht besser. Für Kurt war der geschäftlich so erfolgreiche Schwiegersohn ein Dorn im Auge. Einmal hörte ich, wie er ihn abfällig Streber nannte. Diese Abneigung wurde wohl dadurch verstärkt, daß Urgroßvater Kurt beruflich ein Leben lang versagt hatte und der Schwiegersohn ihm alle unerreichten Erfolge vorlebte.«

Natürlich ist man bei diesen Puzzle-Teilen auf Vermutungen angewiesen. Doch jeder hat solche Puzzle-Teile ungenutzt in seinem Erinnerungsfundus herumliegen. In Ingas Fall handelte es sich ja schon fast um »Puzzle-Brocken«. Inga: »Opa Friedrich fängt an, mir leid zu tun. Da verliebt er sich als reicher Mann in ein armes Mädchen. Er baut ein Traumhaus und gründet mit ihr eine Familie – wie im Märchen. Als alles in Erfüllung zu gehen scheint, taucht plötzlich aus seiner Sicht ein verlebter Luftikus auf, nistet sich bei ihm ein, und seine geliebte Ehefrau hat nur noch Augen für diesen Fremdkörper, der aus dem Nichts kam. Dabei hat dieser Mann, der sich Vater nennt, seiner geliebten Irmi nur Unglück zugefügt und sie im Stich gelassen. Und ihn, der für sie ritterlich ein Traumhaus gebaut hat, beachtet sie kaum noch. Kein Wunder, daß er eifersüchtig und schlecht gelaunt wird.

Weil er immer bei aller Muffeligkeit ein hochanständiger Mann war, hat er den Schwiegervater auch nie vor die Tür gesetzt. Er hat sogar bei den Familien-Abendbrotgesprächen immer die Einstellung vertreten, daß die Jungen die Alten versorgen müssen. Mit dieser Überzeugung hat dieser Mann von Prinzipien sich dann selbst im Wege gestanden. Man hat immer gemerkt, daß es zwischen diesen beiden Männern knisterte. Opa Friedrich hat offensichtlich den Schalk von Uropa Kurt nie als Spaß, sondern eher als Piesacken erlebt. Es muß wohl auch sehr bitter gewesen sein, vom Schwiegervater als Streber verachtet zu werden, anstatt Dankbarkeit für die Aufnahme in seinem Haus zu bekommen.

Ich lebe zwar auch mit meinen Schwiegereltern auf einem Grundstück zusammen, aber die beiden sind sehr feinfühlig unserer Ehe gegenüber. Ich weiß ganz genau, daß sie unsere Intimsphäre als Familie immer respektieren würden. Wenn ich mir hingegen vorstelle, meine Schwiegermutter würde – so wie Uropa Kurt es zu tun pflegte – jeden Abend mit uns verbringen, von morgens bis abends mit meinem Mann zusammenglucken und sich hinter meinem Rücken sogar noch über mich lustig machen – ich würde sofort ausziehen. Keine Woche würde ich das mitmachen!«

Vor diesem Hintergrund wirkt Opa Friedrich fast als hilfloses Opfer. Der äußerst rüstige Urgroßvater wird der Familie aus Ingas Serie wohl noch lange erhalten bleiben. Während Opa Friedrich auch als Siebenundsechzigjähriger noch berufstätig ist, avanciert der Schwiegervater sogar noch zum Liebling der Enkelkinder. Zeit genug hat er ja, um sich mit ihnen zu beschäftigen.

Inga hat das Glück, ihrem Vater, zu dem sie auch heute noch ein gutes Verhältnis hat, zu diesen neuen Gedanken einige Fragen stellen zu können. Er erzählt zu ihrer Überraschung, daß er als Kind den Opa Kurt gar nicht so gern mochte wie seine beiden älteren Geschwister. »Ich fand ihn immer zu aufgesetzt, seine Späße haben mich als Kind sogar genervt. Meinen Vater mochte ich viel lieber. Aus irgendeinem Grund habe ich auch nie richtige Angst vor seinen Poltereien gehabt. Er hat mir immer ein bißchen leid getan.« Auf Ingas Frage, ob er je in der Familie über diese Gefühle gesprochen habe, erwiderte er: »Auf die Idee bin ich nie gekommen. Über so etwas hat nie jemand gesprochen. Außerdem waren tagsüber meine Mutter und mein Opa bei uns Kindern. Meine Mutter wäre entsetzt gewesen, wenn ich etwas gegen den tollen Opa gesagt hätte – das habe ich schon als Kind gespürt.«

Und wieder können wir in Ingas Mausefallen-Krimi ein weiteres Geheimnis lüften. Warum war also ihr Vater als erwachsener Mann als einziger unter den Geschwistern auf das Angebot von Opa Friedrich eingegangen und auf das väterliche Grundstück zurückgekehrt? Nicht, weil er zu schwach war, um die eigenen Zukunftswünsche zu verwirklichen und in der väterlichen Firma unterzukriechen. »Es kommt mir jetzt sehr wahrscheinlich vor, daß er vielleicht unbewußt seinen Vater mit den beiden nicht allein lassen wollte. Er hat die materiellen Vorteile mit der Möglichkeit verknüpft, seinem Vater als Verstärkung zu Hilfe zu kommen.« Die beiden waren ja tagsüber viel zusammen. Offensichtlich litt der Sohn auf der Arbeit gar nicht unter seinem Vater Friedrich, sondern arbeitete angstfrei wie als Kind in stiller Solidarität zusammen mit dem polternden alten Mann.

Sie können sich vorstellen, wie sehr Inga mit diesen neuen Gedanken beschäftigt war. »Das ist wirklich wie in einem Krimi. Der, von dem man's dachte, ist hinterher gar nicht der Mörder. Momentan bin ich jetzt richtig sauer auf den Urgroßvater Kurt, der da mitten in meiner Familie zufrieden wie die Made im Speck lebt.« Natürlich wird der Urgroßvater aus psychologischer Sicht auch tief unbewußte Gründe gehabt haben, seinem erfolgreichen Schwiegersohn in die Parade zu fahren und dessen Lebensglück zu unterwandern. Jedoch waren wir der Meinung, zur Klärung von Ingas heutigen Problemen schon ausreichend recherchiert zu haben.

Der Zuschauer ist es ja durch unzählige Krimi-Erfahrungen gewohnt, dargestellte Charaktere nicht gleich auf Anhieb zu »schlucken«. Er paßt kritisch auf und ist auf Überraschungen vorbereitet. Mit dieser geschärften Wahrnehmung kann also die Zuschauersicht ganz spontan verdrängte Familiengeheimnisse ans Tageslicht fördern, die den Betroffenen selbst jahre- und jahrzehntelang ein Tabu waren. Ein Tabu, mit welchem damals meist nach der berühmten Affen-Technik verfahren wurde: nichts sehen, nichts hören, nichts sprechen. Das mag für den Affen selbst hilfreich sein, doch der Betrachter von außen sieht eben doch auf Anhieb, was man nicht sehen und hören soll und worüber man nicht sprechen darf. Im nächsten Kapitel zeige ich, wie Sie noch weitere Hintergrundinformationen über die Menschen aus der Familienserie erhalten können.

Kurzzusammenfassung: das Zuschauerurteil

1. Denken Sie sich in die Gefühlswelt eines Zuschauers hinein, der Ihre Familienserie das erste Mal sieht.
2. Wie würde er die *einzelnen Menschen* finden?
3. Wie würde er die *Familienkonstellationen* beurteilen?
4. Wie würden die Rückblenden auf sein Urteil Einfluß haben?
5. Vielleicht notieren Sie sich in Stichworten die Erkenntnisse zu diesen Fragen.

Teil II: Das Rollenspiel

In diesem weiteren Schritt soll sich der Klient mit den einzelnen Familienmitgliedern identifizieren. Wie im Rollenspiel denkt er sich gefühlsmäßig in die einzelnen Menschen und ihre Gefühlswelt hinein. Sollten Sie als Leser sehr dramatische Kindheitsphasen erlebt haben, mögen Sie diesen Schritt vielleicht als praktische Übung auslassen. Das gilt insbesondere für Menschen, die einen sexuellen Mißbrauch durch Familienmitglieder als Kind erlebt haben. Diesen Lesern empfehle ich, das Rollenspiel zusammen mit einem erfahrenen Therapeuten zu durchlaufen. Beim selbständigen Ausprobieren der Reimprinting-Methode können Sie dann wieder aktiv ab »Teil III: Die Bilanz« mitarbeiten. Sie können aber gern mitlesen, was Inga bei dem Rollenspiel erlebte.

Stimmt der äußere Schein?

Wie geht es nun den einzelnen Familienmitgliedern wirklich? Die hundertprozentige Wahrheit können Sie meistens nicht mehr erfahren; aber Sie können sich Ihre unbewußten Familienerfahrungswerte, die Sie über das Modellernen in sich aufgenommen haben, für Ihr Bewußtsein zugänglich machen. Sie haben miterlebt, daß Inga schon über den Pilotfilm viele zusätzliche Informationen über die emotionalen Hintergründe ihrer wichtigsten Familienmitglieder gefunden hat. Als nächsten Schritt hat sie sich nacheinander in jedes einzelne Familienmitglied hineingedacht. Dabei stehen die Klienten vom Fernsehsessel auf und stellen sich »live« in die dort hinten aufgebaute Gegenstände-Dynamik hinein. Erinnnern Sie sich an das Theaterstück »Die Mausefalle«. Ein Schauspieler verbringt ganze Tage damit, sich in den Menschen hineinzudenken, den er später auf der Bühne oder im Film verkörpern soll. Er versucht, zu denken, zu fühlen und zu träumen wie die Gestalt, die durch ihn lebendig werden soll.

Ganz so professionell gehen wir beim Reimprinting nicht vor. Ohnehin stellen sich typische Rollenphänomene beim Hineinschlüpfen faszinierenderweise meist von allein ein. So wechseln die Klienten sogar automatisch ihre Stimme von Rolle zu Rolle. Auch äußerlich färben die Familienmitglieder durch. In der einen Rollenposition gestikuliert der Klient lebhaft, in der anderen läßt er schlaff die Arme hängen. Er sprudelt über vor lebhaften Erklärungen und bekommt in der nächsten Identifikation keinen Satz zusammen. Er richtet sich auf oder sackt zusammen. Sogar körperliche Symptome können spontan anklingen: Schwindelgefühle, Hautjucken, Stottern, Husten, Magendrükken. Sowie der Klient wieder auf seinem sicheren Fernsehsessel sitzt, ist der Spuk vorbei.

Eine Klientin, die sonst immer sehr konzentriert und geistesgegenwärtig mitarbeitete, erlitt bei der Identifikation mit der Vaterrolle eine spontane Konzentrationsstörung: »Also, ich weiß gar nicht, was ich jetzt machen soll, ich habe plötzlich völlig den Faden verloren. Wer bin ich jetzt noch?« fragte sie mich in der Vateridentifikation plötzlich sichtlich verwirrt. Kaum kehrte sie zurück auf den Fernsehsessel, hatte sie alle Gedankenfäden wieder bestens in der Hand. Sie erzählte dann, daß ihr Vater tatsächlich früher »nichts auf die Reihe bekam«, wie sie sagte. »Aber wenn er sich innerlich immer so durcheinander gefühlt hat, wie ich eben, kann ich ihn plötzlich sehr gut verstehen.« Diese Frau litt unter Prüfungsängsten, durch die sie ihre gewohnte Geistesgegenwart stets verlor. Sie hatte dieses Phänomen offensichtlich vom Vater geerbt. Mit dem Reimprinting konnte sie ihre Prüfungsprobleme bewältigen.

In der Therapie halten wir gerade diesen Reimprinting-Schritt gern auf Video fest und schauen uns diese Rollenidentifikations-Phänomene später mit den Klienten noch einmal an. So wird den Klienten um so verständlicher, wie schnell sie in ihre

Mausefallen hineingeraten: Sie erleben ja mit allen Sinnen die Durchsetzungskraft der unbewußt gespeicherten Prägungsprogramme.

Die Assoziation mit den einzelnen Menschen

Sie haben in einem Sicherheitsabstand vom Fernsehsessel übersichtlich die Mitglieder Ihrer Familienserie mit Gegenständen aufgebaut. Nacheinander sollen Sie diese Personen ausprobieren. Dabei ist keine feste Reihenfolge vorgegeben, nur das eigene Kind-Ich kommt zum Schluß dran. Jede Person wird einzeln nachempfunden, Sie sollten also nicht beispielsweise alle drei Geschwister auf einmal, sondern jedes einzeln interpretieren. Zwischen der Assoziation, also dem Einswerden mit den einzelnen Rollen aus der Mausefalle, legen Sie immer einen deutlichen Zwischenschritt im wahrsten Sinne des Wortes ein.

Sie begeben sich nämlich in die Rolle, indem Sie sich direkt beim Gegenstand, der das jeweilige Familienstück repräsentiert, hinstellen. Dabei gehen Sie mit den Fußspitzen möglichst nah an den Gegenstand heran. Nach der Assoziation machen Sie *einen großen Schritt seitlich aus der Familie heraus.* Von hier aus begeben Sie sich in einem seitlichen Bogen wieder in den Fernsehsessel, um das Gedankenerlebnis auszuwerten. Ist Ihnen das wiederholte Setzen in den Fernsehsessel zu aufwendig, wählen Sie sich im Raum einen sicheren Beobachterposten, auf den Sie sich nach der jeweiligen Rollen-Identifikation wieder stehend zurückziehen können. Er darf aber nicht auf der geraden Linie zwischen Sessel und Familie, sondern muß seitlich davon liegen. Von hier aus starten Sie dann die nächste Assoziation.

In der Identifikation mit den einzelnen Familienmitgliedern durchlaufen Sie mehrere Stufen und Fragestellungen. Meistens bitten wir unsere Klienten, in der Ich-Form über ihre jeweilige Identifikation zu berichten. In der anschließenden Kurzzusammenfassung finden Sie die wichtigsten Fragen, die wir bezüglich der Rollen stellen. Die Klienten verweilen nur zwei bis drei, *höchstens fünf* Minuten in der einzelnen Rolle. Bei bestimmten Konstellationen gehen die Klienten öfter in eine Identifikation, um offene Beziehungsfragen zu klären, wie folgendes Beispiel zeigt.

Klient in der *Vaterrolle*: »Also, mein Name ist Richard. Ich habe drei Kinder, eine wirklich gutaussehende Frau, und ich habe es im Beruf zu etwas gebracht.«

Therapeutin: »Und wie fühlst du dich im Kreis deiner Familie?«

Klient in der Vaterrolle (lächelt, atmet tief durch, wippt auf den Zehen): »Richtig gut, ja, das muß ich wirklich so sagen ...« (Klient spürt noch einmal nach, nickt nachdrücklich, wippt wieder) »... ja, alles ist prima.«

Klient in der *Mutterrolle*: »Ich heiße Karin, bin fünfunddreißig Jahre alt, Mutter von drei Kindern. Meinen Mann mag ich sehr gern, er sorgt gut für uns. Ich fühle mich aber total ausgelaugt, am Ende meiner Kräfte. Die drei Kinder, das große Haus, immer attraktiv sein für die vielen Bekannten und Geschäftsfreunde ... ich kann bald nicht mehr.«

Der Klient geht noch einmal in die Vaterrolle und wird von der Therapeutin gefragt: »Richard, weißt du, wie schlecht und am Ende ihrer Kräfte deine Frau sich fühlt?«

Klient (Vaterrolle): »Nein, nie im Leben! Ich bin so stolz darauf, wie gut sie zu Hause alles managt. Sie sieht doch auch immer so gut aus!«

Therapeutin: »Aber wenn es dir jemand sagen würde ...«

Klient (Vaterrolle): »Ich würd's einfach nicht glauben!«

Mit dieser Technik der gegenseitigen Überprüfung verschiedener »Familienwahrheiten« können viele unausgesprochene Mißverständnisse und Lebenslügen aufgedeckt werden.

Wir fragen auch nach dem *Zeitgeist*, von dem die einzelnen Familienmitglieder geprägt wurden. Worauf Sie da besonders achten könnten, steht unter den jeweiligen Überschriften zu den einzelnen Familienmitgliedern beschrieben. Ebenso wichtig sind Hintergrundinformationen über die kulturelle und die religiöse Zugehörigkeit der Familienangehörigen. Gerade die christlichen Kirchen vermitteln ihren gläubigen Mitgliedern aus psychologischer Sicht eine höchst problematische und körperfeindliche Einstellung im Zusammenhang mit dem ganzen Bereich Sexualität, denken Sie nur an Themen wie Zölibat oder Familienplanung. Auch die kirchlich vermittelte Rolle der Frau birgt nach wie vor ein nahezu unseliges Potential an Beziehungsproblemen zwischen Ehepaaren. So gab es gerade in meiner Heimatstadt Hamburg eine bewegte Diskussion über die Frage, ob tatsächlich auch eine Frau evangelische Bischöfin werden darf.

Lassen Sie die wichtigsten Ergebnisse von Ingas Rollenspiel auf sich wirken, um die Bedeutung dieses Reimprinting-Schrittes zu erfassen.

Inga in der Mutterrolle; »Ich heiße Wiebke und bin neunundzwanzig Jahre alt. Ich habe zwei Kinder. Der kleine Sohn macht mir Freude, aber Inga ist so kompliziert. Immer ist mit diesem Mädchen etwas nicht in Ordnung. Mein Mann ist sehr lieb, aber leider so sensibel. Gott sei Dank hat er es hingekriegt, daß wir dieses schöne Haus bauen konnten – schließlich stand es ihm ja auch zu. Manchmal denke ich, er hat es zu gut gehabt. Er weiß nichts von den Problemen armer Menschen und stellt sich oft zu sehr an – beispielsweise auch mit Inga. Gewiß ist jetzt alles ziemlich anstrengend, ich bin auch oft am Ende meiner Kraft. Aber wer muß da nicht durch. Ich bin nicht wie er als Kind reicher Leute aufgewachsen. Mein Vater mußte immer kämpfen, dem seinen ist alles zugeflogen. Ja, reiche Menschen machen sich Probleme, wo gar keine sind. Der einzig Vernünftige aus seiner Familie ist der Urgroßvater Kurt. Er hat es ja auch nie leicht gehabt – genau wie mein Vater. Toll, wie rüstig und lebensfroh er in diesem Alter noch ist! Ein echtes Vorbild!«

Die Mutter reagiert also auch eher auf den äußeren Schein ihrer Schwiegerfamilie. Sie hat keine Ahnung von den zwischenmenschlichen Dramen dieser Menschen, in die ihr Mann sie wohl auch nie eingeweiht hat. Auffällig ist die emotionale Härte gegenüber »reichen Leuten«, von der sie nicht einmal ihren Mann ausnimmt, und die Sympathie für den Urgroßvater. Genau wie er hat auch sie menschliche Probleme mit beruflich und finanziell erfolgreichen Menschen. Sie fühlt sich solidarisch mit ihrem ebenfalls lebenslang beruflich glücklosen Vater. Andererseits ist sie hundertprozentig damit einverstanden, daß der Mann ihr den Traum vom Eigenheim verwirklicht – schließlich steht ihrem Mann dieser Besitz ja auch zu. Die Reichen können ruhig abgeben, das schadet gar nichts. Sie kann nur nicht gutheißen, daß der Peter so sensibel auf die neue Situation reagiert. So hat er sie doch tatsächlich vor dem Hausbau noch gefragt, ob sie nicht lieber noch ein paar Jahre in der kleinen Wohnung leben sollten. Er ist ihr nicht »männlich« genug. Sie interpretiert diese Weichheit als einen typischen Ausdruck mangelnder Lebenstüchtigkeit eines reich aufgewachsenen Menschen. Wiebkes Eltern können die existentielle Errungenschaft ihrer Tochter staunend würdigen. Und Wiebke freut sich, daß ihre vom Schicksal benachteiligten Eltern stolz auf das materielle Glück ihrer Tochter sein können.

Inga in der Vaterrolle: »Ich heiße Peter und bin dreißig Jahre alt. Ich weiß nicht, ob es richtig war, mit meiner Familie hierherzuziehen. Mein Vater braucht mich hier nicht nur als Firmennachfolger, sondern auch als seelische Unterstützung, das spüre ich ganz deutlich. Sein Poltern hat mir noch nie etwas ausgemacht. Wiebke erwartete ja auch von mir das Eigenheim, welches ich zur Zeit ohne die Unterstützung meines Vaters nicht hinkriegen würde. Es gab wohl gar keine andere Lösung. Meine kleine Tochter Inga irritiert mich, ich mache mir da ernsthafte Sorgen. Sie ist so still, seitdem wir hierhergezogen sind. In der alten Zweieinhalbzimmerwohnung war sie richtig quietschvergnügt. Hoffentlich war das alles richtig, wie ich's gemacht habe. Aber auch Wiebke wollte ja unbedingt hierher.«

Für Inga war es sehr wichtig, daß der Vater dem Opa Friedrich gegenüber gar nicht eine so schwache Sohn-Position hatte, wie sie immer dachte. Es tat ihr gut, diese stille Solidarität als Stärke des Vaters zu erkennen. »So sehe ich ihn in einem anderen

Licht.« Sie findet es auch interessant, daß der Vater überlegt, ob seine kleine Familie sich in der Zweieinhalbzimmerwohnung nicht glücklicher gefühlt hat. »Kein Wunder, denn sein Vater ist ja im eigenen Traumhaus auch nicht glücklich geworden.« Der Vater ist offensichtlich auch der einzige, der Ingas Anpassungsschwierigkeiten an die neue Situation erkennt. Er macht sich sogar Sorgen, ob dieser Schritt seiner Tochter gutgetan hat. Im Folgenden zeigt sich auch, daß alle anderen Erwachsenen die seelischen Probleme der kleinen Inga als vorübergehende Lappalie empfunden haben.

Die Oma Irmi fühlt sich innerlich gar nicht so gut, wie sie optisch wirkt. Sie leidet doch unter einem Solidaritätskonflikt mit ihren »beiden Männern«. Einerseits findet sie die Gesellschaft ihres fröhlichen Vaters erleichternd, andererseits macht ihr die mürrische Laune ihres Mannes ein schlechtes Gewissen. Inga nennt ihr Erlebnis ein »total verwirrendes Gefühlskuddelmuddel«.

Als Opa Friedrich findet sie es am schlimmsten, nach Hause zu kommen. »Das ist schrecklich. Es ist so überdeutlich, daß ich störe.« Er hatte nie Glück mit seiner Großzügigkeit. Alle in der Familie profitieren existentiell von ihm, aber keiner mag ihn. Nur von seinem jüngsten Sohn spürt er so etwas wie Zuneigung. Er ist froh, daß dieser Sohn jetzt in seiner unmittelbaren Nähe ist. Am wohlsten fühlt Opa Friedrich sich bei der Arbeit. Da findet er Anerkennung. Kein Wunder, daß er bis zu seinem Tod im Alter von vierundsiebzig Jahren berufstätig war, obwohl er es finanziell nicht nötig hatte. Man bedenke dabei auch, daß er im Alter viele Jahre unter Herz-Kreislauf-Problemen litt.

Als Urgroßvater Kurt kann Inga beim Sprechen richtig fröhlich kichern. Ihm geht es sehr gut. Er mag erfolgreiche Männer wie seinen Schwiegersohn nicht, verachtet sie quasi als Streber. Interessant ist, daß er als einziger von keinem anderen Mitglied der Familie sagen kann, wie es diesem wirklich geht. »Ganz gut, denke ich«, erklärt er vage zu diesem Thema. Aufgrund der vorherigen Informationen unterliegt er hier wohl einer völligen Fehleinschätzung. Über die Frage, ob er nicht das Gefühl habe, die Ehe seiner Tochter zu stören, wundert er sich sogar. »Wieso, meine Tochter ist doch gern mit mir zusammen, es ist doch alles in Ordnung!«

Eine Überraschung gibt es noch, als Inga in die Rolle ihrer Oma Ruth (Großmutter mütterlicherseits) schlüpft. Die Oma war früher eine recht gut aussehende Frau. Sie hat sich eigentlich mehr von der Ehe mit dem Großvater Rolf versprochen. In der Identifikation mit dem Ehefrau-Erleben dieser Oma empfindet Inga ein Gefühlsgemisch aus Ungeduld und Enttäuschung. »Er jammert wehleidig irgendwelchen Ungerechtigkeiten in seinem Leben hinterher und ist in Wirklichkeit ein Versager«, formuliert Inga einen möglichen Gedanken von Oma Ruth. Er hätte jahrelang immer wieder Möglichkeiten gehabt, etwas aus sich zu machen. Früher einmal wurde ihm als Arbeitslosem aufgrund der Vermittlung eines mitfühlenden Bekannten eine gut bezahlte Arbeit bei einer deutschen Luftfahrtgesellschaft angeboten. Als er erfuhr, daß er hierbei Wochenendeinsätze mit leisten müsse, sagte er beim Vorstellungsgespräch beleidigt: »Nicht mit mir, meine Herren«, womit die Stellung erledigt war. Oma Ruth leidet heimlich unter dem Verdacht, daß ihr Mann sich immer ein bißchen um das Arbeiten gedrückt hat. Sie ist es durch ihre eigene Erziehung jedoch gewohnt, den Mann vor den Kindern und Außenstehenden immer als respektabel darzustellen. Interessanterweise empfindet sie eine heimliche Bewunderung für den Großvater Friedrich, also den mürrischen Schwiegervater ihrer Tochter. »Man kann sagen, was man will«, sinniert Inga in dieser Rolle, »aber wenn er so aus seinem schicken Mercedes aussteigt, mit diesen teuren Anzügen und der goldenen Uhrkette in der Weste ... das zeigt schon etwas her.« Es ist für Inga ein ganz neues Erlebnis, daß Menschen in diesem Alter Mitglieder der eigenen Generation durchaus noch – wenn auch heimlich – durch die Partnerbrille betrachten. Hier finden wir jetzt auch eine Erklärung dafür, warum Ingas Mutter Wiebke so gereizt reagiert, wenn ihr Mann Peter irgendwie unmännlich auf sie wirkt. Sie rutscht dabei offensichtlich in die Gefühlswelt ihrer Mutter hinein, die heimlich unter ihrem schwachen Mann leidet.

Der Großvater Rolf fühlt sich tatsächlich vom Leben enttäuscht. Er lebt in der Gefühlswelt des chronisch verkannten Talents, dem natürlich auch ein Leben wie das von Opa Friedrich zugestanden hätte. Darüber, daß aber Opa Friedrich in all den Jahren so manches Wochenende für seine Firma arbeiten mußte, mag er nicht nachdenken. Seine Frau Jutta nimmt er in ihren Gefühlen kaum wahr. Er findet es selbstverständlich, daß sie mit ihm solidarisch ist und sein Leid teilt. Für seine Tochter Wiebke freut er sich, daß sie dieses schöne Haus beziehen konnte. Das steht der Tocher eines so talentierten Mannes ja auch zu!

Der kleine Bruder von Inga fühlt sich pudelwohl. Es gibt so viele Große, die alle nett zu ihm sind. Er fühlt sich willkommen. Inga hat auch heute noch Kontakt zu ihrem Bruder. »Er ist die gleiche Frohnatur wie auch heute noch«, urteilt sie in seiner Rolle. Während unserer Arbeit konnte Inga sich mit ihrem Bruder auch öfter über früher unterhalten. »Er hat ganz andere Erinnerungen als ich«, sagt sie. »Heute beschreibt er seine Kindheit als insgesamt positiv. Er hat ja auch nicht wie ich diesen Bruch mitbekommen.«

»Diesen Bruch« aber hat Inga miterlebt. Das kleine fünfjährige Mädchen ist die letzte Rolle, die die große Inga ausprobiert. Fast fünf Jahre lang lebte sie mit ihren Eltern allein. Sie erinnert sich dieser Zeit als glückliche und unbeschwerte. »Dann wurde alles so komisch.« Wir rekonstruieren, daß die Mutter sich verhärtete, als der Vater zunächst zögerte, auf das Angebot Opa Friedrichs einzugehen. Der Vater wiederum verlor seine Unbeschwertheit, als er in die bedrückende Dynamik seiner Kindheit zurückkehrte. Dann wird auch noch zeitgleich zur Umzugsphase der kleine Bruder geboren. Ingas Eltern und ihre Umgebung verändern sich gleichzeitig. Sie muß sich an neue Menschen gewöhnen, die ab jetzt tagtäglich mit zur Familie gehören. Menschen, die seit Jahren in einer chronischen Spannung miteinander verkehren. Sie hat Angst vor dem schlechtgelaunten Opa. Die Eltern haben nicht mehr so viel Zeit für sie. Nach kurzer Zeit sind es die Oma Ilse und der Uropa Kurt, bei denen sie die ersehnte Nähe findet, weil dieses Gespann die meiste Zeit für sie hat.

Zeitweise fühlt sie sich sogar der lieben Oma näher als der gestreßten Mutter. Die Oma verwöhnt sie mit kleinen Geschenken und Taschengeld. »Aber nicht dem Opa Friedrich erzählen«, sagt sie dann mit einem verschwörerischen Lächeln. Inga muß in dieser Indentifikation ständig hüsteln und hat immer wieder Tränen in den Augen.

Auf ihrem sicheren Fernsehsessel kommt Inga gerade an dieser Stelle zu weiteren wichtigen Ergebnissen. »Eine perfektere Mausefalle kann man sich kaum vorstellen«, sagt sie. »Die kleine Inga braucht die Nähe von Oma Ilse und Urgroßvater Kurt für ihre seelische Balance. Opa Friedrich wiederum muß erleben, wie positiv seine Enkelin auf die beiden reagiert. Ihn schaut sie abends beim Heimkommen nur ängstlich an, weil er ja nicht wissen darf, daß Oma Ilse ihr Geld zugesteckt hat. Ihr ängstliches Gesicht verschlimmert seinen Eindruck, zu Hause unwillkommen zu sein. Er fühlt sich wieder ungeliebt und bekommt schlechte Laune, der Sohn fühlt sich aus Solidarität bedrückt, weil er weiß, daß die schlechte Laune seines Vaters bedeutet, daß er sich schlecht fühlt, die Mutter Wiebke fühlt sich schlecht, weil ihr Mann wieder so unmännlich-sensibel wirkt, sie reagiert ärgerlich und gestreßt, die kleine Tochter Inga fühlt sich schlecht bei der gestreßten Mutter, sie sucht deshalb wieder die Nähe der lieben Oma, die ihr Geld zusteckt und flüstert: »Aber nichts Opa Friedrich sagen«, was dazu führt, daß Inga Opa Friedrich abends wieder ängstlich anguckt ... es ist zum Verrücktwerden!«

An dieser Stelle haben wir ausreichend Material zusammengetragen, um Ingas frühere Mausefalle in ihrer umfassenden Systematik nachvollziehen zu können. Wir können dann zu Schritt III, zur *Bilanz*, übergehen. Lesen Sie zuvor noch einige Anregungen für Ihr eigenes Reimprinting.

Als Abschluß dieses Kapitels finden Sie hier eine Kurzbeschreibung der wichtigsten Fragen zum Familien-Rollenspiel.

Kurzzusammenfassung: die Assoziation mit den einzelnen Menschen

Wir bitten unsere Klienten, die folgenden Fragen in der *Ich-Form* zu beantworten.

1. Wie heißt du?
2. Wie alt bist du?
3. Wie groß oder klein (körperlich!) bist du im Vergleich zu den anderen? (Wichtige Frage für die Kinder!)
4. Welche Rolle hast du in dieser Familie?
5. Wie fühlst du dich im Kreise »deiner Lieben«?
6. Was denkst du über die einzelnen Familienmitglieder?
7. Speziell: Wie ergeht es dir mit deinem *Lebenspartner*?
8. Weißt du, wie es den anderen geht? (Je nach Information durch die anderen.)
9. Weißt du, wie du auf die anderen wirkst? (Auch je nach Angaben der anderen über die Wirkung der Familienmitglieder untereinander.)
10. Bist du wegen irgend etwas enttäuscht? Hattest du *unerfüllte Lebensträume*?
11. Denkst du, du hättest eigentlich etwas Besseres verdient? (Die Frage nach dem Dünkel.)
12. In welcher *Zeit* lebst du?
13. Wie ist deine *kulturelle oder religiöse Prägung*?
14. Leidest du unter einer körperlichen Beeinträchtigung? (Krankheit, Alter.)

Hinweis

Erinnern Sie sich bitte, daß bei dieser Übung ganz Ihre *subjektive Interpretation* der Person gefragt ist, mit der Sie sich gerade assoziieren. Es soll ja nur die individuelle Wirkung auf *Ihre Persönlichkeit* erfaßt werden. Dieser Schritt soll Ihr *unbewußtes Wissen* über die jeweiligen Familienmitglieder aktivieren und kein historisches Dokument werden. Denn dieses unbewußte Wissen gehört mit zu dem Stoff, aus dem Ihre Persönlichkeit gewebt ist.

Anschließend finden Sie noch einige gezielte Hinweise für die Fragen an spezielle Familienmitglieder.

Natürlich ist hier die zentrale Frage, ob die Eltern sich in der Zeit Ihrer Kindheit geliebt haben. Schon bei der Feststellung »Das kann ich gar nicht sagen« sind Zweifel angebracht, denn Verliebtheit fällt immer auf. Gemeinsames Lachen, gegenseitiges liebevolles Necken, Körperkontakt und das Bedürfnis, die Freizeit – oder doch einen Teil davon – gemeinsam zu verbringen, sind positive Anzeichen für eine von Liebe und Zuneigung getragene Partnerschaft. Diese Sorte Eltern spricht auch gern darüber, wie sie sich kennengelernt haben, und über gemeinsame Erinnerungen.

Wenn Sie sich an eher überwiegend beleidigt-unbewegte Mienen der Eltern erinnern oder gar ein Streitpaar, ist die Frage nach den äußeren Umständen der Partnerschaft oder Eheschließung wichtig. Mußten die Eltern gezwungenermaßen heiraten, weil ein Kind unterwegs war? Gab es, so hart es klingen mag, damals »nichts Besseres« als den zur Verfügung stehenden Partner? Wie steht es mit der *optischen Wirkung*, der Attraktivität, der einzelnen Partner? Wie würden Sie als Erwachsener die gegenseitige sexuelle Anziehungskraft der Eltern beurteilen? Machte einer der beiden einmal oder öfter einen Seitensprung?

Wie war das Verhältnis des jeweiligen Elternteils zu den *Schwiegereltern* und zu den *eigenen Eltern*? Konnten Ihre Eltern sich also von ihrem Elternhaus lösen? Damit ist nicht unbedingt die räumliche Trennung zwischen den Generationen gemeint. Wichtig ist die Frage nach der *erwachsenen Reife* der eigenen Eltern. Waren sie in Wirklichkeit nur durch ihr Alter verkappte »große Kinder« unter dem fortwährenden Einfluß ihrer Eltern? Oder begegneten sich die zur Diskussion stehenden zwei Generationen auf einer gleichberechtigten Ebene? Besonders wichtig wird diese Frage, wenn neben Vater und Mutter auch die Großeltern Elternaufgaben für die Enkelkinder mit ausübten. Viele Kinder schwärmen dann als Erwachsene für die Großeltern zu ungunsten von Vater und Mutter. Da hat schon so mancher Klient lange nachgedacht, wenn er oder sie in der Rolle der

Mutter erleben mußten, wie schmerzlich es ist, wenn das eigene Kind zu den Großeltern »überläuft«. Es gibt Fälle, wo die Mutter mitarbeiten muß und die Oma es unangemessen genießt und ausnutzt, die »Liebe« für das Kind zu sein.

Ich kenne einen Klienten, dessen Mutter mit achtzehn Jahren ungewollt mit ihm schwanger wurde. Sie mußte arbeiten gehen, da der Vater noch mitten in seinem Studienabschluß steckte. Das Paar war gezwungen, die Eltern der Mutter um Hilfe zu bitten. Diese sorgten dann in der Woche für das Kind unter der strikten Bedingung, daß die Eltern ihr Baby – außer am Wochenende – abends nicht nach Hause holen, sondern es nur bei den Großeltern besuchen durften. Obwohl die jungen Eltern traurig über diesen Zustand waren, beharrten die Großeltern auf der Meinung, ihre Forderung sei »das richtige« für das Kind. Und sie wollten entweder richtig oder gar nicht helfen. Besonders die Mutter war dann ein Leben lang eifersüchtig auf die Beziehung ihres Sohnes zur Großmutter.

Wie stand es um die *Selbstverwirklichung* der Eltern? Führten sie ein reines Vernunftleben jenseits ihrer Träume? Oder fanden sie in wichtigen Lebensbereichen auch das, was man Erfüllung nennt? Viele Mütter sind durch die Kindererziehung davon abgehalten worden, ihren Talenten und Interessen nachzugehen. Genauso mußten viele Väter schnell einen ungeliebten Vernunftberuf ergreifen, um ihre Familie ernähren zu können. Hier müssen Sie fragen, wie gut oder schlecht die Eltern diese Vernunftlebensweichen verkraftet haben.

Achten Sie außerdem auf die Opfer, die die Eltern für ihre geschlechtsspezifische Rolle in der Partnerschaft aufbringen mußten. Auch heute gibt es noch junge Ehefrauen, die ihrem Mann nicht zeigen mögen, daß sie in bestimmten Bereichen auffassungsfähiger oder talentierter sind. Innerlich leiden sie unter dieser Spannung in der eigenen Person. Später haben die Kinder dieser Sorte Mütter beispielsweise Schwierigkeiten, ihre Stärken und Talente *offiziell* zu zeigen, weil ihnen durch das Modellernen die Verheimlichung der eigenen Intelligenz in Fleisch und Blut übergegangen ist. Das sind beispielsweise dann die durchaus klugen Studenten, die aber nie eine Prüfung ablegen.

Hatte die Mutter – was früher nicht oft vorkam – beruflich oder finanziell mehr Erfolg als der Vater, muß man sich fragen, wie gut dieser damit umgehen konnte. Aber auch die klassische Männerrolle kann jahrelange Spannungen für den Vater bedeuten. Sollte er vielleicht für die Mutter den Über-Helden im Leben spielen? Mußte er auf Biegen und Brechen der tapfere Märchenprinz sein, der einfach nicht erschöpft, müde oder gar ängstlich sein durfte? Ich denke hier mit an die Sorte Väter, die neben der Vierzigstundenwoche noch dreißig Stunden Nebenarbeit für das Eigenheim oder das ansehnliche Markenauto vor der Tür leisten.

Ich hatte einen Schmerzpatienten, der einfach nicht den Mut hatte, seiner Frau zu eröffnen, daß er sich nach einer normalen Vierzigstunden-Arbeitswoche sehnt. »Das ginge nur, wenn sie auch halbtags mitarbeiten würde«, erklärte er mir. »Aber sie sagt immer, sie mag sich nicht auf diese Regelmäßigkeit einlassen, und jobt nur ab und zu.« Die ganze Therapie bestand darin, diesem Mann die Einsicht zu vermitteln, daß ein Mann durchaus einmal zugeben darf, mit seinen Kräften am Ende zu sein. Und das war ein hartes Stück Arbeit. Sowie er später seine neue Stelle mit der ersehnten Vierzigstundenwoche hatte und die Ehefrau mit einer Halbtagsstelle mitzog, waren seine Kopfschmerzen verschwunden. Kinder dieser Vätersorte neigen später ebenfalls zu einer chronischen Fehleinschätzung ihrer Kräfte.

Es gibt noch andere Mausefallen, die sich aus der Überschätzung der väterlichen Kräfte ergeben. Mütter aus zerstrittenen Ehen erzählen gern, daß der Vater nicht wollte, daß sie schwanger wurden oder daß er sie sogar zu einem Schwangerschaftsabbruch überreden wollte. »Aber da kam er bei mir nicht durch. Ich wollte dich (bzw. deinen Bruder/deine Schwester) unbedingt haben.« Diese Aussagen deuten nicht immer auf einen bösen und charakterlich verdorbenen Vater hin. Auch potentiell liebevolle Väter können starke Überlebensängste und existentielle Gefühlstäler durchleben, wenn sie sich in einer bestimmten Lebenssituation ihrer Aufgabe als Ernährer nicht gewachsen fühlen. Das gleiche gilt natürlich auch für Frauen, deren Männer sie bedrängen müssen, ein Kind zu bekommen. Sie entwickeln Ängste, den Belastungen der Mutterrolle nicht gewachsen zu sein. Kinder dieser »Existenzangst-Eltern« können später oft auch nicht frei über ihre eigenen Existenzsorgen sprechen, da sie ja unbewußt gelernt haben, daß diese Sorgen etwas Schlechtes oder ein Tabu sind.

Natürlich sind auch sonstige Existenzängste der Eltern von prägender Bedeutung für die Kinder. Ich habe es aber schon häufiger erlebt, daß es Kindern ganz guttut, bewußt mitzuerleben, wie die Eltern diese bedrohlichen Lebensphasen meistern. Rappeln sie sich tatkräftig wieder auf? Lassen sich die Eltern alles gefallen? Wie reagieren sie auf Ungerechtigkeiten, die ihnen widerfahren?

Auch bei erwünschten Kindern sollte man sich fragen, wie sehr die Kinder das Leben und die Partnerschaft der Eltern verändert haben. Es gibt nach wie vor die eifersüchtigen Väter, die sich aus der Mutter-Kind-Zweisamkeit ausgeschlossen fühlen. Ebenso häufig gibt es eifersüchtige Mütter, die nicht verkraften können, daß das Kind phasenweise oder ständig die Anwesenheit des Vaters bevorzugt. Wie sehr ist die Partnerschaft in den Elternpflichten untergegangen? Oder konnten die Eltern sich eine lebendige Beziehung erhalten?

Sollten die Eltern oder ein Elternteil ein Leben lang aus Vernunft- oder Pflichtgründen nur ungern in der Ehe verharrt haben, spielt auch die äußerliche Ähnlichkeit der Kinder mit Vater oder Mutter eine Rolle. Das ist natürlich in jeder Familie auch ein Tabuthema, da Eltern ihre Kinder schließlich bedingungslos lieben und annehmen sollten. Ich hatte einen Klienten, dessen Mutter unglücklich in der Ehe mit seinem Vater lebte, von dem sie sich Jahre später auch trennte. Der Klient erinnerte schmerzlich, daß die Mutter mit ihm stets sehr ungeduldig umsprang – ganz anders hingegen mit seinem älteren Bruder. Beim Pilotfilm fiel ihm bereits auf: »Wenn ich ehrlich bin – der kleine Junge in dem Film (also sein eigenes Kind-Ich) ist ein genaues Abziehbild vom Vater! Der große Bruder sieht ganz anders aus.« Man kann nachvollziehen, welche gemischten Gefühle dieses kleine »Abziehbild« bei seiner Mutter hervorrief, die mit dem ungeliebten Original, also dem Vater, nur der Kinder wegen zusammenleben mußte. Das Ganze wurde sicher auch dadurch nicht besser, daß diese Frau stets sich selbst abverlangte, eine hundertprozentig gute Mutter zu sein. Als paradoxe Folge des verdrängten schlechten Gewissens kümmert sich diese Mutter noch heute viel zu viel um ihren erwachsenen »Abziehbild«-Sohn, was diesen stark belastet.

Weiterhin ist bei den Eltern die Frage nach dem Dünkel von Bedeutung. Es gibt Menschen, die wie Ingas Opa Rolf meinen, ihnen stünde etwas ganz Besonderes zu. So bildete sich die Mutter einer Klientin etwas darauf ein, als Dienstmädchen bei einer reichen Familie in Berlin gearbeitet zu haben. Sie gab ihrem Mann, von Beruf Klempner, stets das Gefühl, er sei für sie nicht gut genug, denn sie sei »eigentlich eine ganz andere Welt gewohnt«. Kinder solcher Eltern haben als Erwachsene Schwierigkeiten, sich für ihre Lebenserfolge aktiv einzusetzen. Sie erben die Einstellung, zu erwarten, daß das Leben etwas Tolles für sie vorbereitet.

Natürlich müssen Sie auch den Zeitgeist bedenken, der das Leben und die Partnerschaft der Eltern prägte. Während heute die Scheidung oder Trennung ein weitverbreitetes Mittel der Konfliktbewältigung für viele Paare darstellt, mochten noch in den sechziger Jahren viele Eltern kaum an diesen Ausweg denken. Auch über Belastungen und Streß spricht man erst seit den siebziger Jahren einigermaßen offen. Früher war es selbstverständlich, daß jeder Erwachsene seine Aufgaben und Pflichten klag- und kommentarlos ausübte. Auch über die meisten Themen, die ich hier abfrage, ist in den Familien nie gesprochen worden. Die Mausefallen wurden meist kritiklos gelebt. Das ist auch heute noch in vielen Familien so. Es gab auch nicht zu allen Zeiten eine jedermann zugängliche üppige Literatur und Aufklärung zum Thema Kindererziehung oder Kinderseele. Auch so lassen sich eine Reihe pädagogischer Entgleisungen von im Prinzip eigentlich netten Eltern erklären. Die sogenannten schlimmen Zeiten erwähne ich im Kapitel über die Großeltern.

Bei all diesen oft auch harten Fragen zählt natürlich, wie kreativ die Eltern ihre Lebensherausforderungen meistern konnten. Es gibt beispielsweise viele Eheschließungen wegen »ungeplanter« Kinder, in denen Mutter und Vater später eine sehr erfüllte Partnerschaft lebten. Solche Verläufe hinterlassen sicher keine die Lebensqualität einschränkenden Prägungen. Sie als Leser sind eher auf der Suche nach chronischen Spannungen, die – wie das Theaterstück »Die Mausefalle« – tagtäglich über Jahre und Jahrzehnte ohne eine befreiende Lösung immer wieder inszeniert wurden.

Geschwister

Für viele Menschen spielen Geschwister eine ganz entscheidende Rolle bei der Prägung ihrer Persönlichkeit. Etliche Klienten datieren sogar ihre Probleme auf das Geburtsdatum von Geschwistern zurück. Malen Sie sich einmal aus, ein Mann kommt abends nach Hause und erzählt freudestrahlend seiner Frau: »Stell dir vor, ich habe eine Geliebte, und sie wird sogar bei uns einziehen!« Und wenn seine Frau dann sagt: »Ich will aber mit der nichts zu tun haben«, erwidert er: »Ich dachte, du freust dich, dann hast du doch immer jemanden, mit dem du dich schön unterhalten kannst!« So erklärte mir einst ein Kinderpsychologe die seelische Situation von Kindern, die mit der Existenz ihrer jüngeren Geschwister nicht zurechtkommen.

Natürlich liegt es auch an den Eltern, wie sie das Zusammenleben ihrer Kinder gestalten. Jedoch fragt ein Kind nicht nach der elterlichen Kreativität. Es muß mit der Konstellation leben, die es vorfindet. Hier ist es sehr wichtig, daß Sie sich in die Gefühlswelt der Geschwister hineinassoziieren. Es kann ein interessantes Erlebnis sein, aus der Sicht des Jüngeren das eigene körperlich größere Kind-Ich zu erleben.

Auch die Identifikation mit älteren Geschwistern kann sehr

wichtig sein. Eine Klientin hegte schon ihr Leben lang einen tiefen Groll auf die zehn Jahre ältere Schwester, die von fünf Geschwistern die Älteste war. »Sie hat mich immer traktiert und unter Druck gesetzt, es war einfach furchtbar.« Beim Pilotfilm stellte sich heraus, daß der Vater früher zur See fuhr. Er ließ seine Familie oft monatelang allein. Die Mutter stand da mit fünf Kindern. Schon früh mußte die älteste Schwester mit auf die Kleinen aufpassen. In der Rolle der ungeliebten Schwester erlebte die Klientin, daß dieses Mädchen eigentlich nie eine richtige Jugend hatte. Sie war völlig überfordert mit der Erziehung der kleinen Geschwister. Nach diesem Erlebnis verabredete sich meine Klientin mit dieser großen Schwester und bedankte sich bei ihr dafür, daß sie mit zu ihrer Erziehung beigetragen hatte. »Ich kann wohl sagen, daß sich durch dieses Gespräch mein Leben verändert hat. Seitdem fühle ich mich viel ruhiger und gelassener, und meine Katzenallergie ist auf einen Schlag wie fortgeblasen.«

Auch für Geschwister gibt es ein absolutes Tabuthema, welches von der ganzen Familie mitgetragen wird: die Anwendung von körperlicher Gewalt untereinander. Viele Erwachsene drükken gern beide Augen vor der Tatsache zu, daß beispielsweise der große Bruder die kleine Schwester schlägt, wenn er mit ihr allein ist. »Nun vertragt euch doch, eure ewige Streiterei geht mir auf die Nerven«, bekommen die Kinder oft nur zu hören. Geschwisterliche Gewalt kann sehr wohl ein Leben lang traumatische Seelenspuren hinterlassen. Nehmen Sie diese Sorte Erinnerungen ernst, auch wenn die Beteiligten »nur« Kinder sind.

Selbstverständlich gibt es auch viele sehr gewinnbringende und tragfähige Geschwisterbeziehungen, die sogar ein Leben lang besser als jede Freundschaft halten. Darüber kann man sich nur freuen, und es bedarf hier natürlich keiner verändernden Intervention.

Sie haben schon durch Inga erlebt, welchen wichtigen Einfluß auch noch Großeltern und Urgroßeltern auf Ihre Kindheitsprägung haben können. Im großen und ganzen sollten Sie auch hier die Fragen beachten, die Sie zuvor in Gedanken an die Eltern gerichtet haben.

Gerade bei den Großeltern müssen Sie auch den Zeitgeist in Ihre Überlegungen mit einbeziehen, der diese Menschen prägte. So hatte diese Generation beispielsweise eine völlig andere Wertvorstellung von der Sexualität in der Ehe. Es gab damals noch keine Verhütungsmittel. So galt ein Ehemann als ganz besonders angenehm, der seine Frau in dieser Hinsicht in Ruhe lassen konnte. Der sexuell rege und phantasievolle Mann hingegen galt als unbeherrscht und rücksichtslos. »Ich bin meinem Mann heute noch so dankbar, daß ich nur zwei Kinder zu haben brauchte«, erzählte mir neulich eine Achtzigjährige, »das war wirklich hochanständig. Wenn ich da noch an meine arme Nachbarin mit ihren acht Kindern denke ... nein, nein, da war mein Heinrich viel rücksichtsvoller.« Ich verstand die alte Dame zunächst nicht richtig und erkundigte mich nach der damaligen Verhütungsmethode von ihr und ihrem Heinrich. »Na, Enthaltsamkeit natürlich, junge Frau«, war die Antwort.

Danach beschäftigte ich mich näher mit der Sexualität meiner Großelterngeneration. Viele konnten die alte Dame als ein Paradebeispiel für damalige »gute« Ehen bestätigen. In diesem Zusammenhang wurde ich auch auf die große Anzahl alter Küchenlieder wie »Mariechen saß weinend im Garten« oder »Sie war ein Mädchen von achtzehn Jahren« aufmerksam, welche allesamt die Frauen, vor allem jene, die »in Stellung« arbeiteten, vor den Gefahren einer Sexualität ohne Verhütungsmöglichkeiten warnen.

Je weiter wir in der Zeit zurückgehen, desto unwahrscheinlicher war für die Menschen früherer Generationen Scheidung oder Trennung als Möglichkeit für einen Neuanfang im Leben. Gewiß kamen diese Schritte vereinzelt vor, sie waren aber nicht so an der Tagesordnung wie heute. Auch die Phänomene Streß und immerwährende Pflichterfüllung wurden nur tief im Unbewußten wahrgenommen. Die Mausefallen hielten lebenslang.

Viele Großeltern haben auch die »schlimmen Zeiten« durchgemacht: Krieg, Verlust von lieben Menschen, Hunger, Todesangst, Verlust von Haus und Heimat. In Deutschland und Österreich machten nach dem Zusammenbruch des Nazi-Regimes viele Menschen einen tiefgreifenden gesellschaftlich-politischen Wertewandel durch. Das sind tief prägende Erlebnisse, die auch bei den Kindern ihre Spuren hinterlassen. Ich selbst habe durch Erzählungen deutliche Bilder von der Ausbombung meiner Großmutter, die ich ja gar nicht miterlebt habe.

Für Sie ist auch die Frage nach dem Verhältnis der verschiedenen Generationen untereinander von großer Bedeutung. Viele Großeltern haben im Leben unserer Eltern einen bleibenden Einfluß hinterlassen. Am gravierendsten ist die Wirkung der unerwünschten Einmischung der Großeltern in die Ehen ihrer Kinder. In diesem Fall müssen Sie sich in der Rolle der Großeltern fragen, ob diese überhaupt wahrnehmen, daß sie das Glück ihrer Kinder negativ beeinflussen. Auch hier gibt es viele Überraschungen. »Ich glaube, meine Oma ist innerlich gar nicht erwachsen und schon gar nicht weise. Sie ist wütend eifersüchtig auf ihre Schwiegertochter – wie ein kleines Kind!« empfand ein Klient.

Kaum zu glauben, aber es stimmt: Es fehlt vielen alten Menschen einfach an erwachsener Reife. Das äußere Aussehen täuscht nur Lebenserfahrung vor. Man kann durchaus alt sein und dennoch in der Gefühlswelt eines Kindes leben. Erinnern Sie sich an Ingas Uropa Kurt, der überhaupt kein Reflexionsvermögen über die Wirkung seiner eigenen Person hatte. Er lebte in der glücklichen Welt eines kleinen Jungen, der erfolgreich einen Streber ärgert, und konnte keinerlei Bewußtsein für den Schaden entwickeln, den er anrichtete – eben wie ein Kind, das nicht versteht, daß es grausam ist.

Abschließend erwähne ich auch hier, daß viele Menschen gerade von ihren Großeltern sehr positive Lebensenergien mit auf den Weg bekommen haben. Sollte es Ihnen als Leser auch so gehen, können Sie sich über diese Familienwurzeln wirklich freuen.

Verstorbene

Verstorbene Familienangehörige sind in diesem Zusammenhang sicher kein einfaches Thema, da Sie als Leser vielleicht eine bestimmte religiöse Einstellung zum Leben nach dem Tode haben. Lassen Sie bitte diese Ausführungen erst einmal auf sich wirken, um dann zu entscheiden, ob Sie diesen Interventionsschritt anwenden möchten.

In vielen Familien spielt ein Verstorbener unter den Lebenden noch eine große Rolle. Erinnern Sie sich beispielsweise an den Klienten, dessen Mutter sich im Namen ihres im Krieg gefallenen Mannes einer Sekte zuwandte. Sie wollte ihm auf diese Weise ewig treu bleiben und einen festen Lebenshalt nicht durch einen neuen Partner, sondern durch ebendiese Sekte aufbauen. Der Klient erlebte das Sektenleben als äußerst bedrückend. Seine Kindheit war von der Angst geprägt, womöglich irgendeine Sünde zu begehen.

Der Vater des Klienten war ein lebensfroher Berufsmusiker gewesen, der weder mit Sekten Kontakt hatte noch seine eigene Religion überzeugt ausübte. Er war nie ein Kirchengänger gewesen. Der Klient und ich einigten uns auf folgenden Gedanken: Wir tun so, als könne der Vater, wo immer er jetzt mit seiner Seele sein mag, beobachten, was aus seiner kleinen Familie geworden sei. Der Klient hatte seine durchsichtige Vater-Murmel auf die Sitzfläche eines Stuhls gelegt. In der Rollen-Identifikation stellte er sich auf den Stuhl und blickte von oben auf seine Hinterbliebenen hinab.

Wir fragten: »Was ist das für eine Situation, wenn in deinem Namen diese Dinge dort unten geschehen?« Der Klient fand es in der Vaterrolle schlimm, daß seine Frau und sein Sohn unter dem Einfluß einer Sekte leben. »Ich kann nicht zu ihnen und sagen: ›Hört auf damit, freut euch des Lebens, laßt es euch gutgehen!‹ « – »Freut sich der Vater über die Treue seiner Frau?« fragte ich. »Nein, die beiden sollen weitermachen im Leben. Lieber soll mein Sohn jemanden haben, der meine Stelle als Vater einnimmt. Ich mag ihn da nicht sehen, das tut mir weh. Und ich kann hier nichts mehr machen.«

Viele Klienten mögen sich auf diese etwas ungewöhnliche Rolle einlassen. Die Erkenntnisse sind in der Regel äußerst wertvoll.

Alle erleben die schmerzliche Hilflosigkeit des Verstorbenen, der nicht mehr geradestellen kann, was in seinem Namen geschieht.

Dieser Schritt ist natürlich nur sinnvoll, wenn auch in Ihrer Familie das Andenken eines Verstorbenen zu einer Mausefalle beigetragen hat.

Menschen von wichtiger Bedeutung für die Familie

Zu diesem Personenkreis zählen Personen wie Tanten, Onkel, Cousins und Cousinen. Oft gibt es auch Menschen, die in einer Familie einen besonderen Status haben, obwohl sie keine Verwandten sind. Das können Nachbarn, Arbeitskollegen der Eltern oder eine wichtige Lehrerin sein, die sich ganz besonders um ein Kind kümmert. So gewinnt natürlich auch sie einen wichtigen Einfluß auf ein Familiensystem.

Natürlich spielen auch solche Menschen eine entscheidende Rolle für Ihre Kindheitsatmosphäre. Die Mutter einer Klientin hatte beispielsweise eine Busenfreundin Elfriede, die die Ehe der Eltern nachhaltig störte. Der Vater konnte kommen, wann er wollte: Elfriede war schon da. Und war sie nicht da, war die Mutter am Telefon, um mit Elfriede zu plaudern. Wenn sich auch solche Konstellationen zu einer Mausefalle »mausern«, müssen Sie diese in Ihr Reimprinting mit einbeziehen.

Haustiere

Ja, Sie haben richtig gelesen. Ich finde es unbedingt erwähnenswert, daß in vielen Familien auch Tiere Familienmitglieder sind. Ich erlebte den Fall eines Klienten, der von morgens bis abends nur Späßchen machen konnte – ob es nun angemessen war oder nicht. Er hatte schon oft gehört, daß Freunde, Freundinnen und Kollegen seine Art manchmal als richtig nervtötend erlebten. In seinem Familienfilm war der Collie-Hund Dandy ein Star. Denken Sie dabei an Familienserien, die sogar den Namen der Star-Tiere tragen: »Fury«, »Lassie« oder »Flipper«. Außer Dandy gab es jedoch in der Familienserie dieses Klienten keine weiteren Lichtblicke. Alle waren untereinander zerstritten. Nur Dandy mochten alle gern, der hatte es gut. Über ihn und seine Späße wurde gelacht, er war der Kitt für die ganze Familie. Das war so prägend, daß der ehemalige Junge als einzig lohnendes Modell für Glücklichsein die »Dandy«-Rolle mit ins Erwachsenenleben nahm.

Das eigene jüngere Ich

Die wichtigsten Fragen an sich selbst entnehmen Sie bitte auch dem Fragenkatalog auf Seite 139. Achten Sie darauf, die Familie mit den Augen des kleinen Kindes zu erleben, indem Sie in Gedanken klein werden und die Großen von unten nach oben erleben. Wichtig ist auch ihr *Körpergefühl*, das Sie jetzt wahrnehmen. Versuchen Sie, nicht nur den einzelnen, sondern die *Gesamtwirkung der Familienatmosphäre* noch einmal auf sich wirken zu lassen. Nach dieser Identifikation kehren Sie *unbedingt* wieder auf den sicheren Fernsehsessel zurück.

Viele Klienten mit Mausefallen-Prägungen sind nach diesem Erlebnis sehr erstaunt, daß sie so viele Jahre in diesem Gefühl verbringen mußten. Sie können nach diesem Schritt oft ganz bewußt ihr Erwachsensein und den zeitlichen Abstand zu damals würdigen. Sie genießen die Feststellung, es heute doch viel besser zu haben als früher.

Teil III: Die Bilanz

Bei diesem Reimprinting-Schritt werten Sie die bisherigen Erlebnisse zum Verständnis Ihres heutigen Lebens aus. Einige Zusammenhänge können Sie bestimmt schon anhand der vielen Mausefallen-Beispiele in den ersten Kapiteln erahnen. Sie werden viele dieser Beschreibungen in der folgenden Bilanz-Aufzählung wiederfinden. Ich schildere Ihnen, was Sie bei den einzelnen Phänomenen besonders für Ihre individuellen Rückschlüsse beachten sollten. Haben Sie bitte Verständnis dafür, daß sich einige beschriebene Phänomene in ihrer Bedeutung auch überschneiden können. Die Auflistung besteht aus Denkkategorien, die in der Realität oft ineinandergreifen.

Alle angeschnittenen Bilanzpunkte sind sicher gleich wichtig. Einige sind ausführlicher, andere geraffter dargestellt. »Rosinenpicken« ist erlaubt. Greifen Sie die Erkenntnisse auf, die Ihnen persönlich am meisten weiterhelfen. Definieren Sie vielleicht hier ein eigenes persönliches Problem oder unerwünschtes Verhalten, welches Sie an Ihnen selbst schon lange stört. Das Problem oder Verhalten sollte Ihnen entgegen dem bewußten Verstand selbst irgendwie fremd und unerklärlich sein, nach dem Motto: »Ich weiß selbst nicht, warum das immer wieder so bei mir ist oder warum ich das immer wieder mache.« Es sind die Probleme und Verhaltensweisen gemeint, die sich fast wie ein unerwünschtes Programm in unser Leben einmogeln und dort vom Bewußtsein her stören. Und selbst wenn Sie eine Ahnung von der Programmprägung haben, können Sie scheinbar nichts ändern.

Diese subjektiven Einschränkungen können sein:

- eine Lern- oder Erfolgsblockade,
- Ängste oder Minderwertigkeitsgefühle,
- eine sonstige psychische Befindlichkeit (z. B. »cholerischer Anfall«),

- eine Krankheit,
- ein Verhalten (z. B. Rauchen oder Geld »verjubeln« [!]),
- ein körperlicher Zustand (z. B. Übergewicht, eine verspannte Schulter),
- eine Lebensform (z. B. im Ausland leben, ledig sein usw.),
- eine Neigung zu bestimmten Menschen (z. B. zu brutalen Männern oder strengen Frauen, zu bevormundenden oder enttäuschenden Freunden usw.),
- eine bestimmte Art zu denken (z. B. »Das Leben ist hart und ungerecht«),
- eine bestimmte ungeliebte Art des Auftretens (z. B. dienern, kommandieren, mit den Händen reden usw.).

Diese Aufzählung erhebt keinen Anspruch auf Vollständigkeit, deckt aber die wesentlichen Klagen ab, die wir von unseren Klienten kennen. Bestimmt können Sie anhand der nächsten Kapitel eigene Erkenntnisse über Ihre körperlichen oder seelisch-mentalen Einschränkungen gewinnen. Danach erfolgt dann in Schritt IV die eigentliche Veränderungsintervention.

Das Vorbildphänomen

Inga konnte zum Zeitpunkt ihres Therapiebeginns nicht mit Lob und Anerkennung auf dem Arbeitsplatz umgehen. Als die Chefin ihr selbstständige Aufgaben übertragen wollte, entwikkelte sie sogar Versagensängste. Sie hatte kein adäquates Bewußtsein für ihre tatsächlichen Talente und Fähigkeiten und »vergaß« diese ständig.

Wir stellten die Frage, warum sie eine so offensichtliche Blokkade hat, wenn berufliche Erfolge »drohen«, und fanden die Antwort in ihrem Mausefallen-Stück. Erinnern Sie sich bitte auch: Wer war der glücklichste Mensch in Ingas Familienserie? Das war mit einem weiten Vorsprung vor allen anderen der Uropa Kurt. Er genoß die meisten Sympathien aus dem Familienclan und lebte gesund und fröhlich bis ins hohe Alter. Aber zu seiner Rolle gehörte nun einmal das berufliche Mißgeschick und die

Abneigung gegen »Strebertum«. Ansonsten wäre die Rolle des liebenswerten Luftikus, der trotz vieler beruflicher Pannen seinen Schalk nicht verloren hat, nur noch halb so nett.

Auch der Opa Rolf genießt trotz seiner inneren Enttäuschung die Wertschätzung der anderen. Er wird gerade deshalb von seiner Familie so entgegenkommend und behutsam behandelt, weil seine Talente verkannt und nicht entdeckt werden. Die Mutter und die Omas hingegen können Inga nicht als Karrieremodelle dienen, da diese Frauen beide nicht berufstätig waren. Sie muß sich also unbewußt an den Männern ihrer Familie hinsichtlich ihres Berufslebens orientieren.

Der einzige Mensch in der Familie mit einem überzeugenden beruflichen Erfolg ist der Opa Friedrich. Jedoch hat Inga ihn bisher stets als den absoluten Unsympathen empfunden. Auf einer unbewußten Ebene hat sie sicher auch registriert, wie unglücklich und krank dieser Mann war. Ingas eigener Vater ging zwar auch konsequent seinen beruflichen Weg, aber in Ingas Augen war er seit der Entscheidung zur Zusammenarbeit mit dem Opa Friedrich irgendwie unglücklich geworden. So lehnt Inga unbewußt diese beiden Unglücksmodelle als Vorbilder für den eigenen beruflichen Werdegang ab. Die in Frage kommenden sympathischen, gesunden oder glücklichen Vorbilder kann man am beruflichen Mißerfolg erkennen.

Es ist also kein Wunder, daß Inga in eine für sie und alle anderen unerklärliche Panik gerät, wenn sich beruflicher Erfolg einstellen will. Sie befürchtet unbewußt, in eine von ihrem Unbewußten abgelehnte Rolle hineinschlüpfen zu müssen. Denn das Unbewußte eines jeden Menschen zieht auch aus den Mausefallen-Rollen (psycho)logische Umkehrschlüsse, wie beispielsweise: »Beruflich erfolgreiche Menschen werden von niemandem gemocht, haben immer schlechte Laune und sind chronisch krank.« Will Inga also geliebt werden, darf sie sich beruflich nicht verbessern. Zu Uropa Kurt würde dann als Rollenbeschreibung passen: »Fröhliche und gesunde Menschen, die von allen gemocht werden und im Mittelpunkt stehen, stellen beruflich ein Leben lang nichts auf die Beine.« Wenn Inga also glücklich, gesund und sympathisch bleiben möchte, muß sie beruflich versagen. Sie kommt sich dabei mit dem eigenen Können in die Quere. Wäre sie keine so gute Designerin, hätte sie diese Art Spannungen nie kennengelernt.

So wie Inga verleiben sich viele Menschen die Rolle eines geliebten oder verehrten Menschen mit Haut und Haaren und eben auch all seinen Nachteilen ein, um dem vorbildhaften Modell so nahe wie möglich zu kommen. Genauso lehnen wir unbewußt negativ besetzte Modelle mit Haut und Haaren ab – leider auch in ihren nützlichen Eigenschaften. Insgesamt entspricht diese Auswahl wieder der Sehnsucht eines jeden Menschen nach ganzheitlicher Gesundheit. Unsere positiv besetzten Modelle waren früher vor allem Vorbilder für menschliche und psychische Gesundheit, Stabilität oder sympathische Ausstrahlung.

Erinnern Sie sich an den jungen Mann, der von seinem Seefahrer-Onkel so begeistert war. Zeigte dieser doch den Mut und die seelische Stabilität, kraftvoll der ewig nörgelnden Mutter Kontra zu bieten. Das wollte dieser junge Mann unbewußt unbedingt auch lernen, um in seiner Familie seelisch stabil zu überleben. Leider mußte man in dieser Vorbild-Rolle auch bis zum Umfallen saufen können. Doch das Unbewußte scheint dann die psychische Befreiung höher zu bewerten als die Nebenwirkung der Alkoholsucht.

Das Gleiche gilt auch für alle anderen scheinbar so unliebsamen menschlichen Eigenschaften. Eine übergewichtige Klientin erinnerte sich daran, daß ihre hagere Oma der Schrecken der Familie war. Die Ehe der Eltern litt darunter. Die Klientin freute sich als Kind auch stets unbändig über den Besuch ihrer sowohl fröhlichen als auch übergewichtigen Tante. So konnten wir schnell klären, daß sie schlanke Menschen unbewußt als Schreckgespenster und beleibte als erfreulichen Lichtblick gespeichert hatte.

Auch Sie können aus diesem Blickwinkel überprüfen, ob eines Ihrer persönlichen Probleme oder eine unliebsame Eigenschaft vielleicht dem unbewußten Schachzug entspringt, einem positiven Vorbild aus der Kindheit seelisch besonders nahe zu sein.

Kurzzusammenfassung: das Vorbildphänomen

1. Denken Sie an ein persönliches, immer wiederkehrendes Problem oder an eine unerwünschte Verhaltensweise (siehe Liste S. 152 f.), an Problem X.
2. Nehmen Sie wahr, welche Menschen in Ihrer persönlichen Familienserie menschlich und seelisch am positivsten wirken.
3. Überprüfen Sie, ob eines dieser »Vorbilder« ebenfalls auf seine Weise Problem X als Verhalten oder Befindlichkeit aufweist.
4. Wenn ja, registrieren Sie, worauf Sie eigentlich bei diesem Vorbild Wert legen:
- die sympathische Ausstrahlung?
- eine bestimmte kraftvolle Eigenschaft?
- Gesundheit?
5. Denken Sie darüber nach, wie Sie dieses Positive leben können, ohne Problem X mit »einzukaufen«.

Hinweis

Es bleibt Ihnen unbenommen, daß Sie auch viele wertvolle Vorbilder verinnerlicht haben, die in der Identifikation kein die Lebensqualität einschränkendes Problem X »mitgeliefert« haben. Hier sollen und dürfen Sie durch das Reimprinting natürlich nichts ändern.

Das Vererbungsphänomen

Ich gehöre zu den Psychologen, die leidenschaftlich gegen die einseitige biologische Vererbungstheorie von psychischen Zuständen oder Verhaltensweisen argumentieren. Vielleicht bringt jeder Mensch sein eigenes Temperament mit auf die Welt, aber das entscheidet sicher nicht darüber, ob er Probleme mit sich oder seinem Leben bekommt. Erst der Kontext der Prägungserlebnisse definiert die Qualität seiner Lebensführung. Die Prägungserlebnisse durch das Modellernen können so intensiv sein, daß sie als Erklärungsmodell für Vererbungsphänomene mehr als vollständig ausreichen. Sogar viele als genetischen Ursprungs eingestufte Krankheitsbilder weisen unserer Erfahrung nach einen erheblichen Anteil an psychischen Prägungselementen mit auf. Hatte beispielsweise die Mutter Migräne, muß die Migräne der Tochter nicht unbedingt auf genetischem Weg unabänderlich wie die Haarfarbe vererbt worden sein. Man weiß heute beispielsweise überhaupt nicht, wie viele Menschen mit einer migränebegünstigenden Gefäßdisposition herumlaufen, ohne jemals einen solchen Schmerzanfall zu bekommen.

Eine meiner Migräne-Patientinnen hatte eine elfjährige Tochter. Auch dieses Mädchen fing plötzlich an, sich in bestimmten Situationen mit Kopfschmerzen auf sein Zimmer zurückzuziehen. Damit war die Tochter die *vierte Generation* in dieser Familie, in der die Frauen ab der Pubertät Kopfschmerzen entwickelten, die später zur Migräne wurden. Heute ist die besagte Patientin schon seit vielen Monaten frei von Anfällen. Sie hat sich aber auch persönlich durch das Reimprinting positiv verändert. Auf Anforderungen kann sie heute gelassen reagieren, und sie kann sagen, wenn ihr etwas zu viel wird. Seit genau der gleichen Zeit hat auch die Tochter keine Kopfschmerzen mehr. Sie hat durch das Modell der Mutter ebenfalls gelernt, mit gesunden Reaktionen äußerem und innerem Streß entgegenzutreten.

Es ist bisher sicher nicht richtig eingeschätzt worden, mit welch unglaublicher Intensität die Kindheitsprägung bei den Menschen vererbungsähnliche Phänomene hinterläßt. Das gilt nicht nur für Krankheiten, sondern auch für Merkmale wie Gesten, Mimik, Denkmuster, Sprachgeschwindigkeit, Selbstvertrauen, Sucht- und Eßverhalten, Lebenslust oder -frust usw. Solange für die biologischen Vererbungstheorien keine handfesten Beweise vorliegen, sollte man die Annahme gutheißen, die die bestmöglichen Gesundungschancen in sich birgt. Es gilt als erwiesen, daß Menschen, die ein körperliches oder psychisches Problem auf rein biologische Vererbung zurückführen, den

Glauben auf Heilungschancen schnell aufgeben: »Dann kann man daran ja eh nichts ändern.« Schätzt ein Mensch sein Problem jedoch als von außen kommend ein, entwickelt er wesentlich mehr Eigen- und Gesundungskräfte, um das Problem zu überwinden. Somit wirkt die Diagnose »erworben« statt »vererbt« auf den Laien schon wie eine Therapie.

Auch Ingas Spannungen wurden durch ein Vererbungsphänomen mitbegünstigt. Zwar klammerte sie sich unbewußt wie im Kapitel zuvor beschrieben an die beruflich erfolglosen Vorbilder ihrer Familie. Aber sie war doch auch zu sehr die Enkelin ihres Großvaters Friedrich und Tochter ihrer einsatzfreudigen Mutter. Bekam sie von ihrer Chefin einen selbständigen Auftrag, erledigte sie ihn genauso zielstrebig und talentiert, wie Opa Friedrich seine Firma führte. Sie hatte die anderen beiden Vorbilder – Opa Rolf und Uropa Kurt – ja auch nur im Ruhestand wahrgenommen. So konnte sie mit den eigenen Sinnen gar nicht miterleben, wie ihre Vorbilder die Mißerfolge bewirkt hatten. Für berufliches Auftreten orientierte sie sich daher zwangsläufig an den unbewußten Programmen, die von Opa Friedrich und dem Vater abgefärbt hatten.

Ausgestattet mit diesem unbewußten »Erbgut«, wurden Ingas berufliche Einsätze zu ihrer eigenen Verwunderung stets ein Erfolg. Kein Wunder, daß Chefin und Kunden positiv auf diese guten Ergebnisse reagierten. Nur Inga selbst konnte zum Schutz der eigenen seelischen Sicherheit diese Eigenschaften nicht als »eigen« akzeptieren. So kam es zu den inneren Spannungen, die sie subjektiv als Ängste definierte.

Es ist mit diesem Wissen recht einfach, ein Vererbungsphänomen aus der eigenen Familienserie heraus zu erkennen. Hier müssen Sie sich auf die Suche nach Ähnlichkeiten zwischen einem eigenen Problem X und den Eigenschaften und Verhaltensweisen der Familienserien-Mitglieder begeben.

Kurzzusammenfassung: das Vererbungsphänomen

1. Denken Sie an ein Problem X (siehe S. 152 f.).
2. Vergleichen Sie in Ihrer Familienserie, von wem Sie Problem X geerbt haben.
3. Registrieren Sie auch bewußt die positiven Erbschaften, die Ihr Leben heute bereichern.
4. Achten Sie auf die unsympathischen oder glücklosen Menschen Ihrer Familienserie, deren Rolle Sie bisher vielleicht unbewußt abgelehnt haben. Gehen Sie auf die Suche nach brachliegenden Erbschaften. Fragen Sie: Was birgt diese abgelehnte Rolle an positiven Elementen? Achten Sie auf Eigenschaften wie
   - überzeugendes Auftreten,
   - Zielstrebigkeit,
   - Temperament,
   - Geradlinigkeit,
   - Gesundheit,
   - alle sonstigen unentdeckten positiven Eigenschaften.
5. Überlegen Sie: Welche Möglichkeiten gäbe es, dieses ungenutzte Erbe anzutreten, ohne die abgelehnten Eigenschaften oder Verhaltensweisen dieser Modelle mitzuerben?

Das Solidaritätsphänomen

Robert Dilts, der Erfinder des Reimprintings, hat seine eigene Mutter erfolgreich mit NLP behandelt, als bei ihr ein Brustkrebs diagnostiziert wurde. Es gab viele wichtige Dinge, die die Mutter in sich ordnen mußte. Sie hatte wesentliche Erkenntnisse über den Zusammenhang zwischen der bösartigen Erkrankung und ihrer Lebensführung. Man weiß heute, daß viele krebskranke Menschen an ihren nichtgelebten Lebenswünschen leiden. Und es gibt Forschungsergebnisse, die einen deutlichen Zusammenhang zwischen Psychotherapie und einer verlängerten Lebensdauer von Krebspatienten dokumentieren.

In der Arbeit mit seiner Mutter nahm Dilts nach ihrer anfänglichen Bereitschaft, intensiv mitzuarbeiten, plötzlich so etwas wie einen Widerstand wahr. Irgendwie schien die Mutter zu zögern, sich über die ermutigenden Therapieergebnisse und den neu gewonnenen Lebensmut richtig freuen zu können. Je optimistischer sie wurde, desto mehr mußte sie plötzlich an ihre eigene Mutter denken, die ebenfalls an Krebs erkrankt und dann gestorben war. Sie hatte ein sehr inniges Verhältnis zu ihrer toten Mutter gehabt. Nach sorgfältigem Überlegen konnte sie formulieren, daß sie ein ungutes Gefühl habe, im Gegensatz zur Mutter wieder gesund zu werden. Es kam ihr vor, als würde sie die Mutter im Falle einer Gesundung im Stich lassen. So bereitete ihr also die Solidarität mit dem Schicksal eines geliebten Menschen den Widerstand, in der erfolgreichen Arbeit weiterzukommen. Nachdem sie diese Blockade überwunden und bewußt erkannte hatte, daß sie auch als gesunde Frau ihre wertschätzende Solidarität zur Mutter leben könne, setzte sich der Gesundungsprozeß vollends durch. Der Brustkrebs heilte.

Auch Inga wurde von einem Solidaritätsphänomen blockiert. Sie wußte, daß der geliebte Vater als junger Mann den Wunsch nach seinem Traumberuf aufgab, als er in die Firma seines Vaters eintrat. Oft haben sensible Kinder die Scheu, glücklicher oder erfolgreicher als die Eltern zu werden. Sie möchten ihnen nicht weh tun und möchten die Gefühlswelt auch als Erwachsene mit den geliebten Menschen weiter teilen. Designerin war nun einmal Ingas Traumberuf, so war sie eh schon weiter als ihr Vater damals mit seinen Wünschen. Mit weiteren Erfolgen wäre sie über ihn hinausgewachsen.

Das Solidaritätsphänomen entwickelt sich ausschließlich auf freiwilliger Basis. Es wird von den Menschen, denen diese Solidarität gilt, nie eingefordert. Es entspricht dem stillen Bedürfnis, einen geliebten Menschen, der unglücklich, enttäuscht oder einsam ist, nicht allein lassen zu wollen. Solidarität gibt uns Menschen auch ein sicheres Gefühl von Verbundenheit und Geborgenheit, also profitiert auch derjenige, der sich solidarisch verhält. Da kann kommen, was wolle – man hält eben zusammen. Das Aufgeben dieser Solidarität ist mit der Angst verbunden, aus einer sicheren Gemeinschaft ausgeschlossen zu werden.

Ähnlich unbewußte Befürchtungen mußte wohl ein achtzehnjähriger Abiturient haben, als er plötzlich heftige Prüfungsängste und Konzentrationsstörungen entwickelte. Seine Lehrer hatten ihm stets eine außergewöhnliche Begabung bescheinigt. Aus diesem Grund war er auch ungewöhnlicherweise als Bauernsohn auf das Gymnasium geschickt worden. Natürlich freuten sich die Eltern über den klugen Sohn. Aber dieser befürchtete unbewußt, nicht mehr zu seiner körperlich hart arbeitenden Familie zu gehören, wenn er das Abitur in der Tasche hätte. Gleichzeitig mit dem Abitur – so fürchtete sein Unbewußtes – hätte er keine Familie mehr gehabt. In diesem Fall half kein Streß- oder Konzentrationstraining, sondern allein die positive Auflösung dieses ungünstigen Gefühlsknotens.

Interessanterweise tritt das Solidaritätsphänomen bei vielen erwachsenen Menschen um so hartnäckiger auf, je mehr äußerliche Bande zur Ursprungsfamilie schon gerissen zu sein scheinen. Bei einer Klientin war das Übergewicht das letzte sichtbare und spürbare Verbindungsglied zu der Mutter, mit der sie sich ansonsten völlig auseinandergelebt hatte. Es vermittelte ihr die Illusion, irgendwie noch zu einer Familie zu gehören.

Kinder zeigen das Solidaritätsphänomen noch ganz offen. Die Nähe zur besten Feundin wird durch das Tragen des gleichen T-Shirts gekrönt. Erwachsene verinnerlichen diese Sehnsucht nach Ähnlichkeit dann in ihrer Seele. Finden auch Sie heraus, mit welchen Menschen Ihrer Prägungsfamilie sie unbewußt in seelischer Solidargemeinschaft bleiben wollen.

Kurzzusammenfassung: das Solidaritätsphänomen

1. Denken Sie wieder an Ihr Problem X.
2. Wer in Ihrer Familienserie zeigt das gleiche Problem X?
3. Welchen Grund könnte es geben, mit diesem Menschen solidarisch sein zu wollen?

4. Welchen Grund gibt es, sich ihm seelisch nahe fühlen zu wollen?
5. Gibt es eine Möglichkeit, auch ohne Problem X diese Solidarität oder diese Zugehörigkeit zu leben?

Hinweis:
Beim Solidaritätsphänomen geht es mehr um zwischenmenschliche Qualitäten wie Geborgenheit und Dazugehörigkeit und nicht so sehr um Vorbildfunktionen.

Das Krankheitsphänomen

Wie bereits erwähnt, überschneiden sich die hier aufgeführten Familienphänomene in ihrer Auswirkung und Bedeutung teilweise. So können Sie sich als Leser auch über das Vererbungs-, Solidaritäts- oder Vorbildphänomen die Genese vieler Krankheitsbilder von erwachsenen Menschen erklären. Unter dieser Überschrift möchte ich vor allem beschreiben, wie das gesamte Mausefallen-Stück oft sogar vom eigenen Körper aufgeführt wird.

Erinnern Sie sich an den Mann mit dem Heuschnupfen. Der Körper inszenierte eine Allergie auf harmlose Pollen, so wie die Mutter früher allergisch auf harmlose fremde Menschen überreagierte. Sollten Sie also bisher hinsichtlich einer Krankheit in der Familie nicht offensichtlich fündig geworden sein, müssen Sie sich das *Prinzip* Ihrer Erkrankung vergegenwärtigen. Dann vergleichen Sie dieses mit dem Prinzip Ihrer persönlichen Familien-Mausefalle. Oft ergeben sich dann überraschende Erkenntnisse.

Eine Klientin von mir erkrankte vor zwei Jahren an einer seltenen Erkrankung namens Morbus Behçet. Man nimmt an, daß dieser Krankheit eine Störung des Autoimmunsystems zugrunde liegt. Die Symptome werden durch eine ganz normale entzündliche Viruserkrankung hervorgerufen. Das Immunsystem bildet abwehrende Antikörper. Doch diese Abwehr wird zum Eigentor: Das Immunsystem erkennt die von ihm selbst gebildeten Antikörper nicht als eigen an und bildet jetzt Antikörper gegen die Antikörper. Somit setzt sich die Immunabwehr selbst außer Gefecht.

In der Familiengeschichte dieser Klientin, die etliche Ähnlichkeiten mit *Ingas Geschichte* aufweist, fanden wir dieses Prinzip haargenau wieder. Die Eltern der Klientin nahmen die Großeltern mütterlicherseits mit in ihre Wohnung auf. Der Vater und sein Schwiegervater (also der Opa) konnten einander nicht leiden. Der Vater wurde darüber unausstehlich, was zu massiven Ehespannungen führte. Die Mutter hielt eindeutig zu ihrem Vater. Im Zuge dieser Ehespannungen reagierten beide Eltern oft gereizt auf ihre Kinder. Besagte Klientin lief dann als kleines Mädchen immer schnell in das Zimmer der Großeltern und ließ sich von ihnen trösten. Natürlich vergrößerte das die Wut des Vater auf seine Schwiegereltern, was die Spannungen unter den Eheleuten weiter verschärfte.

Diese mißlungene kindliche Abwehrstrategie entspricht genau dem Krankheitsgeschehen der erwachsenen Frau. Das Kind möchte sich gegen die Auswirkungen der elterlichen Aggression (die »Entzündung«) schützen. Es stärkt sich bei den Großeltern (Bildung der Antikörper). Je besser diese Stärkung funktioniert, desto massiver werden die Großeltern vom Vater (Antikörper gegen die Antikörper) angegriffen. Das ist eine waschechte Mausefalle, aus der es kein Entrinnen gibt. Positives Denken nützt hier wenig, denn man weiß hier ja gar nicht mehr, welcher Prozeß durch Mentaltraining begünstigt werden soll. Hier hilft nur die Neuinszenierung des inneren Familienstückes, damit es *integrierte Gesundheit* produzieren kann. Neben den parallel notwendigen medizinischen Maßnahmen führten wir auch hier ein Reimprinting durch. Welche therapeutische Maßnahme geholfen hat, kann man jetzt sicher nicht bestimmen. Tatsache ist, daß diese Patientin heute schon seit über einem Jahr symptomfrei lebt und vollständig belastbar ihrem anspruchsvollen Beruf nachgeht.

Vielleicht können Sie sich erinnern, daß wir auch bei Inga Erklärungen für ihre Krankheitssymptome fanden. Es fiel auf, daß auch die Familie eine nur »dünne Haut« gegenüber den schädigenden Außenreizen der anderen Familienmitglieder besaß. Ingas allgemeine Immunschwäche war schon durch den damaligen Umzug ihrer Eltern ausreichend zu erklären. Sie hatte sich allein mit den Eltern in einer separaten Familienwohnung sehr wohl gefühlt. Die neue Situation erlebte sie emotional von Anfang an als Verschlechterung. Weder durch die eigene noch durch anderer Menschen Einwirkung kam es jemals wieder zu einer Verbesserung. So setzt auch der immunschwache Körper die Geschichte eines Familiensystems fort, das sich nie von seinen »Krankheiten« erholt.

Sollten Sie selbst an einer chronischen Erkrankung leiden, lassen Sie sich von Ihrem Arzt die Systematik oder das körperliche Prinzip dieser Krankheit genau erklären. Fragen Sie nicht so sehr: »Was passiert?«, sondern: »*Wie* passiert was?« Bildet der Körper eine Überreaktion, oder zeigt er eine zu schwache Reaktion? Welche weiteren Umstände begünstigen das Krankheitsgeschehen? Was verläuft im Gegensatz zum gesunden Körper anders? Schauen Sie sich dann noch einmal Ihre Familienserie an, und suchen Sie nach ähnlichen Strukturen im Familiensystem.

Kurzzusammenfassung: das Krankheitsphänomen

1. Definieren Sie mit der Informationshilfe Ihres Arztes die genaue »Strategie« Ihrer körperlichen Erkrankung unter Einbeziehung aller beteiligten Körperreaktionen. Hierzu zählen auch ausbleibende oder zu schwache Prozesse.
2. Suchen Sie nach einer vergleichbaren zwischenmenschlichen Mausefallen-Strategie in Ihrer Familienserie.
3. Definieren Sie auch hier:
- zu starke Reaktionen,
- zu schwache Reaktionen,
- ausbleibende Reaktionen, die eigentlich zu erwarten wären

(z. B. die Mutter verteidigt die Kinder nicht gegenüber dem ungerechten Vater).

Hinweis

Für dieses Phänomen nenne ich jetzt keine Orientierungsfragen, da diese »Knoten« nur durch das Reimprinting gelöst werden können. Allein die Erkenntnis wichtiger Zusammenhänge kann hier aber schon Erleichterung verschaffen.

Das Beziehungsphänomen

Dieses Phänomen habe ich schon eingangs ausführlich beschrieben. Erinnern Sie sich beispielsweise an die junge Frau, die auf den Hauskauf ihres Mannes depressiv reagierte. Beziehungen zwischen Mann und Frau beginnen meist so positiv, weil man tatsächlich in dem anderen einen Lebenspartner sieht. Auch früher reagierten wir positiv auf gute Freunde, mit denen man so richtig auf einer Wellenlänge lag. Konnte man sich doch mit ihnen so schön stark gegenüber Eltern und Lehrern fühlen. In der neuen oder jungen Partnerschaft machen Freizeit, Sex und menschliche Nähe so viel Spaß, weil man jetzt nicht mehr allein ist. Der Traum des Verbündeten – vielleicht sogar gegen die Ursprungsfamilie –, der einen das erste Mal im Leben so richtig versteht, geht in Erfüllung: nie mehr allein!

Doch kaum werden Kulissen des alten Theaterstückes aufgebaut, verwandelt sich diese positive Rolle der Verstärkung von außen in eine altbekannte Mausefallen-Rolle innerhalb des früheren Familiensystems. Diese Kulissen können die eigene Wohnung, ein gemeinsames Kind, die Aufgabenverteilung in der Partnerschaft oder auch unvorhersehbare auslösende Momente sein. Eine Abiturientin teilte ihrem Freund freudestrahlend mit, daß sie den ersehnten Studienplatz bekommen habe – allerdings in einer anderen Stadt. Er wurde plötzlich furchtbar wütend auf sie. »Ich bin dieses ewige Umziehen satt!« Dabei war er noch nie mit ihr umgezogen. Er bezog sich mit dieser Aussage auf seine traumatischen Kindheitserlebnisse, als er mit seinen Eltern tatsächlich öfter umziehen mußte.

Obwohl Inga in einer glücklichen Partnerschaft lebte, konnte sie daraus nicht genug Kraft ziehen, um sich richtig gesund und stabil zu fühlen. Das gründete sich bei ihr auf äußere Umstände: Sie lebte in ihrer Beziehung unter ähnlichen Umständen wie früher die Eltern: auf einem Grundstück mit den Schwiegereltern. Obwohl sie sich sonst so klein und unsicher fühlte, reagierte sie auf ihren Ehemann in bestimmten Situationen genauso hart und ungeduldig wie ehemals die Mutter auf den sensiblen Vater. Wenn Ingas Mann ihr ganz einfühlsam und vorsichtig sagte: »Dann nehme ich eben das Kind, wenn du zur Messe sollst«, herrschte sie ihn gereizt an: »Als wenn das die Lösung meiner Probleme wäre!« Im Urlaub, fern der »gefährlichen« Kulissen, sah sie ihn stets mit ganz anderen Augen. Doch vor der heimischen Kulisse nervte er sie mit seinem Liebsein.

Wir haben leider festgestellt, daß Menschen aus stabilen und gesunden Familiensystemen zunächst den Partnern mit Mausefallen-Erlebnissen im Kräfteverhältnis unterlegen sind. Die Erklärung dafür ist ganz einfach. Psychisch stabile Menschen haben in ihrer Kindheit mehr Toleranz und Verständnis erlebt. Deshalb lassen sie den problematisch handelnden Partner erst einmal gewähren, weil sie der festen Überzeugung sind, daß er sich wieder »berappelt«. Sie können sich bei ihrem positiven Familienstück auch nichts anderes als ein Happy-End vorstellen: »Wenn ich ihn/sie nur genug liebe, wird sich alles einrenken.« So hat man zwar bei einem trotzigen Kind große pädagogische Erfolge, aber nicht bei einem Erwachsenen, der nie Toleranz gegenüber der eigenen Person kennengelernt hat.

Der Partner, der in seinem Mausefallen-Stück eher Härte, Unverständnis, emotionale Kälte oder Intrigen kennengelernt hat, ist zunächst dem psychisch stabilen Partner – so paradox es klingen mag – von seiner Durchsetzungskraft her überlegen. Er wertet nämlich dessen Entgegenkommen nicht als Anpassungsleistung, sondern als ein Ja zu seinem Mausefallen-Stück. Er weiß gar nicht, daß er nur eine gewisse Chance bekommt, um sich »berappeln« zu können. Er bleibt völlig ahnungslos. Bei einer möglichen Trennung gibt es dann immer eine böse Überraschung. Der psychisch problematische Partner – der dann meist allein zurückbleibt – weiß nämlich oft gar nicht, warum er verlassen wurde: Der andere hat doch immer so schön mitgemacht!

Es gibt ansonsten so viele Variationen der Mausefallen-Vermischung in Partnerschaften, daß man darüber, wie gesagt, ein eigenes Buch verfassen könnte. Doch eins kann ich nach meiner Erfahrung mit Paararbeit betonen: Man sollte den Menschen, mit dem man sich einmal zusammentun möchte, doch recht gut studieren. Frauen sollten kritisch das Verhältnis ihres Partner zu seiner Mutter und das Miteinander seiner Eltern betrachten. Das gleiche gilt auch geschlechtlich umgekehrt für Männer. So kann man sich seelisch vielleicht schon ein wenig auf einen konstruktiven Umgang mit einer möglichen Mausefalle vorbereiten. Leider wissen in unserer aufgeklärten Gesellschaft die wenigsten jungen Paare über die rechtlichen Konsequenzen eines Ehelebens Bescheid. Später ergeben sich daraus bei einer Trennung zusätzlich massive Schwierigkeiten, wenn der Druck einer Mausefalle zu groß wird.

Es gibt Kulturen, wie etwa bei den streng moslemischen Malediven, wo die Gesellschaft ihren Mitgliedern eine große Freiheit beim »echten« Zusammenleben mit verschiedenen Partnern gibt. So muß nicht gleich der erste Versuch auf Biegen und Brechen klappen. Eine fünfunddreißigjährige Frau ist auf den Malediven durchschnittlich schon fünfmal verheiratet gewesen, ohne in irgendeiner Form gesellschaftlich schief angesehen zu werden. Scheidungen sind juristisch preiswert geregelt. Interessant ist, daß meist die geschiedenen Paare ein zweites, drittes oder viertes Mal einander wieder heiraten. So entscheiden sie sich immer wieder neu, anstatt chronisch auszuhalten. Das Gesetz sieht allerdings vor, daß vor der vierten Wiederheirat des gleichen Paares zwischendurch ein anderer Partner geehelicht werden mußte. Es wird berichtet, daß das maledivische Rekord-Paar einundachtzigmal miteinander verheiratet war. Ein solches System ist für uns sicher nur schwer – höchstens von Film-Divas – zu kopieren. Doch es würdigt, daß ein Mensch mit seiner ersten Familie nicht gleichzeitig alle anderen kennengelernt gehabt haben *kann*. Der Erwachsene kann im Laufe seines Lebens dann gesellschaftlich geschützt lernen, wie anders als man selbst doch ein anderer Mensch sein kann. Mit dieser Erkenntnis ist es vielleicht leichter, für eine neue Definition von Beziehung offen zu werden, anstatt auf der früher geprägten zu beharren. Man darf versuchen, ausprobieren, sich wundern, sich irren, lernen, wieder versuchen und den geprägten Erkenntnissen neue hinzufügen.

Wissen Sie, wie kleine Kinder schwierige Puzzlespiel-Situationen meistern wollen? Sie nehmen ein nur scheinbar passendes Puzzleteil und quetschen es zielstrebig und kraftvoll in eine Lücke, obwohl es für diese Lücke nicht passend ist. Bei diesem rabiaten Vorgehen wellt und verhakt sich das ganze Bildwerk, das bis dahin schon erschaffen war. Sie sind von der Überzeugung besessen, daß dieses Teil passen muß, und probieren nicht behutsam auch noch andere aus. Genau wie diese kleinen Puzzle-Meister meiden auch viele Menschen den erforderlichen Versuch-und-Irrtum-Prozeß in der Partnerschaft. Sie quetschen gegenseitig mit ihren wenigen Mausefallen-Puzzleteilen im Partnerbild herum, ohne sich nach passenderen Teilen umzusehen, die sie zuvor in ihrem Leben noch nie ausprobiert haben und mit deren Hilfe ein ganz neues Bild entstehen könnte.

Wenn Sie selbst in einer festen Beziehung leben, sollten sie die gefährlichsten Mausefallen, die Sie einander unbewußt aufgestellt haben, auch bewußt zusammen mit dem Partner kennenlernen. Schützen Sie Ihre Beziehung davor, zum Spielball der Schatten der Vergangenheit zu werden. In diesem Falle sind die Partner dann nur noch zusammen, um im Mausefallen-Match zu gewinnen. Sie wollen ihr eigenes Familienstück durchsetzen und auf keinen Fall ein eigenes, neues kreieren. Sie verlassen den Schauplatz der Partnerschaft nur nicht, weil sie noch nicht gewonnen haben. Ansonsten besteht kein ernsthaftes Interesse an einer guten Beziehung mehr.

Kurzzusammenfassung: das Beziehungsphänomen

1. Definieren Sie ein Beziehungsproblem X, welches Sie immer wieder mit Ihrem Partner haben.
2. Welche Modelle von Beziehungen kennen Sie aus Ihrer eigenen Familienserie?
3. Welche Beziehungsmodelle hat Ihr Partner aus seiner Prägung mitgebracht?
4. Wessen Modell hat sich in der Beziehung durchgesetzt?
5. Wo gibt es Mißverständnisse und Enttäuschungen aufgrund der unterschiedlichen Prägungen?
6. Welche Elemente der eingebrachten Beziehungsmuster sind als *positiv* zu bewerten?
7. Entwerfen Sie zusammen mit Ihrem Partner eine Zukunftsvision: Wie möchten Sie beide eigentlich *als Paar* gern wirken?
8. Sollten Sie Kinder haben: »Wie sollen unsere Kinder unsere Beziehung als Erwachsene in Erinnerung haben?«

Die Mausefalle: das Rollenphänomen

Viele Menschen geraten oft in Zustände hinein, die sie bei sich selbst nie für möglich gehalten hätten. Sie scheinen völlig von ihrer kindlichen Persönlichkeitsentwicklung abzuweichen. Ein früher mutiges Kind hat später plötzlich Angstattacken, ein sonst selbstbewußter Mensch fühlt sich klein und unbedeutsam, ein ruhiger Zeitgenosse reagiert zunehmend nervös und gereizt. Typisch sind dann Aussagen wie »Das kenne ich gar nicht von mir« oder »Ich bin mir selbst fremd«. Dieses Fremdheitsgefühl kann ein Hinweis darauf sein, daß sie in eine Rolle hineingerutscht sind, die von ihrer früheren Position in der Ursprungsfamilie abweicht. Schauen Sie sich um, welche Mitmenschen an

Ihrer heutigen Situation beteiligt sind. Wer von den anderen hat *Ihre Rolle geklaut?* Spielt hier einer den Draufgänger, den Mutigen, den Niedlichen, obwohl das eigentlich *Ihre* Rolle ist? Und wenn Sie nicht mehr Sie sind, wer sind Sie dann?

> Erinnern Sie sich an die unsichere und ängstliche Inga, die ihrem Mann gegenüber plötzlich so gereizt und ungeduldig sein konnte. Hinterher tat ihr die eigene Reaktion stets leid. Sie konnte sich selbst nicht verstehen. Die Rolle der gereizten Ehefrau war ihr eigentlich fremd. Jedoch ist zu Hause die Kindrolle schon an Ingas kleinen Sohn vergeben. Ingas »kleine« Rolle ist also schon besetzt. Als Mütter kommen in ihrem Mausefallen-Stück nur leicht genervte und ungeduldige Frauen vor, die ihren Mann heimlich zu weich oder unmännlich finden. Ohne Rücksicht spult ihr Unbewußtes diese Rolle in ihr ab, sie kann sich gar nicht dagegen wehren.
>
> Inga konnte nach dieser Erkenntnis, daß ihre unerwünschten Entgleisungen eigentlich ein Rollenphänomen sind, sofort anders auf ihren Mann reagiern – »... eben wie Inga«, beschrieb sie mir den Unterschied.

Sie selbst erkennen ein Rollenphänomen daran, daß es vollständig abhängig von einer bestimmten Kulisse, einem bestimmten Schauplatz oder einem bestimmten Ensemble an Menschen ist. Verlassen Sie Kulisse, Schauplatz oder die Ensemble-Gruppe, haben Sie plötzlich wieder das Gefühl, Sie selbst zu sein. Das Fremdheitsgefühl hört auf.

Kurzzusammenfassung: das Rollenphänomen

1. Definieren Sie eine Situation, in der Sie plötzlich nicht mehr Sie selbst zu sein scheinen. Sie reagieren nach Ihrem eigenen Verständnis fremd und anders als sonst. Diese Situationen können sein:
- eine Kulisse oder ein Schauplatz,
- eine bestimmte Gruppe von Menschen.

Sowie Sie diese Situation verlassen, sind Sie wieder Sie selbst.

2. Analysieren Sie Ihre Familienserie: Welcher dieser Menschen zeigt genau das Befinden oder Verhalten, welches Sie in dieser Situation als fremd erleben?
3. Ordnen Sie den beteiligten Menschen dieser Situation die alten Rollen Ihrer Familienserie zu: Wer könnte wer sein?
4. Wer hat vielleicht Ihre eigene Rolle geklaut, so daß Sie quasi nicht mehr in sich selbst hineinkommen?
5. Suchen Sie nach Unterschieden: Woran können Sie erkennen, daß die Beteiligten auf keinen Fall identisch mit Ihrer alten Familienserie sind?
6. Besorgen Sie sich einen Identitätsanker, der Sie jederzeit an Sie selbst erinnert – an das, was Ihrer Meinung nach Ihre unverwechselbare Person ausmacht: ein Schmuckstück, ein Parfüm, eine ganz persönliche Geste (z. B. mit der Hand) usw.

Das Firmenphänomen

Eingangs erwähnte ich bereits, daß der Arbeitsplatz sich auf ideale Weise anbietet, alte Familienstücke zu inszenieren.

Auch Inga litt an ihrem Arbeitsplatz unter einer alten Mausefallen-Wirkung. Sie hatte bei ihrer netten Chefin eine Großvater-Übertragung – so ungewöhnlich das klingen mag. Die Chefin sah zwar ganz anders als Opa Friedrich aus, bot aber ansonsten zumindest Ingas Unbewußtem viele Vergleiche an. Sie war eine erfolgreiche Firmeninhaberin und wirkte vom äußeren Auftreten her nett, aber resolut. Resolut genug, um in Ingas Unbewußtem die alten Gefühle gegenüber dem Großvater zu reaktivieren. Erinnern Sie sich, daß Inga immer befürchtete, »es werde alles herauskommen«. Sie meinte damit bewußt ihr vermeintliches berufliches Versagen – trotz allen Könnens.

Tatsächlich aber erinnerte sich ihr Unbewußtes daran, daß sie dem Opa Friedrich nie sagen durfte, daß sie von der Oma Geld oder Geschenke bekommen hatte. Sie lebte als Kind in der ständigen Angst, er werde die heimlichen Zuwendungen entdecken und sie dann bestrafen. Daß Opa Friedrich ihr nie etwas getan hatte, tat dieser Phantasie keinen Abbruch. Ebenso hatte sie nun als Erwachsene der Chefin gegenüber stets den sachlich grundlosen Eindruck, sie würde diese Frau irgendwie hintergehen und müsse sich vor Entdeckung und deren Bösewerden schützen. »So ein Quatsch bei einer so netten Frau«, wunderte sie sich nach diesem Fund. Sofort wandelte sich das Grundgefühl in ein positives Vertrauen, welches diese Chefin bestimmt eher verdient.

In der Firma können sich sämtliche Phänomene einer Familie wiederholen. Problematisch wird es, wenn die Menschen sich am Arbeitsplatz mit Übertragungen, die die Lebensqualität einschränken, gegenseitig traktieren oder gar ängstigen. In Fachkreisen spricht man schon vom sogenannten Mobbing (zu deutsch: »Pöbeln«, jedoch ist mit diesem Begriff allgemein Ärger und Unterdrückung durch andere gemeint) am Arbeitsplatz. Man hat erkannt, wie stark Mobbing am Arbeitsplatz der Gesundheit eines Menschen nachhaltig schaden kann. Viele Menschen jedoch bemühen sich nicht um menschliche, korrekte Arbeitsplätze, weil schon ihre Jugend sie kritiklos abgestumpft gegenüber Mobbing gemacht hat. Sie denken, so müsse es einfach sein.

Und selbst, wenn ein positives menschliches Potential vorhanden ist, wie etwa beim Verhältnis von *Inga zu ihrer Chefin*, nutzen viele Menschen diese brachliegenden menschlichen Möglichkeiten am Arbeitsplatz nicht, sondern verstricken sich in Mißtrauen und Intrigen.

Sollten Sie auch Probleme am Arbeitsplatz haben, betrachten Sie Ihre Vorgesetzten und Kollegen einmal durch die Mausefallen-Brille.

Kurzzusammenfassung: das Firmenphänomen

1. Denken Sie an Ihre eigene Position an Ihrem Arbeitsplatz.
2. Versuchen Sie, die einzelnen Rollen Ihrer Familienserie auf Ihren Arbeitsplatz zu übertragen. Gibt es Parallelen? Wer erinnert an wen (z. B. der Chef an den Vater)?

3. Wenn ja, in welche Rolle Ihres eigenen Familienstückes sind Sie hier hineingeraten?
4. Was wissen Sie über die Prägungsgeschichte Ihrer Kollegen? In welcher Mausefallen-Situation sind wohl die Kollegen hier am Arbeitsplatz?
5. Was für eine Rolle haben Sie wohl – ohne, daß Sie sie gewählt hätten – im Mausefallen-Stück der Kollegen?

Hinweis:

Diese Fragen können Ihnen helfen, irrationale und überflüssige Ängste, denen Sie als Erwachsener am Arbeitsplatz eigentlich nicht ausgeliefert sein sollten, abzubauen.

Das Lebensmottophänomen

Aus unseren Familienstücken ziehen wir stets (psycho)logische Schlüsse, nach denen wir unser ganzes späteres Erleben in Schubladen packen. Sie wirken tief im Unbewußten, und die meisten haben wir nie in Worte gefaßt. Erleben Sie mit, was für interessante Weisheiten Inga aus Ihrer Ursprungsprägung mit auf den Weg genommen hat.

- Reiche Menschen sind unsympathisch und schlecht gelaunt.
- Arme Menschen, die beruflich Pech haben, sind lieb.
- Wer im Leben wenig schafft, bleibt gesund und wird uralt.
- Große Häuser machen unglücklich.
- In kleinen Wohnungen lebt man glücklich.
- Frauen sind in Wahrheit die heimlichen Chefs, sie lassen ihren Männern nur nach außen ihre Rolle. (Auch die Oma Ilse arbeitet ständig erfolgreich gegen die Interessen von Opa Friedrich – da konnte er poltern, wie er wollte.)
- Den erfolgreichsten Einfluß übt man durch die »Diktatur der Schwäche« aus.
- Wenn ich Aufmerksamkeit und Liebe will, muß ich krank werden.

- Wer zwischen zwei Menschen steht, kann das fast ein Leben lang aushalten (in bezug auf Oma Ilse), ohne daß etwas wirklich Schlimmes passiert.
- Die verschiedenen Generationen müssen zusammenbleiben – egal um welchen Preis.
- Unglück erträgt man möglichst lange, ohne es abzuschaffen.
- Man spricht nicht über die Dinge, die einen unglücklich machen.
- In meiner Familie verzichtet man auf Traumberufe.
- In meiner Familie wird man nicht glücklicher als die Eltern, man ist mit ihnen solidarisch (auch der Vater Peter hatte sich ja für die Solidarität mit seinem Vater und gegen sein eigenes Glück entschieden).

Diese Auflistung zeigt Ihnen mehr als alle Fallbeispiele, wie sehr ein Mensch sich mit Mausefallen-Mottos sein Leben blokkieren kann.

Ingas Weisheiten verhindern, daß sie sich aus sich selbst heraus frei entfalten und glücklich werden kann. Jeder Mensch hat durch die eigene Geschichte derartige unkritische Weisheiten entwickelt, die er enttarnen muß. Diese Weisheiten machen dann auch den *Familienmythos* aus, der sich um die Beziehungen der Familienmitglieder untereinander rankt: »Wie jeder Mythos bringt auch der Familienmythos von allen geteilte Überzeugungen über die Menschen und ihre Beziehungen in der Familie zum Ausdruck. Überzeugungen, die trotz aller darin enthaltenen Falschheiten a priori angenommen werden. Der Familienmythos schreibt den Mitgliedern ihre Rollen und Obliegenheiten in den gegenseitigen Transaktionen vor. Diese Rollen und Verpflichtungen werden, und seien sie auch noch so falsch und illusorisch, von jedem einzelnen als etwas Heiliges, als ein Tabu angenommen, und niemand würde wagen, sie zu überprüfen, noch weniger, sie zu verändern« (Ferreira).

Vielleicht haben Sie nach der bisherigen Lektüre und dem Erlebnis Ihrer persönlichen Familienserie jetzt doch den Mut,

Ihre Lebensmottos zu überprüfen. Den Schritt zur Veränderung können Sie sich ja noch vorbehalten.

Kurzzusammenfassung: das Lebensmottophänomen

Diese Kurzanweisung ist wirklich kurz: Studieren Sie ihre Familienserie, und schreiben Sie sich alle Weisheiten auf, die in Ihrem eigenen Erwachsenen-Leben zum Mausefallen-Lebensmotto geworden sein könnten.

Self-Fulfilling prophecy: das Zukunftsphänomen

Viele Menschen haben den Lebenslauf ihrer Eltern und nahen Verwandten unbewußt als eigene Lebenslinien übernommen. Dabei ist natürlich entscheidend, ob das Leben der Eltern im Alter glücklicher oder problematischer wurde. Es hat sich auch erwiesen, daß wir unsere Lebensläufe unbewußt auf andere Personen übertragen.

So stellen erfahrene Personalberatungsfirmen absichtlich keine Mitarbeiter ein, die sich in ihrer vorherigen beruflichen Laufbahn zu sehr bewähren oder gar um Erfolge kämpfen mußten. Diese Menschen erwarten stets, daß die anderen auch »hart durchmüssen«, um berufliche Spitzenpositionen zu erreichen. Sie können sich eine »einfache« Karriere aufgrund der eigenen Strapazen gar nicht vorstellen und beraten daher viel zu kompliziert an Stellen, wo's auch einfach ginge.

Ebenso ungünstig beraten viele Eltern auch ihre Kinder: »Warte nur ab – wenn du arbeitest, fängt der Ernst des Lebens an.« Doch auch unausgesprochen sind wir in der Gefahr, ungünstige Lebensläufe in unserer Erwartungshaltung zu kopieren. Wurden die Eltern im Alter krank, erwartet man unbewußt ein ähnliches Schicksal. Waren die Eltern in der Ehe unglücklich, fühlen sich viele Jungverheiratete nach der Hochzeit auch plötzlich depressiv, als sei das Leben jetzt zu Ende.

Sollten Sie aus der Lebensgeschichte Ihrer Eltern oder anderer prägender Verwandten ungünstige Verläufe kennen, achten

Sie auch auf das *Alter*, in dem diese Menschen ihre Tiefpunkte hatten. So wurde eine Frau mit vierzig Jahren aus unerklärlichen Gründen depressiv. In genau dem gleichen Alter war ihre Mutter viel zu früh Witwe geworden. Ein frei praktizierender Arzt erlebte eine psychische Krise im gleichen Lebensabschnitt, in dem der Gemüseladen seines Vaters pleite ging.

Natürlich sind wir nicht verpflichtet, auch die Lebenskrisen unserer Eltern oder Verwandten zu kopieren. Aber wir müssen darauf vorbereitet sein, daß wir sie unbewußt als Zukunftsphänomene vorwegnehmen, ohne daß wir real einen Grund hätten, die Dramen der Eltern zu wiederholen.

Kurzzusammenfasssung: das Zukunftsphänomen

1. Denken Sie an ein Problem X, welches scheinbar überraschend in Ihrem Leben aufgetaucht ist. Registrieren Sie, wie *alt* Sie heute sind.
2. Überprüfen Sie Ihre Familienserie: Welches Schicksal erlitten die einzelnen Menschen, als sie damals so alt waren wie Sie heute? Gibt es Ähnlichkeiten mit Ihrem Problem X?
3. Überlegen Sie: Haben Sie heute tatsächlich einen Grund, dieses Problem X zu wiederholen? Oder steht es nur auf dem »Programm«, weil Sie jetzt dieses Alter haben?
4. Wie ist die damalige Geschichte vom identifizierten Problem-Kandidaten weitergegangen?
5. Gibt es für Sie einen Anlaß, diesen Verlauf zukünftig zu kopieren?
6. Entwerfen Sie bitte bewußt einen eigenen, positiven Lebensweg. Stellen Sie sich lebhaft vor, wie Sie auch noch mit fünfzig, siebzig oder achtzig Jahren gesund und glücklich sind. Entwerfen Sie *Ihre eigene Zukunft!*

Das Negativphänomen

»Wenn Sie, was in Ihrer Kindheit geschah, nicht mochten, dann werden Sie es wahrscheinlich anders machen wollen. Leider reicht die Entscheidung, was nicht zu tun ist, nicht aus. Sie müssen entscheiden, *was* Sie anders machen werden und *wie* Sie es machen werden. An diesem Punkt fangen die Schwierigkeiten an. Sie befinden sich in gewisser Weise in einer Art Niemandsland, insofern Sie kein Modell zum Nachahmen haben. Sie müssen ein Neues bauen. Wo wollen Sie es finden? Was wollen Sie hineinpacken?« (Erickson/Rossi)

Menschen, die diese neuen Modelle nicht finden, leiden unter dem *Negativphänomen.* Sie wollen die Schmerzen ihrer Lebensgeschichte dadurch überwinden, daß sie stets das Gegenteil von dem tun, was früher war. Waren die Eltern unglücklich verheiratet, so geht man selbst einfach keine Beziehung ein. Dann kann man schließlich selbst nicht unglücklich verheiratet sein – logisch? Ist der Vater jahrelang tagsüber einer langweiligen und eintönigen Arbeit nachgegangen und hat nachts geschlafen, so geht man einfach jede Nacht in Diskotheken oder sonstwie »auf die Piste«. Schon kann man jede Nacht anders sein als der Vater.

Die Mausefalle des Negativphänomens besteht darin, daß das Gegenteil automatisch und kritiklos als das Gute angesehen wird, es ist ja schließlich das Gegenteil vom Schlechten. Zu jedem entwickelten Foto gibt es das Negativ. Auf dem Negativ ist hell, was auf dem Foto schwarz wirkt, und umgekehrt gilt dasselbe. Aber das Motiv, die Inhalte und Formen sind hundertprozentig identisch. Insofern leben Menschen mit dem Negativphänomen statt in Freiheit in vollständiger Abhängigkeit von ihrem ursprünglichen Familienstück. Sie müssen sich ständig am entwickelten Foto orientieren, um den nächsten Negativschritt auch sinnvoll planen zu können. Sie verwirklichen in Wahrheit also gar kein neues Denken, sondern die Familienprägung in einer anderen Verpackung. So schneiden sie sich konsequent von Lebenschancen ab, die sie mit den ungeliebten Modellen gekoppelt in Bausch und Bogen ablehnen.

Auch Inga litt etwas unter dem Negativphänomen, wenn auch nicht so ausgeprägt, wie es sonst oft der Fall ist. Eigentlich orientierte sie sich beruflich auch negativ an dem Opa Friedrich. Sie vermied unbewußt jede Ähnlichkeit mit seinen beruflichen Erfolgen, um so zu diesem ungeliebten Modell einen seelischen Sicherheitsabstand zu halten.

Jeder Mensch sollte für sich überprüfen, ob eine vermeintlich gelebte Freiheit nicht in Wahrheit ein zwanghaftes Negativphänomen darstellt. Ist ein solches Diktat im Spiel, verringert es lediglich die Lebensqualitäten, die theoretisch erfüllbar wären. Auch sollte man die Kraft entwickeln, zu Entwicklungsprozessen, die äußerlich scheinbar der Prägungsfamilie ähneln, innerlich zustehen. »Als ich meiner Oma von meinen Heiratsplänen erzählte, sagte sie: ›Junge, ich habe immer gewußt, daß du noch einmal vernünftig wirst.‹ Ich war so wütend über diese Auslegung, daß ich spontan meiner Freundin am liebsten gekündigt hätte, nur um meiner Oma zu zeigen, daß sie falschliegt.« Dieser Klient fand dann noch im rechten Moment die innere Kraft, seine Entscheidung als die ganz eigene zu würdigen und dazu zu stehen: »Ich tue es, weil *ich* es will – egal, wie Hans oder Franz oder Oma mein Tun bewerten.«

Kurzzusammenfassung: das Negativphänomen

1. Analysieren Sie, welche Lebensbereiche die Mitglieder Ihrer Familienserie ausfüllen, unabhängig von der Art und Weise der gelebten Verwirklichung:
– Beziehung,
– Kinder,
– Aufgabenverteilung,
– Tagesablauf,
– verwandtschaftliche Beziehungen,
– Hobbys und »gesunde« Lebensführung,
– gesellschaftliches Leben,
– Geld und Besitz.
2. Gibt es hiervon Lebensbereiche die Sie in Ihrem erwachsenen Leben nicht realisieren? Stellen Sie diese Bereiche zunächst neutral und sachlich fest:

3. Fragen Sie sich selbstkritisch:
- Können Sie Ihr Lebensglück in allen Aspekten auch ohne diese(n) Bereich(e) genießen?

oder
- Meiden Sie diesen Lebensbereich nur, weil er Ihnen früher einmal von schlechten oder Versagermodellen vorgelebt wurde?

4. Welche zusätzlichen oder anderen Lebensbereiche (hinsichtlich der Prägungsfamilie) verwirklichen Sie in Ihrem heutigen Leben?
5. Machen Ihnen diese lebensgeschichtlich neuen Bereiche Spaß, oder sind sie – kritisch betrachtet – eher zwangsläufig und unfreiwillig einem Negativphänomen entsprungen?
6. Werten Sie diese Fragen aus, und überprüfen Sie objektiv die Zugänglichkeit aller Ihrer brachliegenden Lebensbereiche.

Hinweis

Natürlich kann ein Negativphänomen auch zu einem Lebensergebnis führen, welches Sie rundherum bejahen. Wir sind hier nur gezielt auf der Suche nach einschränkenden Gestaltungen der Lebensqualität.

Bedenken Sie: Wir sind erwachsen, wenn wir etwas tun, *obwohl* die Eltern es gut finden.

Umgang mit sich selbst: das Eigentorphänomen

Erinnern Sie sich daran, wie Ingas Mutter über ihre Tochter dachte. Sie empfand die Sensibilität und die Kränklichkeit dieses Kindes als belastend. Anstatt mit Sorge und mütterlicher Wärme reagiert sie innerlich eher mit Ungeduld und Streß auf dieses »Ewig ist irgendwas«. Inga kann sich nicht erinnern, daß die Mutter sie nicht versorgte oder sich nicht um sie kümmerte. Jedoch bewerten Kinder in einem hohen Maße Ausdrucksmittel wie Gesichtsausdurck, Gestik, Bewegungsabläufe, also die nonverbalen Botschaften ihrer Eltern.

Über diesen Wahrnehmungskanal prägte Inga sich die emotionalen Reaktionen der Mutter tief ein. Als Erwachsene hatte sie die Reizbarkeit und Ungeduld der Mutter vollständig verinnerlicht und richtete diese Gefühle jetzt gegen sich selbst. Gerade wenn sie sich krank oder psychisch labil fühlte, wuchsen die eigene Wut und die Verständnislosigkeit sich selbst gegenüber. Die anderen behandelten sie stets verständnisvoll, nachsichtig und lieb.

Doch wirkt der Ton, den wir innerlich gegen uns anschlagen, genauso aufbauend oder zerstörerisch, als würde ein echter Gesprächspartner in dieser Weise mit uns umspringen. Die Wirkung ist um so schlimmer, da wir meistens von morgens bis abends mit uns zusammen sind. Ich möchte Ihnen das Eigentorphänomen mit einer Metapher verständlich machen. Stellen Sie sich vor, ein Mann hätte einen Hammer. Er hat damit schon viele nützliche Dinge handwerklich gestaltet. Eines Tages ist seine Taschenuhr defekt. Er versucht, sie mit dem Hammer zu reparieren. Doch erstaunlicherweise klappt das diesmal nicht – obwohl der Hammer doch sonst immer so toll funktionierte! Unser Mann trifft folgende (psycho)logische Überlegung: »Es kann nur einen Grund für diese Panne geben: Ich habe mich eben noch nicht genug angestrengt! Ich muß nur richtig wollen!« Vielleicht kommt noch eine Affirmation aus dem positiven Denken dazu: »Es wird klappen, es wird klappen ...« Übrig bleibt keine Uhr, sondern ein Metallbrei.

Auch Inga konnte bestätigen, daß sie selbst sich immer mehr demoralisierte, wenn ihre körperlich-seelische Balance zu wünschen übrigließ. Durch das eigene Unverständnis und durch die eigene Ungeduld brachte sie sich selbst immer weiter in das Tief hinein.

Am besten können Sie das Eigentorphänomen an der Art und Weise Ihrer Selbstkommunikation festmachen. Wie gehen Sie mit sich um? Destruktiv oder förderlich? Ungeduldig oder großzügig? Hetzen Sie sich ewig, oder dürfen Sie sich auch belohnen? Sehen Sie zu diesen Fragen die folgende Übung zur Abmilderung des Eigentorphänomens, welches ich aus unserem Buch »Denk Dich nach vorn« entnommen habe.

Kurzzusammenfassung: das Eigentorphänomen

1. Denken Sie bitte an eine Situation, in der Sie mit sich selbst nicht gut umgegangen sind, sich unter Druck gesetzt haben.
2. Stellen Sie sich eine entsprechende Stimme vor, die Ihren Umgang mit sich selbst in dieser Situation am besten illustriert:
- Männlich oder weiblich?
- Hoch oder tief?
- Laut oder leise?
- Jammernd, ärgerlich oder schimpfend?
- Emotional, gefühlskalt oder sachlich?
- Von wo sprechen: von oben, hinten, seitlich oder ins Ohr?
3. Machen Sie den Außencheck: Wie wäre Ihnen zumute, wenn jemand käme und tatsächlich so mit Ihnen spräche? Gäbe Ihnen das wirklich Kraft für eine Aufgabe?
4. Falls das nicht der Fall ist, analysieren Sie noch einmal Ihre Familienserie. Wer ist damals mir Ihrem Kind-Ich auf diese ungünstige Weise umgesprungen? Wen haben Sie da verinnerlicht?
5. Machen Sie sich bewußt: Ein Gehirn, das alte Familienmitglieder verinnerlicht, kann auch positive Beschützer für Sie in Gedanken auftreten lassen. Gehen Sie daher auf Stimmenfang:

   Wie müßte jemand zu Ihnen sprechen, um alle Kräfte in Ihnen spielend freizusetzen? Beachten Sie wieder die verschiedenen Möglichkeiten:
- Männlich oder weiblich?
- Sanft und leise oder kräftig und mitreißend?
- Mit oder ohne Berührung (z. B. die Vorstellung einer stärkenden Hand auf der Schulter)
- Von wo sprechend?

  usw.
6. Probieren Sie diese positive Stimme des inneren Beschützers

hinsichtlich Ihres bestimmten Zieles aus, welches Sie gerade anstreben.

7. Testen Sie so lange, bis die neue Stimme optimal wirkt.

Hinweis

Die positive Stimme muß nicht unbedingt lieblich oder zart sein. Sie kann durchaus eine kraftvolle Autorität ausstrahlen. Wichtig ist das Ziel der guten Absicht: Sie soll Ihre Kräfte wecken.

Das »The Poor Me«-Phänomen

Liebe Leserin, lieber Leser.

Vor zehn Jahren bin ich von einem guten Freund auf eine ganz gemeine Weise um 50 000 DM betrogen worden. Ich habe das Geld bis heute nicht zurückerhalten. Wo Sie jetzt offensichtlich in meinem Buch lesen und davon profitieren, bitte ich Sie, folgende Aufforderung zu beachten:

BITTE ÜBERWEISEN SIE MIR PRO LESER MINDESTENS 100 DM, DAMIT ICH MEINE 50 000 DM WIEDERBEKOMME. MEINE KONTONUMMER FINDEN SIE IM ANHANG DIESES BUCHES. SOLLTEN SIE DIES NICHT SOFORT TUN, MÜSSEN SIE BEIM WEITERLESEN EIN SCHLECHTES GEWISSEN HABEN.

Natürlich weiß ich, daß ich niemals diese 100 DM von Ihnen bekommen werde. »Was hab' ich denn mit dem gemeinen Freund zu tun, soll sie sich doch an den wenden. Ich habe bei der Frau nichts gutzumachen!« werden Sie entrüstet denken. Ich werde hingegen leiden: »Ja, ja, mein Buch wollen alle lesen, aber wenn's mal um mich geht, lassen mich alle in Stich – genau wie dieser gemeine Freund! Keiner hat mich richtig lieb.«

Wenn man als Kind ein »armes kleines Ich« war, hat man als Erwachsener oft das Gefühl, daß das Leben und die Menschen einem noch etwas schulden. Menschen mit dem »The Poor Me«-Syndrom unterscheiden in ihren Einforderungen jedoch nicht zwischen dem früheren tatsächlich Schuldigen und allen anderen Menschen. Sie wenden sich hemmungslos an Freunde,

Kollegen, Partner und sogar an ihre Kinder, um von diesen Menschen die Schulden wiederzubekommen. Dabei fühlen sie sich als Geschädigte völlig im Recht. Jeder scheinbar Nichtgeschädigte wird zum Feind. »Der hat ja mehr als ich und könnte ruhig meine fehlenden Außenstände begleichen.«

Inga hatte in eine sehr liebe Familie hineingeheiratet. Ihr Mann und die Schwiegereltern reagierten ganz besorgt und aufmerksam auf ihre schwächliche Gesundheit. Inga »beichtete« nach den vielen Erkenntnissen über sich selbst, daß sie nie das Gefühl hatte, besonders nette angeheiratete Verwandte zu haben. Nein, sie empfand zutiefst, daß ihr diese Aufmerksamkeiten *zustehen*, weil sie als Kind an Unaufmerksamkeit krank geworden war. »Neulich war ich insgeheim sogar böse, als meine Schwiegereltern einen Wochenendurlaub buchten.« Es hätte ja schließlich sein können, daß Inga ihr Kind an einem Nachmittag zur Oma hätte geben wollen. »Vom Verstand her weiß ich, daß diese Gedanken vermessen sind, aber vom Gefühl her war ich sauer darauf, daß sie mich einmal vergessen hatten«, erklärte Inga.

Eine Klientin fragte uns vor ein paar Jahren, ob sie ein Buch von uns haben könne. Wir boten ihr an, eines zu leihen oder eines zu kaufen. Eine Woche später verkündete sie im Sinne einer Vertrauenskrise ihren Unmut darüber, daß wir ihr das Buch nicht geschenkt hätten. Sie hätte schließlich ganz genau gesehen, daß wir auch ein neues Auto haben. Und wenn wir schon ein neues Auto haben, können wir ihr auch ein Buch schenken.

Diese Frau hat in ihrer Kindheit sehr viel Geborgenheit und Verständnis vermißt. Heute wendet sie sich an alle Kontaktpersonen, um diese »Außenstände« zurückzuerhalten. Das Schicksal des Erwachsenen bringt es mit sich, daß die anderen von außen nur die große Puppe sehen. Das kleine, unterversorgte, gekränkte oder verletzte Ich kann auf den ersten Blick keiner mehr erkennen. Auch trägt man keine erklärende Leuchtschrift auf der Stirn: »Ich habe eine schwere Kindheit gehabt!« Das macht die ahnungslosen Ansprechpartner wütend: »So eine große, erwachsene Frau will mich auf diese unangenehme Weise zu Geschenken zwingen? Kann sie das nicht selbst auf die Beine stellen, was sie von mir fordert?«

Menschen mit dem »The Poor Me«-Syndrom leiden so nachhaltig unter ihren Opfer-Erlebnissen, daß sie blind für ihre Wirkung und für die eigenen Aggressionen werden: »Ich kann ja gar nichts Schlimmes bewirken, denn ich bin doch schließlich ein armes, kleines Ich!« Sie sind daher fassungslos und gekränkt, wenn die Mitmenschen ihre Forderungen abwehren, sich von ihnen abwenden oder gar aggressiv reagieren. So können die Opfer von damals ganze unschuldige Familien mit ihren unberechtigten Forderungen belasten.

Für dieses Kapitel gibt es keine Kurzzusammenfassung. Verstehen Sie es als sanfte Aufforderung, bei allem erlittenen Unrecht den Menschen gegenüber, die Ihnen heute wertvoll sind, gerecht zu bleiben. Wenn diese »Unschuldigen« Ihre Wunden heilen helfen, ist es ein Geschenk. Aber es ist nicht ihre Pflicht.

Übrigens: Ich hab's mir überlegt. Sie müssen mir die 100 DM nicht überweisen. Ich muß anders mit diesen Außenständen leben lernen.

Teil IV: Reimprinting durch die eigene Kreativität

Bisher haben wir uns mit dem Stoff beschäftigt, aus dem unsere Erinnerungen bestehen. Denn familiäre Prägung ist nichts anderes als die in Kopf und Körper allgegenwärtige Erinnerung an unsere Startjahre. Für die Funktionsweise des Phänomens Erinnerung können uns die Gehirnforscher heute bereits einige plausible Erklärungen anbieten. Jedoch das, was wir *Kreativität* nennen, erscheint auch dem Wissenschaftler noch wie ein Wunder. Wie schafft es unser Gehirn, aus dem bereits vorhandenen umfangreichen gespeicherten Material Neues zu erfinden? Wie kommt es zu Ideen, Visionen und Lösungen von Problemen? Wie entstehen die Phantasiegestalten in den Köpfen unserer Kinder, warum kann ein Ingenieur in einem Tal eine Brücke sehen, die dort noch gar nicht gebaut wurde? Woher kommen die am Anfang immer geistigen Konstrukte Religion, Architektur, Kunst? Was ist das eigentlich »Ausdenken«?

Unsere Kreativität im Alltag wird von den meisten Menschen unterschätzt. Viele Personen denken an einen Bildhauer oder Maler, wenn dieser Begriff fällt, aber nicht an sich selbst. Eine kreative Mutter mit drei Kindern weiß morgens beispielsweise noch gar nicht, was die Kinder tagsüber alles sagen und tun werden. Also kann sie sich auch nicht entsprechend – wie etwa mit einem Drehbuch – auf den Tag in all ihren eigenen Reaktionen einstellen. Dennoch findet sie spontan im richtigen Moment genau den richtigen Satz, der die Kinder sich wieder vertragen läßt. »Aber das ist doch ›nur‹ Kindererziehung«, sagen viele Frauen. Tatsache ist, daß der talentierte Bildhauer vielleicht in der gleichen Situation mit seinen Kommunikationskünsten total versagt und plötzlich gar nicht mehr kreativ ist. Kreativität können Sie in Wohnungseinrichtungen, Kochrezepten und zwischenmenschlicher Kommunikation genauso erkennen wie in neuen Modekollektionen oder gekonnten Werbespots.

Oft sprudeln die kreativen Kraftquellen so selbstverständlich, daß viele Menschen dieses Geschenk des Gehirns – wie die besagte Mutter dreier Kinder – bei sich gar nicht würdigen können. »Ach, das hab' ich doch einfach nur so gemacht«, beruhigen wir dann unsere staunenden Bewunderer, »das fällt mir eben leicht!« Ein junger Mann mit einer großen Musiksammlung aller Sorten hielt sich auch für absolut unkreativ. »Ja, wenn ich selbst diese Musik machen könnte, dann wäre ich vielleicht kreativ!« Aber woher weiß er denn, zu welchen Menschen in welchem Moment genau *dieses Musikstück* und nicht das andere paßt? Was hilft ihm, aus seiner großen Sammlung eine so zielsichere Auswahl zu treffen? Es ist sein unbewußtes kreatives Potential, welches hier mitspielt.

Bei diesem Reimprinting-Schritt ist Ihre Kreativität gefragt, Ihre einmalige menschliche Fähigkeit, aus dem Reichtum all Ihrer jemals gesammelten Erfahrungen eine positive Lebensaufführung zu erschaffen. Im NLP wird die menschliche Kreativität auf den Menschen selbst gelenkt. Diese Geisteskraft, die sonst für so viele äußere Schönheiten und Erfreulichkeiten zuständig ist, soll nun Ihrer inneren Seelenlandschaft zugute kommen. Das Material dazu liefern Sie als Erwachsener selbst. Denn Sie haben im Laufe Ihres Lebens außerhalb Ihrer ursprünglichen Familienprägung zahlreiche zusätzliche wichtige Erlebnisse gehabt. Kontakte mit anderen Familien als der eigenen, Roman- oder Filmhelden, Bücher, Freunde und Partner haben neben der Familienprägung ebenfalls wertvolle Gedächtnisspuren in Ihrem Gehirn hinterlassen. Dieses Potential gilt es jetzt als Kraftquelle für die ganz individuelle »Erfindung« Ihrer eigenen Persönlichkeit zu nutzen.

Bedenken Sie, daß in Wirklichkeit die damaligen Prägungserlebnisse längst von der Zeit verschluckt wurden. Sie reagieren heute nicht mehr auf ein reales Geschehen, sondern auf den *Gehirnfilm*, der damals von diesen Ereignissen aufgenommen wurde. Die Prägungszeiten sind auf Nimmerwiedersehen vorbei, aber ihre Gehirnzellen sind *heute* lebendig. Sie haben mit chemischen Reaktionen und organischen Verbindungen die Vergangenheit festgehalten. Wenn Ihnen Ihre Vergangenheit heute zu schaffen macht, dann reagieren Sie gefühlsmäßig nur auf diese Gehirnspeicherungen.

Und diese organisch-chemische Präsenz der Prägung in den Gehirnzellen kann man ändern. Sie können beispielsweise einen Kaffee aufhellen, in dem Sie Milch hineinrühren. Ebenso können Sie in die Gehirnzellen neue Informationen »hineinrühren«, damit sie beginnen, positive, gesunde und freundliche Impulse an Geist und Körper abzugeben. Diese Informationen sind neue Bilder, Stimmungen und Gefühle, die dann wiederum die Gehirnzelle prägen. Die Prägungsmethoden sind kreative Phantasie, denn anders können wir heute noch nicht die einzelne Gehirnzelle veranlassen, nach unseren bewußten Wünschen gezielt umzulernen. Erickson beschreibt Interventionen wie das Reimprinting so: »Man verändert nicht die ursprüngliche Erfahrung, sondern die Wahrnehmung derselben, und das wird dann die Erinnerung der Wahrnehmung.« Watzlawick zitiert in diesem Zusammenhang einen berühmten Franzosen: »Saint-Exupéry sagte einmal *Die Wahrheit wird nicht von uns entdeckt, sondern erschaffen!*« Im Reimprinting erschaffen wir eine Wahrheit, die uns heilt.

Im Grunde bedienen wir uns hier einer uralten Methode der Menschheit, dem Glück näher zu kommen. Ich beschrieb bereits, daß jeder Mensch mit einer angeborenen Sehnsucht nach körperlicher und seelischer Gesundheit auf die Welt kommt. Weicht die von ihm vorgefundene Welt von diesem inneren Anspruch ab, will er diese Diskrepanz ausgleichen. Findet er dafür kein äußeres Sinnesmaterial, fängt er an, sich eigenes Sinnesmaterial auszudenken. Diese ausgedachten Erlebnisse kann man außen zwar sinnlich nicht erfassen, aber sie sind tatsächlich da. Manchmal werden sie später zu Wirklichkeit, sie werden »ver-wirklicht«, geraten aus dem Kopf in die Welt.

Der Laie denkt fälschlich, Gedanken und Phantasien bestünden aus Luft. Tatsache ist, daß auch diese inneren Erlebnisse auf der handfesten Grundlage elektrochemischer Reaktionen in den Gehirnzellen entstehen. Jeder Gedanke basiert auf einer organischen Grundlage. Ebenso handfest und organisch sind die körperlichen *Reaktionen*, die von den inneren Bildern ausgelöst werden. Sie können mit medizinischen Geräten messen, daß Puls, Stoffwechsel oder Muskelspannung eines Menschen auf innere Vorstellungen sofort reagieren. Auf diese Reaktionen ist der Mensch aus, der mit Kreativität seine Lebensqualität verbessern will. Diese Reaktionen auf seine zunächst gedachten Kreativitätsprodukte spürt er *tatsächlich* und fühlt sich sofort körperlich wohler und seelisch glücklicher oder befreiter. Nach dem gleichen Prinzip funktionieren auch die negativen Phantasieprodukte, wie etwa eine Phobie. Die Betroffenen reagieren körperlich so heftig auf ihre inneren Horrorfilme, daß sie sich den eigenen Gehirnfilmen nahezu machtlos ausgeliefert fühlen. Nach diesem Angstprinzip arbeitet auch der Woodoo-Kult, wo die Betroffenen sich mit den schrecklichsten Vorstellungen sogar selbst zu Tode hypnotisieren. Leider wissen viel zu wenig Betroffene, wie gut man diese Phobiefilme gerade mit dem NLP umprogrammieren kann.

Dieses Buch will jetzt mit der positiven Heilkraft der menschlichen Kreativität weiterarbeiten. Wir wollen uns an Hermann Hesse halten: »Mein Glück bestand aus dem gleichen Geheimnis wie das Glück der Träume, es bestand aus der Freiheit, alles irgend Erdenkliche gleichzeitig zu erleben. Außen und Innen spielend zu vertauschen, Zeit und Raum wie Kulissen zu verschieben.« Mit dieser Sorte Glück werden auch Sie sich innerlich anders erleben, ihre positive Ausstrahlung nach außen verstärken und andere Antworten vom Leben und den Mitmenschen erhalten. Kehren Sie als gestaltender Regisseur zu Ihrer Familienserie zurück, setzen Sie die Mausefalle vom Programm ab, und inszenieren Sie sich mit Ihrer individuellen Kreativität Ihr *eigenes Lebensstück*.

Die Veränderungsphilosophie im NLP

Viele Menschen leben nach dem Motto: »Was stört, muß weg.« Entsprechend versuchen sie, ihre inneren Prägungserlebnisse auszumerzen, wenn sie ihnen nur unzureichend zu Lebensglück verholfen haben. Doch das ist gleichbedeutend mit der Technik, an dem Ast zu sägen, auf dem man selbst sitzt. Wir haben viel zu viel Wesentliches in unserer Familie erfahren, als daß wir darauf ohne Schaden verzichten könnten, denken Sie nur wieder an die Muttersprache und den aufrechten Gang. Das Unbewußte läßt es nicht zu, daß zusammen mit einer Ausmerzung auch wesentliche und wertvolle Teile unseres Selbst sterben müssen. Man bekämpft ja mit der Ablehnung der Vergangenheit nicht Vater und Mutter als Personen, sondern die eigenen Gehirnzellen, welche diese Menschen abgespeichert haben. In unserem Buch »Denk Dich nach vorn« schreiben wir zum Thema Veränderung:

»Das Gehirn, das Tag und Nacht arbeitet, kann ja nur immer wieder die Programme zuverlässig aktivieren, die es irgendwann einmal einprogrammiert bekommen hat. Statt über diese Programme zu jammern, können wir sie durch eigenverantwortliche Programmierung steuern, gestalten und erweitern. Wenn das Gehirn auf diese Art und Weise dann unseren heutigen Wünschen entsprechend ›aktualisiert‹, also mit neuen Programmen gefüttert ist, wird es diese genauso zuverlässig ablaufen lassen wie vorher die alten und unerwünschten. Mentale Steuerung durch ›gehirngerechtes‹ Denken bedeutet also nicht, gegen bereits vorhandene Programme anzudenken, sondern neue und zeitgemäße zu entwickeln.

Es ist ohnehin eine falsche Annahme, eine vorteilhafte persönliche Veränderung müsse damit beginnen, etwas bereits Vorhandenes in uns abzuschaffen oder – wie es heute schon heißt – zu ›entlernen‹. Dieses Wort klingt fast wie entsorgen und erinnert so an unliebsamen Müll. Echtes Selbstvertrauen wird nicht durch die Vorstellung von gefährlichem Abfall im eigenen Kopf genährt. In der Tat können wir nie wissen, für welchen Lebens-

oder Problembereich schon einmal vorhandene Programme zukünftig wieder sinnvoll sein könnten. Das Gehirn hat keine Fehler, sondern ermöglicht nur Fähigkeiten. Fehler und persönliche Nachteile können höchstens darin bestehen, daß die Fähigkeiten nicht im richtigen Zusammenhang auftreten, sich nicht richtig entfalten oder in ihrer Anzahl nicht ausreichen. Rein organisch ist unser Gehirn mit seinen außergewöhnlichen Kapazitäten in der Lage, bis ans Lebensende unendlich viele neue Fähigkeiten zu speichern, ohne daß es jemals zu ›Platzproblemen‹ kommt, die die ›Entsorgungstheorien‹ erst rechtfertigen würden. Wir brauchen uns also nicht ständig ›Sachen aus dem Kopf zu schlagen‹, sondern wir sollten lieber zusehen, möglichst viel hineinzubekommen.

Denken Sie einmal an einen kleinen Jungen, der zum Geburtstag seine ersten Legosteine geschenkt bekommen hat. Er kann mit dieser Grundausstattung schon eine Garage für seine Matchboxautos bauen. Eines Tages träumt er davon, einen großen Legoflughafen zu bauen, wobei er natürlich mit dem vorhandenen Material nicht auskommen wird. Normalerweise wird er doch nicht denken: ›Mit meinen Legosteinen kann ich nicht mal einen Flughafen bauen. Sie taugen nichts, also werfe ich sie in den Müll.‹ Selbstverständlich läßt er seine Grundausstattung unbeschadet und kümmert sich bei seinen Eltern um Nachschub. In der materiellen Logik denken Menschen viel sinnvoller als in der Logik psychischer Prozesse – also als in der ›Psycho-Logik‹.«

Viele Klienten mit langjährigen Rachewünschen sind zunächst etwas enttäuscht, wenn wir die Familienserie nicht entfernen, sondern verändern möchten. So kann eine Suppe voller guter Zutaten sein, aber scheußlich schmecken, weil das Salz fehlt. Man sollte aber die Suppe nicht fortwerfen und dann eine reine Salzsuppe kochen. Wir suchen beim Reimprinting also integrativ die fehlenden Zutaten. Dabei ist der Klient Sachverständiger statt Opfer seiner Familie. Genugtuung kann sich durchaus auch auf diesem konstruktiven Weg einstellen, wie das Beispiel eines Klienten zeigt.

Ein Mann, der im Gespräch sehr leise und gehemmt wirkte, litt noch als Erwachsener unter der Kindheit mit dem aggressiven alkoholkranken Vater. Gleichzeitig hatte er das Problem, sich im Beruf stets an die Wand drängen zu lassen. Zu Therapiebeginn erzählte er, wie oft er sich früher den Tod des Vaters gewünscht hatte. Beim Reimprinting jedoch ließ er den Vater aufgrund meiner Anregung zunächst nicht sterben (Lego-Grundbaukasten nicht fortwerfen). Der Vater wurde statt dessen mit der Fähigkeit »Klarheit im Kopf« ausgestattet. Das führte dazu, daß der Familienserien-Vater bewußt den seelischen Schaden an seinen Kindern registrieren mußte und durch die bewußte Wahrnehmung seiner destruktiven Taten nachhaltig schockiert war. Nachdem er noch andere wichtige Charaktereigenschaften hinzubekam (weitere Legosteine), entpuppte er sich im Psycho-Fernseher als recht annehmbarer Vater. Da wir ihm die ursprüngliche Aggression nicht weggenommen, sondern sie durch weitere »Zutaten« (Salz in die Suppe) ergänzt wurde, verwandelte sich diese Eigenschaft aus der Verzerrung heraus zu einem natürlichen Temperament und Selbstbewußtsein des Vaters zurück. Automatisch konnte der Klient von diesem restaurierten Vorbild profitieren: Er machte sich im Beruf gerade und konnte plötzlich laut und überzeugend reden. Das Vater-Vorbild war also wegen Ablehnung nur in ihm blockiert gewesen, nach dem Reimprinting konnte sich die volle positive Kraft des Vater-Potentials in der Seelenlandschaft dieses jungen Mannes entfalten.

Ich habe hier schon vorweggenommen, daß die Familienmitglieder Ihrer persönlichen Fernsehserie vom Reimprinting profitieren werden. Sie sollen die Eigenschaften erhalten, welche Ihrem kleinen Kind-Ich unbedingt mit auf den Lebensweg gegeben werden müssen. So wird dann die Kindheit in Ihren Gehirnzellen durch wichtige Prägungselemente bereichert. Die Energie, die zuvor in die Abspaltung der Vergangenheit gesteckt wurde, kann jetzt in die kreative Lebensgestaltung fließen. Zu Ihrer Beruhigung sei gesagt, daß in Wahrheit keiner Ihrer Verwandten von Ihrem Reimprinting profitieren wird. Da muß er schon selbst eines für sich erarbeiten. Lassen Sie also Ihre Kreativität mit voller Kraft in Ihrer Seelenlandschaft wirken. Die Quelle stört sich auch nicht daran, daß der Fluß mit ihrem Wasser strömt.

Feen und Engel – seit jeher Helfer der Menschen

Ich beschrieb bereits, wie die Menschen schon immer die Phantasie zur Realisierung ihrer Gesundheit benutzt haben. Seit Jahrtausenden erfindet diese menschliche Phantasie Geschöpfe, die Kreativität und positive Veränderung im Leben personifizieren. 1991 erschien auch in Deutschland das lesenswerte Buch »Engel – die unsichtbaren Helfer der Menschen« von Paola Giovetti. Sie beschreibt, daß Engel schon ewig in sowohl christlichen als auch nichtchristlichen Kulturen von den Menschen wahrgenommen werden. Dabei gibt es in der *Angelologie* (Engelkunde) weltweit im Grunde keine Erklärung über die Herkunft der Engel. Sie sind in allen Kulturen ganz einfach selbstverständlich da.

Es gibt und gab viele solcher helfenden Phantasiewesen in den Köpfen und Seelen der Menschen. Im Reimprinting greifen wir auf die gerngesehene gute Fee zurück. Diese Gestalt bringt alle positiven Vorteile für unser Vorhaben, die Gehirnzellen mit kreativem Lernen neu zu prägen, mit sich. Eine Fee lebt schon viele Jahrhunderte, sie ist quasi unsterblich. Sie liebt die Menschen, aber sie wundert sich nicht über sie. Oft ist sie auf der Suche nach einer guten Tat. Dann gibt sie den Menschen Gaben oder Fähigkeiten mit auf den Weg. Das ist meist kein neues Auto oder ein Koffer voll Geld, sondern innerer Reichtum wie Tapferkeit, ein gutes Herz, Liebenswürdigkeit usw. Aus diesem Grunde legen im Märchen selbst Königshäuser großen Wert darauf, neben Macht und Reichtum dem adligen Nachwuchs auch die Geschenke der Feen zugute kommen zu lassen. Ich spiele hier natürlich auf »Dornröschen« an.

»Aber da war doch die böse dreizehnte Fee, die Dornröschen

so geschadet hat«, wenden viele Klienten ein. Doch überlegen Sie bitte, wie der König das Unglück eigentlich durch seine eigene Charakterschwäche verschuldet hat. Es heißt: »Er lud nicht bloß seine Verwandten, Freunde und Bekannten, sondern auch die weisen Frauen dazu ein, damit sie dem Kind hold und gewogen wären. Es waren ihrer dreizehn in seinem Reiche, weil er aber nur zwölf goldene Teller hatte, von welchen sie essen sollten, so mußte eine von ihnen daheim bleiben.« Urteilen Sie selbst: Ist es nicht ziemlich geizig von einem König, nicht noch schnell ein dreizehntes goldenes Tellerchen zu kaufen? Wären Sie als Fee da nicht auch wütend, aus einem solchen Grund ausgeladen zu werden? Das war ein Affront gegen alle Feen, denn jede hätte die dreizehnte sein können. Vielleicht haben die anderen auch deshalb die Todesdrohung der erbosten Fee nur in einen hundertjährigen Schlaf für Dornröschen abgemildert. Die Moral von der Geschicht' heißt hier: »Ein weises und liebes Wesen ist noch lange kein Trottel, mit dem man respektlos umspringen kann.« Feen reagieren also auf Ungerechtigkeit mit einer enormen Kraft. Insofern sind sie genau die richtigen Helfer für kleine Kinder, wenn sie diese zu ihren Schützlingen machen.

Im Reimprinting arbeiten wir mit der Fee, weil sie das kreative Potential im Menschen aktiviert. Es ist schon erstaunlich, daß Klienten oft ratlos bei Fragen wie diesen sind: »Was fehlt dieser Frau, um auch seelisch eine gute Mutter zu sein?« Diese Ratlosigkeit verschwindet auf der Stelle, wenn man statt dessen überlegt: »Was würde *die Fee* hier jetzt verändern?« Schon sprudeln Worte und Gedanken: »Na ja, die Fee würde natürlich ...« usw. Sollten Sie selbst sich einen anderen seelischen Helfer als die Fee wünschen, können Sie gern Ihrer Phantasie freien Lauf lassen. Wichtig ist, daß er die wesentlichen oben genannten Helfereigenschaften mit der Fee gemeinsam hat. Jedoch ein kreatives, beschützendes Wesen, welches gute Gaben verteilen kann, muß auf jeden Fall gedanklich her. Sie können sich diesen Punkt in Ruhe beim Weiterlesen überlegen.

Wir sind gewohnt, daß im Fernsehen alles mögliche passieren kann. Das darf auch in unserer Familienserie geschehen. Stellen Sie sich vor, in Ihrem Stück würde zu der Zeit, in der es spielt, eine Fee auftauchen, die gerade auf der Suche nach einer guten Tat ist. Was würde sie über Ihre damalige Familie denken?

»Sie würde sofort sagen: ›Das hier ist ein Fall für mich‹«, sagte Inga im Brustton der Überzeugung, »dem kleinen Mädchen und ihrer Familie muß geholfen werden!«

Gaben und Fähigkeiten

In diesem Kapitel möchte ich Ihnen vorstellen, welche Gaben, Charaktereigenschaften und Fähigkeiten die Feen unserer Klienten schon verteilt haben. Die folgende Aufzählung erhebt keinen Anspruch auf Vollständigkeit. Als bester Sachverständiger Ihrer eigenen Familie können Sie gern noch Ihre eigenen Ansprüche hinzuformulieren. Es gibt drei wichtige Punkte zu beachten, wenn die Fee die Familienmitglieder seelisch aufbaut:

- Denken Sie noch einmal an die Veränderungsphilosophie im NLP. Niemals nimmt die Fee etwas fort. Sie *schenkt den Menschen nur seelischen Reichtum dazu.*
- Entsprechend achten Sie auf die sprachliche Formulierung Ihrer Wünsche: Die Fee sorgt nicht dafür, daß die Mutter nicht mehr so gereizt ist (negative Formulierung), sondern sie schickt ihr eine große Portion *Gelassenheit* (zielorientierte Formulierung).
- Die Fee orientiert sich vor allem an *der Hauptperson dieser Familienserie: am seelischen Wohl Ihres kleinen Kind-Ichs.* Was sollen die Familienmitglieder diesem Kind im direkten Umgang oder als wertvolle Modelle mit auf seinen Lebensweg geben, damit es als Erwachsener sein Lebensglück positiv gestalten kann?

Lassen Sie sich von der folgenden Aufzählung inspirieren:

Selbstvertrauen oder Urvertrauen
benötigen die Familienmitglieder, um auch auf ihren Nachwuchs vertrauen zu können. Menschen mit wenig eigenem Selbstvertrauen kontrollieren und überbeschützen auch ihre Kinder. Die Kinder sind in Gefahr, in einer ängstlichen oder gar mißtrauischen Grundstimmung aufzuwachsen.

Selbstbewußtsein oder Selbstwertgefühl
werden von den Klienten oft neben dem Selbstvertrauen besonders erwähnt. Es gibt tatsächlich Menschen, die kein Bewußtsein davon haben, daß es sie selbst gibt. Entsprechend kennen sie nicht ihren eigenen Wert und verausgaben sich ständig in anderen Menschen und äußeren Aufgaben. Ein Kind mit selbstbewußten Eltern hat wesentlich mehr Lebenschancen als Erwachsener.

Ruhe und Gelassenheit
schickt die Fee den ungeduldigen, gereizten und gehetzten Menschen. Sie haben nicht die Fähigkeit, einem Kind mit Zeit, Ruhe und Geduld zu begegnen, die es dringend braucht, um sich stabil zu entwickeln.

Optimismus
verhilft zu größerem Realismus als Pessimismus, weil eine optimistische Sichtweise erlaubt, mit der Realität hautnah zu *experimentieren.* Der Optimist geht gestalterisch und kreativ auf das Leben, die Realität zu, da er positive Ergebnisse für durchaus möglich hält. Diese Aktivitäten wiederum erhöhen die Wahrscheinlichkeit der tatsächlichen realen Lebenserfolge – was immer der einzelne darunter versteht. Kinder von Optimisten haben es daher viel leichter, sich als Erwachsene aus Konflikten mit eigener Kraft zu befreien.

Dankbarkeit
beinhaltet die Fähigkeit, sich freuen zu können. Dankbare Menschen können die bloße Anwesenheit ihrer Männer, Frauen und

Kinder oder auch Besitztümer genießen, ohne ständig auf Makel achten zu müssen. Dankbare Eltern geben einem Kind daher das wichtige Gefühl, »richtig« zu sein.

Verständnis
gibt einem Menschen die Fähigkeit, sich in andere Personen hineindenken und ihre Sorgen nachvollziehen zu können – auch wenn sie ganz anders sind. Kinder profitieren ebenfalls, wenn die Eltern verständnisvoll aufeinander reagieren.

Toleranz
ermöglicht den Menschen, die anderen sogar gewähren zu lassen, wenn sie nicht die Beweggründe ihrer Mitmenschen verstehen. Sie sind versöhnt mit der Tatsache, daß nicht alle Menschen das gleiche denken und fühlen. Hier gilt der schöne Psycho-Spruch: »Du bist o.k. – ich in bin o.k.« Kinder von toleranten Menschen können später wesentlich mehr schöne Abenteuer im Leben genießen.

Großzügigkeit
geht als Charakterqualität noch über Toleranz und Verständnis hinaus. Diese Eigenschaft hilft den Menschen auch, vergeben zu können. Besonders wichtig ist diese Eigenschaft für die »chronisch Beleidigten«, die nicht verzeihen können.

Diplomatie
bezeichnet die Fähigkeit, erfolgreich mit anderen Menschen kommunizieren zu können, indem man auf ihre speziellen Eigenschaften und Denkmuster eingeht. Diplomatie ist ein Bestandteil des Überlebenskampfes ohne Brachialgewalt. Kinder diplomatisch veranlagter Eltern haben später die Fähigkeit, auch zu fremd erscheinenden Menschen positiven Kontakt aufbauen zu können.

Liebe, Wärme und Herzlichkeit
werden oft einem Atemzug genannt. Damit ist natürlich auch die *Liebesfähigkeit* eines Menschen gemeint. Diese menschlichen Qualitäten sind für ein Kind fast noch wichtiger als die Kleidung.

Kontaktfreudigkeit
der ganzen Familie ist ein großer Vorteil für alle ihre Mitglieder. Kinder dieser Familien können später leicht Verbündete auf ihrem Lebensweg gewinnen.

Humor und Fröhlichkeit
sind die natürlichen Heilmittel der Depression. Kinder sind nahezu süchtig nach Lachen und Kichern. Sie benötigen diese positiven Gefühle für ihre körperliche und seelische Gesundheit. Kinder von humorvollen Menschen kommen später nach Lebenspannen wesentlich schneller wieder auf die eigenen Füße.

Lebensfreude, Mut und Entschlossenheit
sind wichtige Eigenschaften, um Ziele und Lebensträume zu verwirklichen. Selbst wenn der Vater entschlossen ist, sich endlich sein lang ersehntes ferngesteuertes Modellboot zu bauen, profitieren die Kinder als Erwachsene von dieser Zielstrebigkeit auch in anderen Lebensbereichen.

Mut zur Trennung
bezieht sich vor allem auf den zwischenmenschlichen Kontakt. Viele Menschen verharren nur in einer Beziehung, weil sie schon »so viel investiert« haben. Sie haben keine positive Einstellung zu ihren destruktiven Kräften. Doch Lebendigkeit braucht Destruktivität: Ein Rasen muß gemäht werden; welke Blätter müssen sich vom Baum trennen; uns Menschen fallen täglich Haare aus, damit neue wachsen können; täglich sterben alte Hautzellen ab, damit sich neue bilden. Menschen, die nicht in diesem Sinne in der Beziehung destruktiv sein können, schneiden sich also von einem Teil ihrer Lebendigkeit ab. Schon das bloße Vor-

handensein dieser Fähigkeit in der Beziehung gibt dieser eine wertvolle Qualität von Freiheit – ohne daß man sich jemals trennen muß.

Loslassen können
ist in bestimmten Situationen ebenso wichtig wie in anderen die Entschlossenheit. So hatten die Eltern eines Klienten sich viele Jahre mit einem Hausbauprojekt völlig überfordert. Mit der Fähigkeit des Loslassen-Könnens zogen sie in der Familienserie mit ihren Kindern in eine Dreizimmerwohnung, ließen Haus Haus sein und widmeten sich dem Familienglück.

Offenheit
benötigt jeder, der aus seinem Herzen eine Mördergrube macht. Diese Fähigkeit gibt die Kraft, über seine Wünsche, Gefühle und Enttäuschungen zu sprechen. Sie impliziert auch die Bereitschaft zu einem konstruktiven Streit, wenn er für das Seelenwohl wichtig ist. Sprachlose Familien ohne Offenheit gegenüber bedrückenden Gefühlen vermitteln ihren Kindern eine unheimliche Hitchcock-Atmosphäre: An einem Tag denkt man, daß irgendwo eine Leiche liegt, am nächsten Tag hält man sich für verrückt, so etwas gedacht zu haben. Offene Gespräche wirken da wie ein reinigendes Gewitter und vertreiben die Schwüle aus der Seele.

Erotik und Zärtlichkeit
sind positive körperliche und kommunikative Eigenschaften, die sich nicht nur auf den reinen Geschlechtsakt beschränken und dennoch für eine erfüllte Sexualität unentbehrlich sind. Erotische Menschen leben auch tagsüber eine zärtliche Ausstrahlung als Teil ihrer Persönlichkeit. Außerdem achten sie darauf, auch körperlich anziehend zu wirken. Viele Menschen leiden beispielsweise darunter, ihre Mutter jahrelang nur im Haushaltskittel gesehen zu haben. Kinder lieben schön anzusehende (das muß nicht heißen: übertrieben aufgedonnerte) und gut riechende Eltern. Mit zärtlichen Eltern erleben die Kinder

von Anfang an eine positive und liebevolle Einstellung zum eigenen Körper. Das ist oft der beste Schutz vor krankmachenden Lebensgewohnheiten.

Vitalität und Gesundheit
benötigen alle schwächlichen und kränkelnden Menschen. Damit ist nicht nur die Abwesenheit von Krankheitssymptomen gemeint, sondern auch Vitalität als persönliche Ausstrahlung.

Verzeihung und Vergebung
benötigt ein Familienmitglied, das seelisch an einem Schuldgefühl erkrankt ist.

Heilung seelischer Wunden
kann die Fee schenken, wenn Familienmitglieder traumatische Lebensereignisse noch nicht verkraftet haben, wie etwa Kriegserlebnisse.

Ein wichtiger Mensch
kann in der Familie auftauchen und die Mitglieder positiv von außen beeinflussen, wenn es erforderlich sein sollte. Gern werden genommen: eine Lehrerin, ein Arzt, ein Pfarrer, ein Prominenter – also im wesentlichen Menschen, die auch noch für die Großen der Familie Vorbildfunktion erfüllen können. Erickson läßt beispielsweise in der Kindheit eines Klienten einen Mann auftauchen, der dem kleinen Jungen viele wichtige Dinge beibringt, die der Klient in seiner echten Kindheit entbehrt hat. Diese Fallgeschichte heißt »Der Februarmann« und ist unter diesem Titel auch als Buch erhältlich (s. Literaturverzeichnis im Anhang).

Religiöse Erlebnisse
fließen auch ab und zu in ein Reimprinting mit ein. Es bleibt Ihnen selbst überlassen, ob Sie von dieser Möglichkeit Gebrauch machen wollen. Eine Klientin mit sexuellen Problemen hatte einen Vater, der unter einer schlimmen ecclesiogenen (durch

diesem Fall weinte Inga nicht als Opfer, sondern als mitleidige erwachsene Frau. »Wenn ich sie mit meinem Sohn vergleiche, wie selbstbewußt der umherhüpft, ich möchte sie am liebsten da herausholen und mit nach Hause nehmen.«

Natürlich wissen Sie aus dem Kapitel über die Veränderungsphilosophie, daß wir kleine Kinder nicht von ihren Familien trennen – es sei denn, die Familie ist vollkommen gewalttätig oder gar lebensbedrohlich. Diesen Fall habe ich in einem Extra-Kapitel behandelt. Doch greifen wir oft beim Reimprinting die Möglichkeit auf, daß der erwachsene Klient mit dem kleinen Kind-Ich Freundschaft schließen kann. Vom Fernsehsessel aus erkennt man als erwachsener Sachverständiger oft erst das tatsächliche Ausmaß der seelischen Zwangslage des Kindes in diesem besonderen Film. Erinnern Sie sich an die Puppe in der Puppe in der Puppe. Die große, erwachsene Matroschka soll also die kleine in Schutz nehmen, sie trösten und ihr Kraft geben.

Viele Kinder erfinden für sich Phantasiefreunde, mit denen sie in Gedanken oder im Spiel intensiv kommunizieren. Erfahrene Kinderpsychologen sind sich einig darüber, daß diese Phantasiefreunde einen positiven Beitrag für die seelische Gesundheit des Kindes leisten. Als ein solcher Phantasiefreund – also unsichtbar für den Rest der Familie – können Sie selbst jetzt Kontakt mit dem kleinen Jungen oder Mädchen im Lebenskontext dieses Kindes aufnehmen. Er oder sie benötigt vielleicht dringend einen großen Verbündeten oder eine große Freundin in der jetzigen Situation. Sie sind besonders gut für diese Aufgabe geeignet, weil Sie sicher nicht nur oberflächliche Anregungen wie »Nun lach doch mal wieder« anzubieten haben. Denn Sie haben den genauen Überblick über die Gesamtsituation des Kindes.

Obwohl wir Psychologen viel Wert darauf legen, daß die Klienten offen ihre Gefühle zeigen, ist *genau dies bei diesem Schritt nicht erwünscht.* Die Hauptperson ist und bleibt das kleine Kind-Ich. Dieses Kind darf sehr wohl seine Gefühle zeigen. Sie als

Erwachsener sollen jedoch bei aller Rührung dem Kind auch in der Phantasie einen Eindruck von Zuversicht und Kraft vermitteln. Es soll sich bei Ihnen sicher fühlen können. Sie sollen sich als Großer nicht danebensetzen und am Ende dieses Kind noch durch die eigenen Gefühlsausbrüche weiter beunruhigen. Sie sollen dem Kind sagen, daß es ihm bald wieder sehr gut gehen wird. Eine Fee wird kommen und für eine schöne Zeit in der Familie sorgen. Bis dahin – aber auch danach – wollen Sie sein unsichtbarer großer Freund sein, wann immer dieses Kind Sie braucht. Das Ziel ist, dieses Kind durch den Kontakt seelisch aufzubauen. In der Phantasie ist alles erlaubt, was Sie für richtig halten: mit dem Kind reden, es in den Arm nehmen, mit ihm spielen – Hauptsache, es hilft! Benötigt das Kind offensichtlich mehr Zeit, um Vertrauen zu fassen, sollte man zu der bewährten Einblendung greifen: »Drei Wochen später«. So weiß man innerlich, daß der Kennenlern-Prozeß sich in Ruhe entwickeln konnte, und registriert dann das Ergebnis.

Diese genauen Anweisungen gab ich Inga, bevor sie auf ihrem sicheren Fernsehsessel die Augen schloß und mit der kleinen Inga Kontakt aufnahm. Mindestens zehn Minuten blieb sie nach innen gerichtet, doch von außen konnte ich viele Reaktionen beobachten. Nach kurzer Zeit rollten keine Tränen mehr, und Inga begann erst leise, dann amüsiert zu lächeln. »Wie geht es der Kleinen damit, daß Sie jetzt für sie da sind?« frage ich an dieser Stelle. »Oh, das findet sie schön«, berichtete Inga. »Haben Sie erzählt, daß bald eine Fee kommt?« – »Natürlich, sie freut sich schon ganz doll.« – »Könnte ich als Zuschauerin jetzt auch sehen und wahrnehmen, daß es der kleinen Inga schon viel besser geht?« erkundigte ich mich weiter. »Sofort, sie wirkt ganz anders! Mimik, Stimme, Bewegung, alles spricht für die Veränderung! Sie zerrt an meiner Hand und will mir den Garten zeigen!«

Diese Ergebnisse sind schon vollständig ausreichend. Das kleine Kind-Ich erhält durch diese Intervention schon einmal ein Notpflaster, eine Erste-Hilfe-Versorgung.

Vielleicht erinnern Sie sich, daß die Immunschwäche der erwachsenen Inga eine körperliche Erinnerung gegen die Übermacht der äußeren ungeliebten Lebensereignisse von damals war. Jetzt schöpfte das kleine Kind-Ich in Inga die Hoffnung, daß es doch noch Kräfte gegen die ungünstige Entwicklung gibt. Entsprechend verschwand schon nach zwei Tagen bei der erwachsenen Inga die gerade wieder seit Wochen vorhandene, hartnäckige Bronchitis. Wahrscheinlich war das Immunsystem nach dieser Intervention schlagartig erstarkt.

Wenn Sie mögen, pflegen Sie weiter den Phantasiekontakt zu Ihrem Kind-Ich in der Familienserie. Viele Klienten erleben durch diesen kleinen Schritt schon enorme Fortschritte. Sehen Sie hier noch einmal die wichtigsten Punkte für diese Intervention.

Kurzzusammenfassung: Freundschaft mit dem jüngeren Ich

1. Spüren Sie den Fernsehsessel, und nehmen Sie sehr bewußt Ihr Erwachsensein und die Sachverständigen-Perspektiven Ihrer Familienserie gegenüber ein.
2. Nehmen Sie das kleine *Kind-Ich* wie eine eigenständige kleine Person wahr. Achten Sie darauf, welche Gefühle des Erwachsenen dieses Kind in Ihnen auslöst.
3. Schließen Sie die Augen, und nehmen Sie in Gedanken Kontakt zu diesem Kind auf. Bleiben Sie unbedingt in der Erwachsenenposition. Vermitteln Sie diesem Kind schon durch Ihr Auftreten Zuversicht und Kraft.
4. Stellen Sie sich als große(r) Phantasiefreund(in) vor. Entscheiden Sie selbst, wie Sie den Kontakt mit diesem Kind gestalten möchten. Kündigen Sie an, daß bald eine Fee kommt.
5. Schalten Sie gegebenenfalls den Faktor Zeit ein, um die Vertrauensbasis zum Kind zu stabilisieren: »Drei Wochen später« (z. B.).
6. Achten Sie darauf, wie das Kind auf diesen Kontakt reagiert. Ihre Gegenwart soll ihm guttun und ihm Kraft und Hoffnung geben. Achten Sie beim Kind auf

- Mimik,
- Gestik,
- Stimme,
- Atmung,
- sonstige körperliche Ausdrucksformen der seelischen Verfassung.

7. Versichern Sie diesem Kind-Ich, daß Sie ab jetzt als Verbündete(r) immer da sein wollen.

Hinweis

Sie können auch gern weiterhin den inneren Dialog mit dem eigenen Kind-Ich pflegen. Oft hören auf diese Weise auch automatisch die Ängste oder Unsicherheiten des Erwachsenen auf. Die kleine Puppe wird ruhig und zufrieden und hört auf zu klappern.

Heilung durch systemisches Denken: die »heilsame« Reihenfolge

Jetzt wird die gesamte Familie als System, als einheitliches Gebilde, geheilt. Als Ziel soll sie eine seelische Atmosphäre erzeugen, in dem unsere Hauptperson – Ihr kleines Kind-Ich – seelisch gesund und stabil aufwachsen kann. Damit das Zaubern der Fee auch ein echtes Erlebnis wird, sollen Sie sich – darauf legen wir Therapeuten Wert – sogar einen Zauberstab zulegen. In unserer Praxis geben wir den Klienten zum Verändern oder Zaubern eine Stimmgabel in die Hand. Immer, wenn der Klient diese Stimmgabel klingen läßt, zaubert die Fee ein wichtiges Prägungselement. In bestimmten Geschäften kann man zur Zeit ganz zart klingende Metallkugeln erwerben, die ein absolut überzeugendes »Feenläuten« hervorbringen. Oft gibt es für Kinder schöne durchsichtige Zauberstäbe, angefüllt mit glänzenden Sternen, zu kaufen. Natürlich können Sie beim Zaubern auch Ihren Lieblingsohrring schütteln oder einfach den Kugelschreiber klicken lassen.

Der Sinn dieser Handlung ist, daß Ihr Organismus den Veränderungsprozeß mit einem körperlich wahrnehmbaren Sinneserlebnis verankert – sei es eine Bewegung, ein Ton oder ein sichtbares Signal. Das verstärkt die Speicherintensität oder das Lernen der Veränderung im Gehirn. Die Gehirnzellen registrieren dieses reale Sinneserlebnis wie eine Unterstreichung oder eine besondere Hervorhebung des neu Gelernten. Außerdem gleiten Sie für einen kleinen Moment selbst in die Gestalt der Fee hinein, wenn Sie an ihrer Stelle den Zauberprozeß mit einem äußeren Ritual ausführen. Ihr Unbewußtes registriert, wie Ihre Kreativität in direkten Kontakt mit »Problemzonen« in den Gehirnschaltkreisen geht. So kann es dieses Geschehen generalisieren und veranlassen, daß Ihr Gehirn zukünftig Probleme nur noch in der kreativen Aktivierung – die ja beispielsweise auch mit einer besonderen Gehirnstoffwechsel-Situation einhergeht – und nicht mehr in der blockierenden Streßaktivierung durchdenkt.

Wenn Sie einen Zauberstab gefunden haben, setzen Sie sich wieder in Ihren sicheren Fernsehsessel. Den Zauberstab legen Sie erst einmal zur Seite. Betrachten Sie genau Ihre Familienserie, und resümieren Sie die besondere Situation dieses Mausefallen-Stückes. Denken Sie sich jetzt in die Fee hinein: Mit welchem dieser Menschen würde sie beim Zaubern beginnen? Bedenken Sie bei dieser Frage, daß die Familie wie ein in sich geschlossenes System funktioniert. Wenn einer dieser Menschen sich verändert, so hat das gleichzeitig Auswirkungen auf alle anderen. Es gibt Fälle von Reimprintings, wo nur *ein einziger Mensch* in der Familienserie von der Fee eine Gabe oder Fähigkeit geschenkt bekommt, und die ganze Familie entspannt sich vollständig. Lassen Sie daher die Fee ihre Familie vorsichtig beschenken. Sie soll gar nicht ihr gesamtes Füllhorn über den Köpfen dieser Menschen leeren nach dem Motto: »Viel tut gut.« Eine Klientin fand für diese Reimprinting-Situation einen schönen Vergleich. »Ich stelle mir vor, daß die Fee mit den vielen Gaben und Fähigkeiten wie ein Maler mit seinen Farbtuben umgeht. Sie drückt nicht eine komplette Farbtube auf dem Bild achtlos leer, sondern schaut genau darauf, wo ein Tupfer dieser Farbe hingehört. Zwischendurch betrachtet sie immer wieder ihr Werk mit der Gesamtwirkung der neuen Tupfer und fragt wie ein Maler: ›Soll ich noch etwas hinzufügen? Fehlt noch etwas Wichtiges? Oder ist es schon vollkommen, so wie es jetzt aussieht? Würde ich das Bild überladen, wenn ich jetzt weitermale?‹ «

Seien Sie darauf gefaßt, daß die Fee für einen Menschen eine Gabe zaubert und diese Veränderung statt einer positiven Erlösung neue Probleme bringt. So kann der Familienserien-Vater verstört oder entsetzt darauf reagieren, wenn seine zuvor ganz verhuschte Frau plötzlich aufrecht mit neuem Selbstbewußtsein ausgestattet umhergeht. Nun muß natürlich in der Reihenfolge der Vater als nächster drankommen. Was fehlt diesem zuvor ganz ausbalancierten Mann, damit er auch mit einer selbstbewußten Frau glücklich leben kann? Das können individuell ganz verschiedene Qualitäten sein wie: Toleranz, Humor (über sich selbst schmunzeln können) oder Erotik und Zärtlichkeit (um zur Rettung seiner Mann-Rolle die selbstbewußte Frau zumindest doch als guter Liebhaber zu beeindrucken) usw. Lassen Sie sich immer die nötige Zeit, um den nächsten Schritt zu planen. Die Reihenfolge ergibt sich also oft spontan durch die Wirkung der vorangegangenen Schritte. Immer wieder überprüfen Sie: »Wer wird als nächster von der Fee bedacht?«

Als Therapeuten haben wir es einfach, die Qualität der systemischen Heilungsvorgänge im Reimprinting zu überprüfen: Je integrierter die Heilung sich zum Positiven entwickelt, desto *symmetrischer* sitzen die Klienten in ihren Fernsehsesseln. Sie stellen plötzlich nach einem gelungenen Zaubervorgang die Beine genau nebeneinander oder richten sich plötzlich aus einer schiefen Sitzhaltung auf. Am Ende des wirklich gelungenen Reimprintings sind die beiden Körperseiten in der Haltung symmetrisch. Bitte versuchen Sie nicht, sich aufgrund dieser Ausführungen krampfhaft symmetrisch auf den Stuhl zu setzen, wenn Ihnen gar nicht danach ist. Ihr Körper zeigt Ihnen so nur an, daß ein Familienmitglied noch nicht vollständig in Ordnung ist. Irgend etwas ist noch übersehen, überhört oder überfühlt worden. Die letztlich symmetrische Haltung entspringt einem starken Bedürfnis, sich jetzt so hinsetzen zu wollen. Als Überprüfung können Sie auch das Umgekehrte versuchen: Setzen Sie sich gewollt symmetrisch hin, und beachten Sie, wie bequem Ihnen diese Haltung ist. Sollten Sie sich unwohl fühlen und Sie beispielsweise die Beine wieder übereinanderschlagen wollen, ist Ihr Reimprinting noch nicht abgeschlossen. So vernetzt lebt das Gehirn mit dem Körper, daß dieser die Veränderungen in den Gehirnzellen sofort mit spontanen Reaktionen dokumentiert.

Die Fee soll Ihr Kind-Ich in der Reihenfolge zuletzt beschenken. Sehr oft ist das Kind zum Schluß schon durch die positive Atmosphäre seiner Familie so glücklich, daß die Fee ihm gar nichts mehr geben muß. Es erhält und erfährt jetzt alle wichtigen Impulse für eine gesunde seelische Entwicklung aus der eigenen Familie.

Heilung durch die präzise Zieldefinition: Körper und Farben

Inga entschied sich, daß als erster ihr Vater von der Fee bedacht wird. »Die kleine Inga leidet fast am meisten darunter, daß ihr Vater nicht mehr so fröhlich wie vorher ist. Für sie ist am wichtigsten, ihn wieder lustig zu sehen. Die Fee würde also dem Vater seine verlorene Fröhlichkeit wiederschenken.« Ich fragte Inga: »Angenommen, Fröhlichkeit oder Lebensfreude würde irgendwo im Körper so etwas wie einen Ausgangspunkt haben – wo wäre das?« – »Im Bauch, in der Magengegend – oder?« Inga sah mich zögernd an.

Im NLP sind die Gefühle und Wahrnehmungen des Klienten die einzig richtigen. Wir richten uns nicht nach besonderen Tabellen und Weisheiten, die irgendwelchen Organen oder Körperteilen Gefühle oder Erfahrungen zuordnen. Derartige

Zuordnungen dürfen dem Klienten höchstens als Vorschlag dienen. Wenn der Klient sagt, Fröhlichkeit finge bei ihm im linken Ohrläppchen an, so fängt sie bei ihm eben im linken Ohrläppchen an. Und wenn er der erste und einzige Klient mit Fröhlichkeit im Ohrläppchen ist. Jedoch ist es wichtig, daß Sie die fehlende Seelen- oder Gefühlsqualität intuitiv einem Körperteil zuordnen. Auf diese Weise spüren Sie in den eigenen Körper hinein und vertiefen den angestrebten Heilungsprozeß zu einem körperlich empfundenen Erlebnis. Es ist interessant, daß die Klienten bei dieser Frage in der Regel Körperbereiche und -regionen benennen, die bei ihnen selbst *tatsächlich* krank oder krankheitsanfällig sind.

So reagierte Inga häufig auch mit Magendrücken und Appetitlosigkeit auf Konfliktsituationen. Jedoch machte ich sie zunächst auf diesen Zusammenhang nicht gezielt aufmerksam. Ich stellte eine weitere Frage: »Auch wenn es sich komisch anhört – welche Farbe würden Sie der Seelenqualität ›Fröhlichkeit und Lebensfreude‹ zuordnen?« – »Irgendwie bringe ich das mit einem leuchtenden Orange in Verbindung – eigentlich Sonnenaufgangslicht«, antwortete Inga spontan.

Auch hier beachten wir die individuellen Einfälle der Klienten. Sonnenlicht im Magen wirkt natürlich klassisch und erinnert an das Sonnengeflecht beim Autogenen Training. Jedoch haben wir auch schon grüne, blaue oder terrakottafarbene Farbempfindungen im Magenbereich unserer Klienten miterlebt. Machen Sie sich auch hier unabhängig von Chakrenfarben oder anderen Farb-Schubladen, die eine Bewertung oder Zuordnung der Farbe festlegen. Die positive Wirkung von Farben hängt eher mit der individuellen Lebensgeschichte eines Menschen zusammen. Eine Graphikstudentin nannte bei einer ähnlichen Zuordnungsfrage in Zusammenhang mit der Feen-Gabe »Großzügigkeit« die Farbe Lila. Dann setzte jedoch ein verstandesmäßiger Zweifel ein: »Ich habe gerade gelernt, daß die Farbe Lila eine ›technische‹ Farbe ist. Dann paßt mein Einfall sicherlich nicht so gut.« Da jedoch erfahrungsgemäß der erste Einfall eines Klienten oft der beste ist, fragte ich weiter: »Haben Sie außerhalb Ihres Studiums in Ihrem Leben schon andere Erfahrungen mit der Farbe Lila gemacht?« Sie überlegte: »Irgendwie verbinde ich mit Lila auch etwas Flauschiges – warum, weiß ich nicht.« Doch plötzlich fiel es ihr ein: »Genau, meine Oma hatte früher eine dicke, lila Sofadecke. Die legte sie uns beiden im Winter über die Knie, wenn sie mir ein Märchen vorlas. Auf dem Tisch standen dabei Teller mit Käsebroten, Apfelstückchen oder Schokolade, die sie mir für die Lesestunde vorbereitet hatte.« Kein Wunder, daß diese Studentin bei einem derartigen Schlüsselerlebnis die lila Farbe der Oma-Wolldecke nicht als eine kühl-sachliche oder gar technische Erfahrung abgespeichert hatte. Sie verband diese Farbe tief unbewußt mit der Oma, die ihr als kleines Kind immer großzügig ihre Wünsche erfüllt hatte. So war es vor diesem individuellen Hintergrund ganz plausibel, daß die Klientin die Farbe Lila der menschlichen Tugend Großzügigkeit zuordnete. So gehen auch Sie bitte ganz spontan ihren Einfällen bei diesen Fragen nach. Oft ahnen Sie selbst gar nicht, welche Ihrer unendlich vielen Erfahrungen jetzt ihre kreativen Antworten beeinflussen. Gehen Sie dabei immer davon aus, daß Sie selbst der *allerbeste Experte* für die Erstellung eines sinnvollen Heilplans für Ihre Familienserie sind.

Manchmal wundern sich die Klienten über ihre eigenen Einfälle. »Komisch, Rosa ist eigentlich gar keine Lieblingsfarbe von mir«, heißt es dann beispielsweise. Bedenken Sie, daß Farbbenutzung immer relativen Maßstäben entspringt. Vielleicht würde ich nicht gerade mein Haus rosa streichen, aber eine rosa Blüte im Blumenstrauß ist genau richtig. Vielleicht liebe ich die Farbe Blau, jedoch würde ich mir deshalb noch lange keine blauen Lippen schminken. Erinnern Sie sich an den Vergleich unserer Klientin: Die Fee arbeitet wie in einem Bild mit gezielten Farbtupfern oder Farbnuancen und nicht mit kompletten Anstrichen.

Die präzisen Fragen nach Körperempfindung und Farbe sind deshalb so wichtig, weil das Gehirn für jede positive Veränderung exakte Vorstellungen benötigt. Dieses hochleistungsfähige Organ, welches sowohl unsere Probleme als auch deren Veränderung organisiert, kann nicht nach unseren Vorstellungen ein »Nein« oder »Nicht« verarbeiten. Wenn ich Sie jetzt auffordere, *nicht* an ein Zebra zu denken, sehen Sie spontan zumindest irgend etwas Gestreiftes vor dem geistigen Auge, obwohl doch ausgemacht war, dieses *nicht* zu tun. Sagen Sie einem kleinen Kind: »Laß den Becher nicht fallen«, steigt die Gefahr dieser gefürchteten Panne, statt zu sinken. Das Gehirn des Kindes reagiert – wie beim Zebra-Beispiel – auf den Begriff »fallen lassen«. Es aktiviert alles Wissenswerte zu diesem Thema. Was genau muß man tun, damit der Becher den Fingern entgleitet? Genau, man muß die Hand so weit entspannen, daß der Becher durch den entsprechend gelockerten Griff hindurchrutschen kann. Und da Gehirn und Körper eins sind, reagieren die Muskeln von Hand und Finger auf diese innere Information prompt mit einer Erschlaffung – und der Becher macht sich davon. Dieses Ergebnis entspricht sicher nicht einer gekonnten Gehirnbenutzung. »Sagen« wir jedoch dem Gehirn ganz genau, was wann wo und wie es passieren sollte, kann es zuverlässig aktiviert auf dieses Ziel hinarbeiten. Schon der Satz: »Halt den Becher schön *fest*« löst genau die erwünschte Muskelreaktion aus.

Inga erfuhr die heilende Wirkung eines präzise informierten Gehirns sogleich am eigenen Leib, als wir weiter vorgingen. Sie ging den weiteren Anweisungen nach. Ich gab ihr als Zauberstab eine Stimmgabel in die Hand und forderte sie auf: »Schlagen Sie diese Gabel leicht an. In dem Moment, wo das Zauberläuten ertönt, schickt die Fee dem Vater Peter in unserer Familienserie eine ordentliche Portion leuchtendorange Energie in den Bauch. Sie gibt ihm seine Fröhlichkeit und Lebensfreude wieder.« Inga schaute auf ihre Murmel-Familie und schlug dann leise die Stimmgabel an der Holzlehne ihres Fernsehsessels an. Als das Klingen im Raum verhallt war, fragte ich: »Die Fee hat dem Peter etwas geschickt, was äußerlich kaum sichtbar ist – beispielsweise hat er keine neue Frisur bekommen. Aber innerlich ist er durch dieses Geschenk verändert. Woran könnte auch der Zuschauer, der den Peter ja schon durch die anderen Folgen gut kennt, wahrnehmen, daß die Fee ›gute Arbeit‹ geleistet hat, daß dieser Mann positiv verändert ist?«

Achten Sie auch für sich selbst auf die Art der Fragestellung. Sie entspricht dem sogenannten Als-ob-Denken. Wir fragen nicht: »Hat die Fee es geschafft?« oder »Ist die Energie tatsächlich angekommen?«, sondern wir formulieren: »Woran nehmen wir wahr, *daß* der Feenzauber wirkt?« Beim Als-ob-Denken einigt man sich darauf, einen fiktiven oder zukünftigen Fall konsequent so durchzuspielen, als sei er schon derzeitige Realität. Auf diese Weise werden kreative Mentalreserven aktiviert, die das Gedankenkonstrukt optimal auswerten. Manager beispielsweise bedienen sich gern der möglichst realistischen Darstellungen eines fiktiven Falls. So gibt es neuerdings sogar spezielle Computerspiele, mit denen Führungskräfte Unternehmenskrisen nachempfinden können. Der Erfolg dieses Als-ob-Denkens ist ein handfester Trainingseffekt, der später »live« positiv zur Geltung kommt. Beim Reimprinting setzen wir diese Denkrichtung nicht zur Katastrophensimulation, sondern zur Heilungssimulation ein. Diese Heilungssimulation bewirkt ein geistig-körperliches Heilungstraining und führt so zu realen Heilungseffekten.

Inga antwortet auf besagte Als-ob-Frage: »Es stimmt, der Vater hat zwar keine andere Frisur, aber er zeigt andere sichtbare Veränderungen. Am deutlichsten drückt die Körperhaltung die wiedergewonnene Lebensfreude aus. Er ist locker in den Schultern, trägt den Kopf höher und bewegt sich spontan und frei. Seine Mimik ist viel entspannter, besonders die Stirn ist glatter als zuvor. Natürlich drückt auch die Stimme die wiedergefundene Lebensfreude aus. Ich kann richtig hören, wie er lacht.« Plötzlich schien sie in sich selbst hineinzulauschen. »Mir ist so, als würde ich selbst die Veränderung in meinem eigenen Magen spüren.

Vorhin fühlte ich noch einen Klotz im Bauch, und jetzt strömt ein ganz leichtes und warmes Gefühl in den Magen hinein.«

Sehr oft spüren Klienten beim Feenzauber den sofortigen Effekt der Intervention. Durch die Bereicherung der Fernsehserien-Familie geschieht ja auf metaphorischer Ebene nichts anderes als ein Umlernen des ursprünglichen Familienstücks. Die Gehirnzellen, welche für die Mausefallen-Speicherung zuständig sind, durchmischen diese Prägung mit dem sinnlichen Eindruck des hinzugefügten Feenzaubers. Der Feenzauber wiederum besteht in Wirklichkeit nicht aus fremdem Gedankenstoff, sondern aus den eigenen Einfällen der Klienten. Und diese eigenen Ideen sind die kreativen Produkte sämtlicher jemals gemachter Erfahrungen des Erwachsenen in dem Fernsehsessel. Diese in den eigenen Gehirnzellen gespeicherten Erfahrungsreichtümer vermischen sich beim Zaubern mit den neuronalen Schaltkreisen, die das Gehirnabbild der früheren Familie sichergestellt haben. Da diese alten Schaltkreise auch für körperliche Empfindungen und Symptome zuständig sind, reagiert der Körper wiederum auch mit Erleichterung oder Gesundung auf die Bereicherung dieser Schaltkreise. Die Intensität der Wirkung erklärt sich durch die Tatsache, daß der Feenzauber ja bereits gespeichertes und somit vorhandenes Gedankengut ein und derselben Person ist, welches jetzt in »bedürftige« Bahnen gelenkt wird.

Auf diese Art und Weise werden jetzt alle Familienmitglieder mit Feengaben bedacht. Jedoch hört die Fee wie gesagt mit Zaubern in dem Moment auf, wo die Familie offensichtlich aus eigener Kraft ein positives Familienleben fortsetzen kann. Lesen Sie im nächsten Kapitel, was die Fee bei Ingas Familie noch alles nachbessern mußte.

Kurzzusammenfassung: Körper und Farben

1. Überlegen Sie: Wenn Sie die Fee wären, bei wem in der Familie würden Sie mit dem »Gabenverteilen« beginnen?
2. Was genau fehlt diesem Menschen, um innerlich ausbalan-

ciert zu sein? Was fehlt ihm, um auf andere Familienmitglieder – vor allem auch auf das besagte Kind-Ich – einen guten und gesunden Einfluß auszuüben? Vielleicht orientieren Sie sich noch einmal im Kapitel »Gaben und Fähigkeiten«.

3. Welchen *Körperteil* oder welcher *Körperregion* ordnen Sie selbst diese fehlende Gabe oder Fähigkeit zu? Spüren Sie in sich hinein. Die einzig richtige Antwort ist dann Ihre eigene Idee.

4. Welche *Farbe* entspricht Ihrer Meinung nach dieser bestimmten Gabe oder Fähigkeit? Vertrauen Sie auch hier dem eigenen Einfall. (Manchmal benennen die Klienten auch nur ein helles Licht als Farbe, oder sie entscheiden sich für die Regenbogen-Mischung – das ist natürlich alles richtig.)

5. Nehmen Sie den Zauberstab in die Hand. Wenn Sie ihn jetzt einsetzen, zaubert die Fee der betreffenden Person genau die richtige Portion der ausgewählten Farbenergie in eine bestimmte Körperregion. Auf diese Weise fängt die entsprechende Gabe oder Fähigkeit in dem Menschen an zu wirken.

6. Vertiefen Sie sich in das Als-ob-Denken: Woran könnte der Zuschauer sofort annehmen, *daß* die Fee »gute Arbeit« geleistet hat? Achten Sie vor allem auf Veränderungen im nonverbalen Verhalten:

- Körperhaltung,
- Muskelspannung,
- Bewegungen,
- Mimik,
- Stimme (Lautstärke, Satzmelodie, Tonhöhe),
- Lachen usw.

Die äußerliche Veränderung der Beziehungen

Die Fee hat jetzt also dem ersten Familienmitglied neue Energien geschickt. Dieser Mensch ist jetzt in seiner Persönlichkeit bereichert. Der Zuschauer kann die positive Veränderung schon wahrnehmen. Doch der Zuschauer ist nicht der einzige Zeuge der Veränderung: Natürlich sind auch alle Familienmitglieder

Ihrer »Serie« mit der neuen Ausstrahlung des »bezauberten« Menschen konfrontiert. Im Kapitel über die »heilsame« Reihenfolge beschrieb ich bereits, wie stark die Veränderung eines einzigen Menschen in der Familie alle anderen positiv – oder auch störend – beeinflussen kann.

Inga beschrieb diese Auswirkung so: »Der kleinen Inga geht es viel besser, weil der Vater jetzt wieder mit ihr herumalbert. Die Mutter aber reagiert etwas verwundert über ihren Mann. Sie scheint fast etwas genervt zu sein, weil er jetzt viel kraftvoller wirkt. Er ist nicht mehr der schwächliche Mann, den sie heimlich lenken muß. Diese Fröhlichkeit stört sie wesentlich mehr als zuvor die traurige Sensibilität. Zunächst wartet sie, daß der ›Anfall‹ vorbeigeht.«

Oft berichten die Klienten, daß die anderen Familienmitglieder nicht so recht an die Veränderung glauben können, daß sie die neue Ausstrahlung des »Bezauberten« eher für eine vorübergehende Phase halten. In diesem Fall nutzen Sie wieder das Mittel der Einblendung, z. B. »Zwei Monate danach« (je nachdem, wieviel Zeit Ihnen erforderlich erscheint). Nach dieser Zeit müssen die Familienmitglieder alle davon ausgehen, daß die bewirkte Veränderung stabil ist. Jetzt führt das Feen-Geschehen zu ernstzunehmenden Konsequenzen.

An dieser Stelle überprüfen Sie dann, ob Ihre Murmeln oder sonstigen Gegenstände noch richtig liegen, ob sie in ihrer Ausrichtung zueinander noch zu diesem neuen Stand passen.

Inga wollte spontan die Murmel ihres kleinen Kind-Ichs näher mit der Vater-Murmel zusammenbringen. Jedoch rückte sie zunächst die beiden Eltern-Murmeln weiter auseinander. »Die Mutter kommt mit diesem veränderten Mann nicht zurecht. Er entspricht nicht mehr ihrem Anspruch, daß er als Sohn reicher Leute auch einmal hart ranmuß. Im Vergleich zu ihr und ihrer Familie hat der Peter jetzt ein zu leichtes Leben.« Als nächsten Schritt muß Inga also überlegen, was der Mutter fehlt, um diesen fröhlichen Ehemann, Kind reicher Leute, auch lieben und genießen zu können.

»Das ist es schon, sie benötigt einfach mehr Liebe«, stellte Inga fest. »Diese Liebesfähigkeit fehlt ihr generell. Sie versucht dieses Manko immer durch konsequente Pflichterfüllung auszugleichen.« Nach dieser Feststellung schickt die Fee Wiebke eine ausreichende Energieportion roter Liebe ins Herz. Interessanterweise leidet Inga öfter unter den Folgen zu niedrigen Blutdrucks. Oft regulieren sich derartige Störungen, nachdem Familienserien-Menschen Energien in die Herzgegend geschickt bekommen.

Nach dieser Intervention steht Inga spontan auf und rückt die Mutter-Murmel enger an die des Vaters heran. Dann probiert sie eine Weile mit allen Murmeln. Zum Schluß liegen die Murmeln ihrer Kleinfamilie als kreisförmiges Gebilde harmonisch beieinander. Außerdem hat Inga den Großvater Friedrich näher an die Kleinfamilie herangerückt. »Sie ziehen ihn gefühlsmäßig näher an.« Mit der neuen Fröhlichkeit des Vaters und der Liebesfähigkeit der Mutter kann der Opa Friedrich ein bißchen auftauen. Daraufhin rückt die Großmutter wieder etwas näher an ihren auftauenden Mann.

»Eigentlich müßten die zwei noch mehr Kontakt bekommen. Dazu bräuchte Opa Friedrich vor allem Offenheit. Er muß seiner Frau einmal seine Gefühle mitteilen:« Hier fällt Inga ein sehr altertümlicher Feenzauber ein: »Sie muß dem Opa die ›Zunge lösen‹.« Dafür bekommt er Energie in den Bereich der Kiefernmuskulatur. Bedenken Sie, wie viele Menschen unter Zähneknirschen leiden. Ursache hierfür ist eine chronische Verspannung der Kiefernmuskulatur. Also ist dieser Körperbereich auch von wichtiger Bedeutung. Nach diesem Feenzauber rücken Oma und Opa noch näher zusammen. Opa Friedrich kann frei über seine Gefühle sprechen, anstatt mit schlechter Laune und einem »Zementkiefer« zu reagieren. »Und Oma Irmi ist ganz begeistert davon, daß ihr Mann plötzlich so einfühlsam über sich und andere reden kann. Die beiden sprechen sich jetzt erst einmal richtig aus.«

Am schönsten empfindet Inga es, die drei Generationen als sichtbar getrennt voneinander zu sehen. Es ist noch genug Nähe für gegenseitigen Kontakt da, aber Ingas Familie wirkt jetzt richtig schön in sich geborgen, und Oma Irmi und Opa Friedrich bilden jetzt auch sichtlich ein Paar.

Bei all diesen »Geschenken« ist der Uropa Kurt offensichtlich der Leidtragende. Inga hat jetzt seine Murmel etwas nach außen gelegt. Der Uropa bildet nicht mehr den Mittelpunkt der Familie. »Er wirkt auch gar nicht mehr so fröhlich – jetzt, wo es allen anderen sichtbar gutgeht. Ich habe ein bißchen Angst davor, daß die Oma beim Anblick ihres jetzt unzufriedenen Vaters wieder kippt und die wiedergewonnene Zweisamkeit mit Opa Friedrich aufgibt.« Deshalb schickt die Fee dem Uropa noch Verantwortungsgefühl mit Hilfe blauer Energie in die Schultern- und Rückenpartie. »Er wirkt jetzt viel erwachsener. Irgendwie bekommt er eine richtig weise Ausstrahlung, die viel besser zu seinem Alter paßt. Plötzlich nimmt er nicht nur sich selbst wahr, sondern auch die anderen. Mit diesem Verantwortungsgefühl kann er es sogar genießen, daß es den ›Jungen‹ gutgeht. Deshalb tritt er jetzt auch mit einem guten Gefühl an die Seite. Von da aus schaut er wohlwollend den anderen Familienmitgliedern zu.«

An dieser Stelle scheinen die Gaben zufriedenstellend verteilt zu sein. Doch irgendwie kann Inga sich noch nicht ganz symmetrisch, also in einer kongruenten Körperhaltung hinsetzen. »Was fehlt noch?« frage ich. »Ja, ich spüre auch, daß da noch etwas ist...«, überlegt Inga. »Genau, es ist der Opa Rolf! Diese Großeltern hatte ich ganz aus den Augen verloren!« Opa Rolf bekommt von der Fee noch eine große Portion Entschlossenheit und Verantwortungsgefühl. Die Energie geht in die Lungen. Nachdem die Fee noch diesen letzten Zauber vollbracht hat, vollziehen sich noch wichtige Veränderungen. Opa Rolf atmet tief durch und richtet sich auf. Er bekommt durch seine neuen Fähigkeiten auch noch im Alter eine sehr männliche Ausstrahlung. Er kann zwar keinen Lebenserfolg mehr aufbauen, jedoch übernimmt er tatkräftig die Freizeitgestaltung für sich und seine Frau. »Er wirkt direkt einen Kopf größer, und es ist erstaunlich, wie die Oma

Ruth jetzt noch aufblüht. Sie wirkt richtig glücklich und fraulich mit diesem Mann.« Dieses neue Elternpaar hat noch eine starke Wirkung auf die Mutter Wiebke. »Es ist, als schiene endgültig eine Last von ihr abzufallen«, nimmt Inga wahr. Ihr anklagendes Arm-Reich-Denken hört schlagartig auf. Sie wird so gefühlvoll wie ihre Mutter, und erst jetzt kann sie wie diese richtig stolz auf ihren Mann sein. Die Befreiung vom Tabuthema des lebensuntüchtigen Vaters und Opas wirkt sich noch bis zu den beiden kleinen Kindern positiv aus. Inga setzt sich spontan ganz symmetrisch hin und atmet tief durch. Diese Intervention also hatte noch gefehlt.

Mit diesem Stand ist Inga sehr zufrieden. »Auch die beiden Kinder, vor allem Inga, wirken richtig glücklich in dieser neuen und positiven Atmosphäre der Großfamilie. Wenn ich die Fee wäre, würde ich die Familie jetzt so lassen. Ab hier können alle aus eigener Kraft weitermachen.«

Bitte überlegen auch Sie nach jeder Intervention der Fee die Auswirkungen auf die gesamte Familienatmosphäre. Wenn es Ihnen erforderlich erscheint, begeben Sie sich vom Fernsehsessel zu Ihrer Gegenstand-Familie, und dokumentieren Sie so auch visuell wie in Ingas Beispiel durch das Verrücken der Gegenstände die veränderte zwischenmenschliche Dynamik.

Kurzzusammenfassung: die äußerliche Veränderung der Beziehungen

1. Die Fee schickt einem Menschen aus der Familie eine Feengabe.
2. Überprüfen Sie: Wie reagieren die anderen Menschen auf diese Veränderung? Nehmen Sie jeden einzelnen wahr:
– Wem geht es *besser*?
– Wem geht es *schlechter*?
3. Vielleicht benutzen Sie eine Zeiteinblendung, z. B. »Drei Wochen danach«.
4. Sie begeben sich zu Ihrer Gegenstand-Familie und dokumentieren durch das Verrücken der Gegenstände die eingetre-

tenen Veränderungen in der Beziehung der Menschen zueinander.

5. Jetzt entscheiden Sie über den nächsten Feenzauber. Wer bekommt die nächste Energiegabe? Gleichen Sie vor allem die unter Punkt 2 genannten Verschlechterungen wieder aus.

6. Reagieren Sie immer auf das *Gesamtbild*, welches die Veränderung jeweils hinterläßt. Es kann durchaus sein, daß Sie mit dem Feenwerk schon hundertprozentig zufrieden sind – selbst wenn nicht alle direkt bezaubert wurden.

7. Definieren Sie – wie Inga – den Punkt, an dem die Fee Ihrer Meinung nach fertig mit dem Werk ist. Bedenken Sie: Am wichtigsten ist das Wohlergehen unserer Hauptperson, Ihres kleinen Kind-Ichs.

Assoziation: die innere Veränderung überprüfen

Für Inga war es, wie gesagt, ein besonders wichtiges Erlebnis, daß die verschiedenen Generationen der Großfamilie in ihrer Familienserie zum Schluß so übersichtlich erkennbar waren. Dadurch empfand sie die eigene kleine Kernfamilie als geschützt vor dem Einfluß der anderen. Jedoch war es für sie wichtig, daß dieser Schutz auf einer friedlichen Lösung basierte: Die anderen Generationen hatten untereinander wieder einen Wohlfühlkontakt gefunden, der das emotionale »Anzapfen« der jungen Kleinfamilie zum Ausgleich eigener Gefühlsmankos überflüssig machte.

Wenn Sie so wie Inga richtig zufrieden mit dem Ergebnis des Feenzaubers sind, schauen Sie sich vom Fernsehsessel aus die geheilte Familie an. Lassen Sie sämtliche Erlebnisse des Veränderungsprozesses noch einmal auf sich wirken. Überprüfen Sie, ob Sie dabei mit einem natürlichen Wohlgefühl körpersymmetrisch sitzen möchten. Ich beschrieb bereits, daß dieser Körper-Check ein positives Zeichen für die Güte der erfolgten Interventionen darstellt.

Als nächsten Schritt wiederholen Sie in Kurzform den Reimprinting-Schritt II: »Das Rollenspiel«. Sie assoziieren sich noch einmal mit allen Familienmitgliedern und überprüfen die heilende Wirkung der Familienatmosphäre auf den einzelnen Menschen. Das eigene kleine Kind-Ich wird ganz zum Schluß nacherlebt. Ansonsten können Sie die Reihenfolge wieder beliebig halten. Achten Sie wieder darauf, zwischen jede einzelne Rollenüberprüfung einen Neutralisationsschritt zu legen. Sie begeben sich mit einem großen Schritt aus der Familienatmosphäre heraus auf einen seitlichen Sachverständigen-Posten im Raum, bevor Sie sich dann wieder mit der nächsten Person assoziieren.

Obwohl Inga vom Fernsehsessel aus so zufrieden über das Werk der Fee war, erlebte sie in der Rolle von Oma Irmi noch einen kleinen Wermutstropfen. Sie erinnern sich, daß diese Oma der jungen Familie so gern Geldgeschenke, Naschzeug oder sonstige kleine Freuden zusteckte, von denen der Opa Friedrich nichts wissen durfte. Unter den veränderten, jetzt friedlichen Verhältnissen hatte dieses Zustecken nicht mehr die großartige Wirkung von einst. Die Oma wußte nun nicht mehr, wie sie ihren früheren Beliebtheitsgrad wiederherstellen konnte. Wir setzten uns nach diesem Erlebnis wieder in die Fernsehsessel und baten die Fee noch einmal hinzu. Die vermittelte Oma Irmi noch eine Extraportion Selbstwertgefühl, so daß sie mit einem inneren Frieden von der Zuneigungsheischerei Abschied nehmen konnte. Sie blieb zwar weiterhin großzügig, benötigte jedoch die Freude der Verwandten darüber nicht mehr zum Aufpolieren ihres persönlichen Images.

Es kann sehr gut sein, daß Sie bei allen beteiligten Menschen ein gutes inneres Erlebnis nach dem Reimprinting feststellen. Finden Sie jedoch so wie bei Inga bei der Assoziation noch Irritationen, soll die Fee auch dieses letzte Unwohlsein noch ausgleichen. Das Rollenspiel als letzte Überprüfung ist sehr wichtig, weil wie in Ingas Beispiel lediglich der äußere Schein für die Feststellung der Veränderungsqualität nicht ausreicht.

Kurzzusammenfassung: die innere Veränderung überprüfen

1. Vom Fernsehsessel aus schauen Sie sich die neugestaltete Gegenstand-Familie noch einmal an.
2. Lassen Sie Revue passieren, was in Ihrer Familienserie alles geschehen ist.
3. Gleich sollen Sie die einzelnen Personen noch einmal testen. Dabei kommt das kleine Kind-Ich als letztes dran, wie im nächsten Kapitel beschrieben.
4. Sie stehen vom Fernsehsessel auf und überprüfen wie beim Reimprinting-Schritt »Das Rollenspiel« noch einmal die positiven Effekte des Feenzaubers auf alle Menschen in der Familie. Dabei benutzen Sie immer denselben neutralen Punkt als Zwischenschritt zum nächsten Familienmitglied, wie im Kapitel »Rollenspiel« beschrieben.
5. Stellen Sie so bei einem einzelnen Familienmitglied noch ein letztes Unwohlsein in der veränderten Atmosphäre nach, muß die Fee in altbewährter Form auch noch dieses letzte Tüpfelchen nachsetzen.
6. Nachdem es allen offensichtlich gutgeht, setzen Sie sich wieder auf den Fernsehsessel. Lesen Sie in den weiteren Kapiteln, wie Sie jetzt mit dem eigenen Kind-Ich weiterarbeiten.

Das geheilte jüngere Ich

Die Assoziation mit dem jüngeren Kind-Ich ist der wichtigste Schritt der Reimprinting-Überprüfung. Denn dieses Kind soll jetzt aus der gesamten Familienatmosphäre alle wichtige »seelische Nahrung« erhalten, die es später für die erfüllte Lebensführung eines glücklichen und in sich stabilen Erwachsenen braucht. Gehen Sie jetzt also in die Rolle des kleinen Kind-Ichs hinein. Werden Sie in Gedanken kleiner und jünger, und erleben Sie im Rollenspiel an »Leib und Seele« die positive Wirkung der geheilten Familie auf die Kinderseele. Wie geht es Ihnen im Kreise *dieser* Menschen?

Inga zeigte hier eine Reaktion, die sich sehr oft einstellt: Statt sich zu freuen, mußte sie erst einmal wieder heftig weinen. Das bedeutet nicht, daß das Reimprinting schrecklich danebengegangen ist, sondern daß eine verdrängte Trauer sich Platz verschafft: »Noch nie habe ich so deutlich gespürt, wie sehr ich eine solche Atmosphäre immer vermißt habe.«

Die Klienten trauen sich jetzt, diese Trauer zu erleben. Sie haben als »Netz und doppelten Boden« die Gewißheit, daß sie nach dem Trauern die ganze Wirkung des Reimprintings spüren und aufnehmen dürfen. Nur diese Gewißheit und diese Sicherheit erlauben erst das Ausleben bisher verdrängter Gefühle. Aus diesem Grund lehnen wir es auch ab, den Klienten mit therapeutischer Brachialgewalt dazu zu bringen, verdrängter Trauer und unterdrücktem Schmerz ohne besagtes Netz und doppelten Boden die Schleusen zu öffnen. Es hat schon seinen Sinn, wenn diese Schleusen verschlossen sein sollen: Das Unbewußte befürchtet zu Recht, daß derjenige von der Flut der Gefühle fortgerissen wird. Deshalb schaffen wir mit dem Reimprinting *zuvor* eine heilsame Alternative für die innere Gefühlswelt. Ist diese Alternative stark genug, öffnet der Klient die Schleusen der verdrängten Gefühle *stets von ganz allein*! Meine Kollegen und ich sprechen hier vom Fluchtsyndrom: Auf der Flucht hält der Betroffene mit allen Reserven durch. Er verdrängt Hunger, Müdigkeit und sonstige körperliche oder seelische Entbehrungen. Der Zusammenbruch erfolgt *in der Regel am sicheren Ziel*, in dem Augenblick also, wo der Flüchtende sich *den Zusammenbruch leisten kann.*

Viele Klienten erleben jedoch auch sofort die befreiende und positive Wirkung der neuen Prägungsatmosphäre, was man ihnen meist gleich ansehen und anmerken kann. Sie atmen tief durch, entspannen sich und fangen oft an, zu lächeln oder gar befreit zu lachen. Auch hier beobachten wir immer wieder, daß die Klienten aus einem spontanen Impuls heraus aufrecht und körpersymmetrisch stehen. Oft wiegen sie sich entspannt hin und her oder wippen genüßlich auf den Zehen, um das schöne

Erlebnis auszukosten. All das entwickelt sich aus einem ganz eigenen Impuls.

Auch bei Inga stellte sich diese kraftvolle und positive Reaktion ein, nachdem sie einige Minuten ihrem Trauergefühl nachgegangen war. Wie viele andere Personen berichtete sie, wie erstaunlich wohl sie sich plötzlich in der Rolle dieses kleinen Kind-Ichs fühlt.

Kurzzusammenfassung: das geheilte jüngere Ich

1. Wenn Sie alle anderen bezauberten Familienmitglieder getestet haben, schlüpfen Sie zuletzt in die eigene Kindrolle. Werden Sie in Gedanken jünger und kleiner. Wie wirkt *diese* Familie jetzt auf die Kinderseele?
2. Sollte sich auch bei Ihnen ein Gefühl von Trauer um diese jahre- oder jahrzehntelang vermißten Seelenqualitäten einstellen, lassen Sie dieses Gefühl bitte zu. Es bedeutet nämlich in diesem Zusammenhang ein Abschiednehmen von den früheren Kränkungen und Seelenschmerzen. Schon nach wenigen Minuten setzt dann das erleichternde Gefühl der seelischen Befreiung und Heilung ein.
3. Genießen Sie das positive Erlebnis dieses »Seelenparadieses« (Wortwahl eines Klienten), solange es Ihnen guttut.
4. Kehren Sie dann wiederum auf den Fernsehsessel zurück, um den nächsten Schritt zu erarbeiten.

Kraft, um das Gute ertragen zu können

Denken Sie jetzt noch einmal an den armen Paul vom Anfang des Buches, der so große Probleme hatte, sein Glück zu ertragen. Er hatte so viel Kreativität und Lebensenergie darin investiert, sich seine vermurksten Startjahre schönzugucken, daß diese anfängliche Mausefalle zum Schluß zu einem Gerüst für seine Persönlichkeit und seine Lebenseinstellung geworden war.

Auch Inga erging es da nicht viel anders. Ihr Krank- und Ängstlichsein ermöglichte ihr viele intensive soziale Beziehungen und Freundschaften. Alle Bekannten hatten sich auf ihr Schwachsein eingestellt. Ihrem Mann und der Schwiegerfamilie gegenüber hatte sie sogar eine gewisse Diktatur der Schwäche entwickelt: Diese neue Familie versuchte behutsam und einfallsreich, Ingas labile Psyche in Watte zu packen, damit sie mal wieder fröhlich sei. Wie sollte sie sich nun als starke und selbstbewußte Frau die Zuneigung ihrer Nächsten erhalten? Wie könnte sie es ertragen, nicht mehr das »arme kleine Ich«, verbunden mit all den dazugehörigen Vorteilen, zu sein?

Auch Sie haben mit Sicherheit etliche Schwachstellen Ihrer Familienprägung als festen Bestandteil in Ihr erwachsenes Persönlichkeitsnetz installiert. Vielleicht sind Sie beispielsweise ein überzeugter Pessimist und fühlen sich von einer möglichen seelischen Kehrtwende überfordert. Wie nun kann dennoch die seelische Befreiung des inneren Kindes auch dem Erwachsenen-Ich zugute kommen? Eine Klientin hatte dazu einen faszinierenden Einfall, den wir alle inzwischen in unser Reimprinting-Repertoire aufgenommen haben: »Man muß das Gute auch aushalten können«, beschrieb sie den nächsten erforderlichen Schritt.

Denken Sie an das bekannte Beispiel des Seemannes, der auf dem schwankenden Schiff aufrecht geht und gefährlich schwankt, wenn er festes Land unter seinen Füßen spürt. Sein Gehirn hat sich so an die ungewöhnliche Situation der unsicheren Schiffsplanken gewöhnt, daß ihm jetzt die Landsituation zum Problem wird. In Fachkreisen sagt man, daß der Seemann drei Tage benötigt, um seine Körperreaktionen an das sichere Land zu gewöhnen. Es wäre durchaus vorstellbar, daß unser Seemann an Land seekrank wird und noch vor Ablauf der drei Tage auf sein schwankendes Schiff zurückeilt, um sich wieder sicher zu fühlen. Hier müßte eine gute Fee ihm die Kraft schenken, die drei Tage der Umstellung durchzuhalten. Verstehen Sie mich richtig: Es ist sicherlich sehr schön, auf einem

Schiff zu reisen. Jedoch soll diese Reise in Freiheit und nicht unter Zwang ablaufen. Wenn ich nicht mehr die Fähigkeit besitze, mich an Land frei und sicher zu bewegen, wird das schönste Schiff zum Gefängnis. Die Kraft, das Gute ertragen zu können, ist gleichbedeutend mit der inneren Bereitschaft, für den neu eingetretenen Frieden *abrüsten* zu können. Mit dieser Kraft könnte sich auch Paul über seinen Lottogewinn freuen.

Inga schickte ihrem jüngeren Kind-Ich durch die Intervention der Fee noch die Fähigkeit, auch alles Gute und Positive im Leben ertragen zu können. Auf diese Weise erhielt das Kind-Ich die Kraft, im erforderlichen Fall jederzeit vom Verteidigungsfall auf Frieden umrüsten zu können. Ingas Fee schickte diese wichtige Energie in den Kopf des Kindes, »dorthin, wo man eben umdenken muß«, erklärte sie.

Sollten auch Sie dieses Reimprinting für die eigene Lebensgeschichte durchlaufen wollen, schicken Sie Ihrem Kind-Ich ebenfalls diese flexible Kraft in die Vergangenheit. Sie hilft Ihnen als Erwachsenem später, die »drei Tage des Schwankens an Land« erfolgreich zu überstehen. Dabei wählen Sie wieder selbst die geeignete Körperregion, die die Fee mit dieser Art von Gabe bezaubert.

Kurzzusammenfassung:
Kraft, um das Gute ertragen zu können

1. Sie sitzen wieder in dem Fernsehsessel und nehmen in Gedanken Ihr geheiltes jüngeres Kind-Ich wahr.
2. Überlegen Sie wie in den Schritten zuvor: Wenn man diese *Kraft, das Gute zu ertragen*, auch körperlich wahrnehmen könnte, wo wäre das meiner Empfindung nach?
3. Welche *Farbe* würde ich dieser Seelenqualität zuordnen?
4. Lassen Sie mittels des Zauberstabs die Fee wieder das Kind mit dieser wichtigen Seelenqualität bereichern.

Erst nach diesem wichtigen Schritt sollten Sie sich das Reimprinting-Ergebnis richtig »einverleiben«. Es soll ein Teil Ihres Selbst werden.

Inga stellte sich wieder in ihr Kind-Ich hinein. Diesmal sah ich sofort von außen die positive Reaktion ihrer gesamten Persönlichkeit. Die folgende Anweisung lautete: »Um Sie herum gibt es jetzt auf gedanklicher Ebene viele Bilder und Farben im Raum. Diese Farben und Bilder ranken sich imaginär um die Gegenstände, die auf dem Fußboden stellvertretend für die Familienmitglieder stehen oder liegen. Sie kennen die Redeweisen: ›Jemand geht mir im Kopf herum‹ oder ›Dieser Mensch hat einen Platz in meinem Herzen‹. Sorgen Sie jetzt dafür, daß auf dieser metaphorischen Ebene sämtliche positiven Bilder und Energien, die sich im Laufe des Reimprintings um die besagten Gegenstände auf dem Boden gebildet haben, ein Teil Ihres Selbst, Ihres Körpers werden. Nehmen Sie diese Veränderungen in Gedanken wie ein Schwamm in sich auf – sei es über den Atem, über die Haut oder wie immer Sie sich dieses ›Einverleiben‹ vorstellen. Zum Schluß sollen nur noch simple, nichtssagende Murmeln (oder sonstige Gegenstände) auf dem Fußboden übrigbleiben.«

Hier ist es wieder besonders interessant, daß viele Klienten die gesunde Familie in der Phantasie über einen Körperteil in die eigene Persönlichkeit fließen oder strömen lassen, der tatsächlich ernsthaft erkrankt ist. Auf jeden Fall dient dieses Einverleiben der Sicherheit, daß die positiven Veränderungen wieder in den Körper rutschen. Sie verbleiben in der Phantasie nicht außerhalb der körperlichen Wahrnehmung, sondern werden im wahrsten Sinne des Wortes wieder ein Teil des eigenen Selbst. Die kleine Matroschka wird quasi geheilt und wieder in die große Puppe eingepackt. Erst diese Integration sichert ab jetzt eine lebendige Aufführung der gesunden Familienserie in

Kopf und Körper durch die angeregten und neu geprägten Gehirnzellen.

Es ist selbstverständlich, daß dieser Schritt erst erfolgen darf, wenn die vorausgegangenen Interventionen positiv bewältigt zu sein scheinen. Das Einverleiben oder die Integration der positiven Familiendynamik erfolgt nur, wenn das Reimprinting wirklich zufriedenstellend und glückversprechend ausgearbeitet ist.

Kurzzusammenfassung: die Integration

1. Sie assoziieren sich wieder mit dem geheilten Kind-Ich und genießen diese positive Veränderung.
2. Wenn Sie sich so richtig wohl fühlen, nehmen Sie in der Phantasie alle positiven Gedanken und Bilder, die sich imaginär um die Gegenstand-Familie ranken, richtig *körperlich* in sich auf.
3. Sie sollten sich diese positiven Energien so lange einverleiben, bis auf dem Fußboden nur noch simple Murmeln oder Gegenstände übriggeblieben sind.
4. Spüren Sie bewußt die Wirkung dieser neuen und positiven Prägungsenergie in Körper und Seele.

Transport in die Gegenwart

Sie wissen, daß der sichere Fernsehsessel Ihre Sachverständigen-Position als Erwachsener präsentiert. Zwischen diesem Sessel und den Gegenständen oder Murmeln, die Ihre Prägungszeit symbolisiert haben, zeigt sich ein gewisser Abstand. Stellen Sie sich jetzt bitte in die Position Ihres geheilten Kind-Ichs hinein. Drehen Sie sich der imaginären *Zukunft* zu: Sie schauen gerade auf den Fernsehsessel. Es gibt nur wenige Meter Abstand zwischen dem jetzigen Kind-Ich-Standpunkt und dem Gegenwarts-Fernsehsessel.

Sie sind in Ihrer Kind-Ich-Rolle jetzt aufgefüllt mit einer reichhaltigen Seelennahrung, die sich aus der neu gestalteten Familienatmosphäre ergibt. Sie haben sich das Reimprinting leibt. Gehen Sie jetzt mit dieser *neu gestalteten Vergangenheit* *pf und Körper* langsam auf den Fernsehsessel zu. Dabei sportieren Sie *in sich* das positive Reimprinting mehr und mehr in die Gegenwart. Mit jedem Schritt auf der imaginären Lebenslinie werden Sie in Gedanken Jahr um Jahr älter. Kosten Sie diesen Lebensweg mit *dieser Prägung* aus. Wenn Sie sich später wieder auf den Fernsehsessel setzen, hat auch das Erwachsenen-Ich alle positiven Feengaben in sich. Sie spüren Ihren erwachsenen Körper in dem Sessel oder auf der Unterlage, die Sie trägt, und fühlen gleichzeitig die einverleibte oder integrierte Veränderung.

Suchen Sie sich als Abschluß einen Erinnerungsgegenstand, der Sie als *Erwachsener* stets an dieses Reimprinting erinnern kann: ein Ring, ein Parfüm, ein bestimmtes Bild an der Wand, eine gewisse Farbe beim Kleiderkauf usw. Sorgen Sie dafür, daß Sie im Alltag möglichst viel Kontakt mit dieser Erinnerungsmöglichkeit haben, die wir im NLP auch Erinnerungsanker nennen. Diese Anker erinnern vor allem Ihr Unbewußtes immer wieder an Ihre bereicherte innere Prägung. Im Kapitel »Konsequenzen aus dem Reimprinting« können Sie noch nachvollziehen, wie intensiv die Wirkung des Reimprintings Ihre Zukunft positiv gestalten wird.

Inga kaufte sich einen neuen Ring.

Umgang mit »gefährlichen« Familien

Es dürfte selbstverständlich sein, daß die bisher vorgestellten Interventionsschritte nicht jedes erdenkliche Familienmuster abdecken können. Mit Ingas Fall beschrieb ich einen Verlauf von ungünstiger frühkindlicher Familienprägung, wie er sich uns Therapeuten in den meisten Fällen darbietet. Die einzelnen Familienmitglieder sind unglücklich, verstehen einander nicht und leiden selbst unter gravierenden Seelenmankos.

Es gibt jedoch eine Familiensorte, die vor allem der Therapeut gesondert beachten muß: Das ist die »gefährliche« Familie. Das kleine Kind lebt in der tatsächlichen Gefahr, durch Mißhandlung oder Vernachlässigung einen massiven körperlichen Schaden davonzutragen, oder sein Leben ist sogar durch einzelne Familienmitglieder bedroht. Haben Sie ein derartiges Schicksal in der Kindheit erlebt, sollten Sie ohnehin Ihr Reimprinting unter dem Schutz eines fachlich kompetenten Psychotherapeuten durchführen. Viele Menschen mit einem derartigen Schicksal neigen dazu, die Eltern oder andere in Frage kommende Personen sterben zu lassen oder sie sonstwie elendig vernichten zu wollen. Die Folgen für die Mausefalle in den eigenen Gehirnqellen wäre äußerst ungünstig: Auch auf dieser Ebene würde ein neuronaler Schaltkreis ständig versuchen, einen anderen (stellvertretend für die früheren großen Aggressoren) zu verhindern oder zu bekämpfen. Die Folge könnten auf der gesundheitlichen Ebene innere Körperkämpfe wie beispielsweise Autoimmunstörungen sein. Also ist auch hier die systemische Integration der Mausefallen-Elemente oberstes Gebot. Ich möchte an dieser Stelle unter Stichworten in Kürze die Interventionen aufführen, die für diesen Fall angebracht sind.

Die Familienserie

Achten Sie darauf, daß die Familienmitglieder hier von in der Phantasie ausgedachten Schauspielern dargestellt werden. Diese Schauspieler vollziehen zwar die Dialoge und Beziehungen nach, sind äußerlich jedoch andere Personen. Durch diese Neutralisierung gelingt das Bewußtmachen zuvor verdrängter wichtiger Erinnerungsinhalte.

Freundschaft mit dem jüngeren Ich

Als großer Freund aus der Zukunft dürfen Sie das Kind-Ich zu sich nehmen und es bei sich behalten, bis die Fee die Situation, in der das Kind weiter aufwachsen soll, geglättet hat.

Die Fee

…ee darf die gefährlichen Eltern oder andere relevante …nen in der Familienserie verbannen. Sie kümmert sich erst einmal höchstpersönlich um das vernachlässigte oder verängstigte Kind. Erinnern Sie sich daran, daß eine Fee äußerst aggressiv auf Ungerechtigkeiten reagieren kann. Diese eindeutige Aggression der Fee gegen die schädigenden Familienmitglieder bringt dem Racheteil des betroffenen Klienten ausreichend Genugtuung. Jedoch muß er dieser weisen Frau die weiteren Schritte überlassen. In diesem Fall bekommt die Fee einen schönen und großen Extra-Gegenstand in der aufgebauten Familie. Die gefährlichen Gegenstände oder Murmeln werden in einen weiten Abstand zum Kind gebracht. Sie sollten aber vom Fernsehsessel aus noch zu sehen sein.

Der »Racheakt«

Der Racheakt sollte zwar stattfinden, aber von der weisen Fee geleitet werden. So ist oft die schlimmste Rache, den Eltern oder den anderen Personen in der Verbannung zu zeigen, was sie ihrem Kind angetan haben. Dabei dürfen sie gerne unter nur spartanischen Umständen – beispielsweise ohne Alkohol oder Geld – leben. Jedoch sollten diese Umstände dazu führen, daß die Aggressoren zu einem Umdenken gelangen – egal wie viele Jahre das benötigt. Erinnern Sie sich wieder an die Möglichkeit, mit Zeiteinblendungen zu arbeiten. Wenn jetzt beispielsweise der Vater sechs Jahre benötigt, um vernünftig zu werden, kann diese Zeit in der Fernsehserie problemlos dargestellt werden.

Eine Klientin von uns war vor vielen Jahren mit ihrer Mutter aus der ehemaligen DDR geflohen, wo ihr verhaßter Vater, der die Mutter stets betrogen hatte, noch etliche Jahre als angesehener SED-Funktionär in relativem materiellem Luxus weiterlebte. Ihre Fee vergatterte den Vater in der Familienserie erst einmal zu harter Feldarbeit. Wir ließen im Psycho-Fernseher mit Hilfe der praktischen Zeiteinblendungen etliche Jahre Feldarbeit ablaufen. Nach vier Jahren simulierter Feldarbeit sagte die Klientin von selbst: »Jetzt ist wirklich genug.« Es war ihr nur wichtig, den Familienserien-Vater als veränderten Menschen zu sehen. Dieser Film-Vater durfte später sogar zu seiner Familie zurückkehren.

Antrag auf Rehabilitation

Diesen Antrag können die reuigen Familienmitglieder nach einer gewissen Zeit der Verbannung oder Strafarbeit bei der Fee einreichen. Sie prüft, ob die Betroffenen inzwischen die Bedingungen erfüllen, die die Fee an die erwachsenen Kontaktpersonen ihres Schützlings (also Ihres Kind-Ichs) knüpft. Bei ausreichender Reue kann die Fee jetzt wieder mit Gaben und Fähigkeiten nachhelfen. Danach ist eine Wiedereingliederung in die Familie möglich.

Endgültige Trennung

Dieser Schritt sollte nur als letzte Möglichkeit erwogen werden. Wenn das aggressive Familienmitglied nicht wieder zurückkehren soll, muß der Klient jedoch den weiteren Lebensweg dieses Menschen fiktiv verfolgen. Dieser weitere Lebensweg sollte so gestaltet werden, daß dieser Mensch irgendwann eine harmonische Lösung in seinem Leben findet. Im Zweifelsfall kann das sogar ein friedliches und würdevolles (!) Grab sein, welches der Klient als letztes Refugium dieser Person »abspeichert«. Nun ersetzen die inneren, durchaus lebendigen Bilder der Pflanzen und der Landschaft dieser Ruhestatt die ehemals »ruhelosen« neuronalen Schaltkreise, die diese problematische Person beherbergt hatten. Es ist also wichtig, für das Gehirn eine Gedankenkette zu erarbeiten, die es Ihrem Unbewußten erlaubt, die einstmals gehaßte Person in einem harmonischen Ende abzuspeichern. Nur so kann sie in Ihrem Leben keinen Schaden mehr anrichten. Im Falle einer Trennung müssen Sie dann für neue Familienmitglieder sorgen, die die verbliebene Lücke des entfernten Familienmitgliedes ersetzen.

üfen Sie bitte auch, ob die Trennung nicht lieber von Familienmitglied als von der Fee ausgehen sollte. So wundern Sie sich vielleicht vom Fernsehsessel aus, warum beispielsweise die Mutter sich nicht vom aggressiven Vater trennt. Eigentlich sollte sie es aber zum Schutze der Kinder tun. In diesem Fall schickt die Fee der Mutter oder einem anderen bedürftigen Menschen eine ordentliche Portion Mut zur Trennung. Es bleibt dann mit den zur Verfügung gestellten Elementen immer noch offen, ob nach einer konsequenten Trennung später wieder ein Neuanfang möglich ist.

Sollte jedoch die Trennung endgültig sein, wird das fortgehende Familienmitglied wie oben beschrieben bis zu einem friedlichen Ende weiterbegleitet. Danach benötigt die Familienserie ein neues Familienmitglied, welches die entstandene Lücke im Familiensystem wieder würdig füllt.

Neue Familienmitglieder

Benötigt eine Familie neue Familienmitglieder, müssen diese auch in der Familienserie auftauchen. Dies ist vor allen Dingen erforderlich, wenn ein Kind mit nur einem Elternteil aufgewachsen ist und wesentliche Mausefallen-Probleme aus dieser Entwicklung herrühren. Für die Indikation von neuen Familienmitgliedern kommen zwei Situationen in Frage:

1. Die Trennung, welche zur hier beschriebenen Familiensituation geführt hat, ist die Folge eines Reimprintings. Ein Familienmitglied hat durch die Fee den Mut gefunden, einen vollkommen unmöglichen oder unverbesserlichen Partner oder Verwandten fortzuschicken.

2. Die Trennung ist die Folge unglücklicher Lebensumstände: Der Vater ist beispielsweise im Krieg gefallen.

In beiden Fällen überprüfen Sie bitte, ob der alleinstehende Elternteil oder Verwandte *genug Kraftquellen besitzt, um einen neuen und positiven Lebenspartner zu finden.* Ist dies nicht der Fall, muß die

Fee wieder helfen: Vielleicht benötigt die Mutter Selbstvertrauen oder Optimismus, um einen neuen Mann zu finden? Stellen Sie immer erst diese Basis sicher. Lassen Sie also nicht die Fee einfach so einen neuen Mann schicken.

In jedem Fall müssen Sie die neuen Familienmitglieder ausführlich in Ihre Familienserie einführen. Greifen Sie ruhig wieder kreativ zu Vorbildern oder Modellen, die Sie im Laufe Ihres Lebens schon kennengelernt haben: Schauspieler, Romanhelden, Prominente. Leihen Sie gern ehemalige Nachbarn aus usw. Lassen Sie diese Phantasiepersonen mit allen anderen Familienmitgliedern Kontakt aufnehmen. Überprüfen Sie deren seelische Wirkung auf das Kind. Machen Sie sich gezielt bewußt, welche Charaktereigenschaften und Seelenqualitäten bei diesen »Wahlverwandten« besonders wichtig wären. Im Zweifelsfall dürfen Sie auch gern nach dem ersten Versuch einen *noch besseren* Schauspieler engagieren: Wir sind schließlich beim Fernsehen, und Sie sind Regisseur. Auf Ihnen lastet die Verantwortung, daß die Zuschauer die Serie hundertprozentig akzeptieren. Später können Sie auch mit diesen neuen Familienmitgliedern sämtliche Reimprinting-Schritte durchlaufen: das Rollenspiel, zusätzlichen Feenzauber, falls sie noch kleine Mankos aufweisen, usw. Nach der vollständigen Heilung der Familienatmosphäre, also nach dem Reimprinting, überprüfen Sie auch das Wohlergehen dieser Wahlverwandten.

Überlegungen für den Umgang mit anderen Menschen

Inzwischen haben Sie als Leser so viel über die Wirkung der Prägungszeit auf erwachsene Menschen gelernt, daß Sie sich bestimmt fragen, wie Sie dieses neu erworbene Wissen jetzt auch sinnvoll in die Kommunikation mit anderen Menschen einbringen können. Denn nicht nur Sie selbst, sondern auch die anderen tragen ihre – meist unbehandelten – Mausefallen in Kopf und Körper umher und versuchen, Sie in eine Aufführung miteinzubeziehen, die Ihnen vielleicht gar nicht paßt. Auf der anderen Seite merken auch Sie in bestimmten Situationen nicht, wie Ihr eigenes Unbewußtes plötzlich Ihre persönliche Mausefalle aufs Programm setzt.

Es gibt durchaus eine Reihe von Möglichkeiten, Mausefallen außer Gefecht zu setzen. Zu diesem Thema gibt es auch einen sehr netten Witz: »Ein Schotte möchte aus Kostengründen seine Mausefalle nicht mit teurem Käse als Köder spicken. So legt er listig das *Foto* eines leckeren Käses in die aktivierte Falle. Am nächsten Morgen hat die Falle tatsächlich zugeschnappt, doch unser Schotte traut seinen Augen nicht beim Anblick des erzielten Fangs: In der Falle klemmt das Foto einer kapitalen Maus.« Offensichtlich wußte die nicht minder trickreiche Maus ganz genau, wie man die Mausefalle des Schotten zu bedienen hat. Sonst wäre ihr der Scherz ja auch nicht gelungen. Manchmal können wir ebenso dafür sorgen, daß eine Mausefalle leer zuschnappt, ohne Schaden anzurichten.

Verstehen Sie die folgenden Seiten bitte nur als Anregung, im Umgang mit anderen Personen flexibler zu werden. Sie erhalten hiermit sicher keine »Psycho-Apotheke« mit Allheilmitteln gegen jeglichen Ärger mit den lieben Mitmenschen.

Mausefalle Partnerschaft

Sie haben in diesem Buch bereits einige Beispiele über die besondere Mausefallen-Anfälligkeit dieser Beziehungssorte bekommen. Ich beschrieb, wie Paare einander mit den Schatten der Vergangenheit verwechseln – wenn sie nur lange genug zusammen sind. Diese Verwechslung zweier Menschen auf der Gefühlsebene nennt man in der Psychologie Übertragung. Wie aber kommt es zu einer Übertragung, und – viel wichtiger – wie kann man dieses Phänomen abschalten lernen, so daß sich der Vergangenheitsschatten verzieht und der geliebte Mensch wieder im richtigen Licht erscheint?

Wir Menschen nehmen einander auf fünf verschiedene Weisen sinnlich wahr: Wir sehen die anderen, wir hören, fühlen, riechen und (bei Liebespaaren durchaus) schmecken sie. Diese Sinneswahrnehmungen haben ursprünglich auch dazu geführt, den Partner in der Verliebtheitsphase anziehend zu finden. Aus der Therapie wissen wir, daß diese Wahrnehmungen, die zur Partnerwahl führen, sinnesspezifisch konkret beschreibbar sind. Es ist die Art, den Kopf zu halten, die Stimme, eine liebe Geste, die Augenfarbe, die Form der Hände, der Geruch, bestimmte Kleidungs- oder Schmuckstücke, die der Partner bevorzugt.

Beim Verliebtsein wird der Partner als Gefühlsverbündeter erlebt. Dabei wird er als außerhalb der Familie stehend wahrgenommen und vor dem Mausefallen-Hintergrund oft sogar als Retter oder »Wiedergutmacher« erlebt. Dieses schöne Erlebnis, verbunden mit dem angenehmen Verliebtheitskribbeln, führt verständlicherweise zu einer gründlichen Nicht- oder Fehlwahrnehmung der Nachteile des Partners: Liebe macht blind. Wir reagieren auf die positiven Anker des Partners und gehen großzügig über die weniger anziehenden hinweg. Ist doch egal, wenn er über seine Lesebrille wie ein Oberlehrer schaut, macht doch nichts, wenn ihr lautes Lachen etwas zu schrill oder zu temperamentvoll klingt – Hauptsache, man hat sich richtig lieb! Schnarchen, Phasen schlechter Laune, Trommeln mit spitzen Fingernägeln – Nebensache!

Doch diese Nebensachen werden zur Hauptsache, wenn der Partner vom äußeren Verbündeten zum neuen »Verwandten« avanciert, wenn wir also familien- oder eheähnliche Lebenskonstellationen mit ihm eingehen. Schon schleichen sich die Mausefallen ein. Die negativen Wahrnehmungsanker am Partner werden plötzlich die zentralen Stichworte im Mausefallenstück. Wie unsichtbare Souffleusen sorgen sie dafür, daß das Stück immer weiterläuft. Plötzlich kann sie gar nicht mehr hingucken und reagiert gereizt, wenn er sie über die Lesebrille mit hochgezogenen Augenbrauen fixiert, oder ihm zieht sich bei ihrem viel zu lauten Lachen der Magen zusammen. Die Kehrseite der Liebesmedaille heißt nämlich: Negative Übertragung macht auch blind. Ihre niedlichen Löckchen werden schlichtweg ausgeblendet, seine wohlgeformten Hände mit Vergessenheitshandschuhen überzogen, und die geliebte, wohlklingende Stimme überhört man genauso achtlos wie das ewig laufende Radio.

Sollte es Ihnen in Ihrer Partnerschaft gelingen, konstruktiv mit diesen äußeren Ankern umzugehen, geben Sie Ihrer Beziehung bereits eine große Chance. Voraussetzung ist natürlich, daß Sie diese Beziehung gern erhalten möchten. Sehen Sie hier einige Wahrnehmungsübungen, die Sie als Anti-Mausefallen-Training benutzen können.

1. Die positiven Anker

Nehmen Sie Ihren Partner bewußt wahr: Welche Sinneswahrnehmungen an diesem Menschen haben einst Ihre Verliebtheit ausgelöst? Achten Sie auf alle Bereiche – von den Haaren bis zur Zehenspitze. Bedenken Sie Gesten, Ausdrucksweisen oder sogar die Form der Ohren. Es kann durchaus sein, daß ein bewußtes Wahrnehmungstraining hinsichtlich dieser einstmals geliebten Anker ihre negativen Spannungen dem Partner gegenüber *enthypnotisieren.* Informieren Sie einander in der Partnerschaft gegenseitig über die positiven Anker. Besonders wenn diese Anker äußeren Sinneswahrnehmungen zugänglich sind, wie etwa ein Geruch, ein Kleidungsstück oder eine Geste mit der Hand, besteht die große Chance, sie auch gegenseitig bewußt zur Steigerung des Wohlgefühls in der Partnerschaft einzusetzen.

2. *Die negativen Anker*

Für diese Ankersorte benötigen Sie in der Partnerschaft regelrecht eine gegenseitige Gebrauchsanweisung. Machen Sie sich bewußt, daß die negativen Anker vom Partner meist nicht absichtlich eingesetzt werden. So kann der kritische Blick über die Lesebrille in Wirklichkeit bedeuten, daß der Brillenträger sich stark auf das Gespräch konzentrieren will und dabei Augenkontakt halten möchte. Dann ist es natürlich besonders verhängnisvoll, wenn das Gegenüber gereizt und aggressiv reagiert, ohne daß der aufmerksame Brillengucker den Grund der Ablehnung ahnt. In der Paartherapie haben wir schon so manches Erstaunen erlebt, wenn Paare sich gegenseitig über den Hintergrund der negativen Anker informierten. Diese bewußte Information ist bereits die Grundlage einer guten Gebrauchsanweisung. Wird dem Brillenträger gesagt: »Du kritisierst mich immer«, reagiert er wahrscheinlich mit Empörung. Informieren Sie ihn jedoch sachlich: »Ich weiß nicht warum, aber aus irgendeinem Grund löst dieses Über-die-Brille-Schauen bei mir unangenehme Gefühle aus«, ersparen Sie dem Partner einen Vorwurf.

Dabei sollten Paare unbedingt wissen, was negative Anker auslösen und bedeuten können. In einer guten Partnerschaft können zwei Menschen gegenseitig würdigen, daß sie unterschiedliche Lebenswege hinter sich haben. Das befähigt sie, einen Kommunikationskompromiß zu erarbeiten. Diese Kompromißbereitschaft beinhaltet die *Großzügigkeit*, sich gegenseitig *Wünsche zu erfüllen*. So könnte der Brillenträger im intensiven Gespräch die Brille abnehmen, um den Augenkontakt mit einer anderen Mimik aufzunehmen. Dieses Entgegenkommen würdigt wiederum die Tatsache, daß viele Menschen *machtlos* gegen die Kraft der negativen Anker sind. Da kann man tausendmal versichern, daß der besagte Brillenblick nicht so gemeint ist, die Reaktion auf das Theaterstück-Stichwort ist dann einfach stärker.

Ich selbst weiß bis heute nicht, warum ich auf eine bestimmte Frage meines Mannes so gereizt reagiere: »Hast du noch *Bares* im Portemonnaie?« Fragt er hingegen: »Hast du noch *Geld* im Portemonnaie?«, bin ich ein ganz anderer Mensch. Anstatt daß ich mich jetzt auf die stundenlange Suche nach dem negativen Wirkungsgrund des Wortes *Bares* mache – den es irgendwo in meiner Mausefalle gewiß gibt –, ist mein Mann einfach so nett und flexibel und fragt mich nach dem *Geld*, welches ich dabeihabe. Dieses Entgegenkommen würdige ich beispielsweise durch meine Bereitschaft, morgens die klappernden Pumps erst beim Verlassen des Hauses anzuziehen. Dabei interessiert nicht, *warum* die klappernden Pumps stören, sondern *daß* sie es tun.

Liebe ist, nicht erklären zu müssen, warum ein negativer Anker so unangenehm wirkt. Außerdem bedeutet Liebe die Flexibilität, sich gegenseitig Wünsche zu erfüllen. Der Erfolg des verantwortungsvollen Umgangs mit den positiven und negativen Ankern in der Partnerschaft ist die allgemein steigende Bereitschaft, sich gegenseitig in positiven psychischen Zustände zu ankern. Auf diese Weise klappen die Mausefallen ohne Beute zu und fangen nur die Fotos der alten Familie. Das Paar hat die Chance, ein eigenes, positives Theaterstück zu erfinden.

Dieses eigene, positive Lebensstück ist auch der beste Garant dafür, daß Ihre Kinder – sofern Sie welche haben – in einer förderlichen Atmosphäre und eben nicht in einer Mausefalle aufwachsen. Die bekannte Familientherapeutin Virginia Satir macht hierzu noch einmal eindringlich bewußt: »Vielleicht sind Sie sich nicht bewußt, welch große Rolle die eigene Erfahrung spielt, die jeder Mensch in seiner eigenen Kindheit gemacht hat, und wie stark diese die Atmosphäre beeinflußt, in der Sie Ihre Kinder großziehen: In der Tat, ich würde sogar so weit gehen zu behaupten, daß dies die Hauptgrundlage bildet, auf welcher oder gegen welche die meisten Familienkonzeptionen entworfen werden. Es ist leicht, in Ihrer Familie das zu wiederholen, was sich in Ihrer eigenen Kindheit abspielte. Und das ist so, ob Ihre Familie nun entwicklungsfördernd oder gestört war.« Wenn Sie sich als Paar ein eigenes Lebensstück ausdenken, werden Ihre Kinder in einer entwicklungsfördernden Atmosphäre aufwachsen.

Mausefalle Familie

Die bekannte Familientherapeutin Selvini Palazzoli schreibt: »Der Mensch ist ein Wesen, das eine (solche) Niederlage nicht leicht hinnimmt, sondern impulsiv an den Schauplatz der verlorenen Schlacht zurückkehrt, um es noch mal zu versuchen.«

Wenn Sie noch mit bestimmten Menschen von Ihrer Kindheit her »eine Rechnung offen« haben, sehnen Sie sich vielleicht auch danach, daß diese in Ihrem jetzigen Leben noch beglichen wird. Viele Erwachsene träumen diesbezüglich gern von einem verspäteten Happy-End und kehren mit diesem Wunsch an den Schauplatz ihrer Prägungsfamilie zurück. Sie wünschen sich, daß beispielsweise die Eltern sich eines Tages verändern, ihre Fehler einsehen und sich dann vielleicht sogar für die vielen Kränkungen und Erziehungspannen entschuldigen. So stellen sich die meisten Menschen ein Entrinnen aus der Mausefalle vor. Diese Happy-End-Phantasien führen dazu, daß Sie vielleicht auch als Erwachsene immer wieder enttäuscht von den Personen Ihrer Prägungsfamilie sind. »Was kann ich nur machen, damit meine Mutter endlich aufhört, so negativ zu sein? Sie muß doch sehen, daß ich jetzt glücklich bin«, fragte neulich eine Klientin.

Auch Inga gab sich bis zu unserer Therapie viel Mühe mit ihren Eltern. Sie schenkte Vater und Mutter beispielsweise eine Reihe von interessanten Psychologie-Büchern und war stets tief enttäuscht, wenn diese nicht gelesen wurden. Als ihr kleiner Sohn ein Jahr alt war, verbrachte sie mit ihm und den Eltern einen gemeinsamen Urlaub. Sie war ganz unglücklich darüber, daß die Mutter immer noch so ungeduldig mit dem geliebten Vater umging und dieser der Mutter keinen Widerstand bot. »Sie sollten doch auch hinzulernen, um endlich besser miteinander umzugehen«, klagte Inga.

So wie Inga suchen viele Erwachsene nach einer befreienden Kehrtwende in ihrer Prägungsfamilie. Ohne dieses Happy-End scheinen sie selbst nicht glücklich werden zu können. Dieses offene Ende schmerzt und beschäftigt die Seele wie eine wichtige, ungelöste Aufgabe. Man hat schon so viel Lebensenergie investiert und durchgehalten, ohne in den Genuß irgendeiner Belohnung dafür zu kommen. Auch im alltäglichen Leben können wir nur schwer von unglücklichen Projekten lassen, in die wir schon investiert haben. Etliche Familien erkennen beim Hausbau nicht rechtzeitig die finanzielle Überforderung. Der Spieler kann um so schwerer aufhören, je mehr er schon gesetzt hat. Er verpaßt den richtigen Zeitpunkt, vom Spieltisch aufzustehen.

Genauso verpassen viele Erwachsene den richtigen Zeitpunkt, seelisch auf das Happy-End mit der Prägungsfamilie zu verzichten und somit vom Mausefallen-Spieltisch, an dem man immer weiter verlieren würde, aufzustehen. Dabei ist die unbewußte Idee, die hinter der Happy-End-Sehnsucht steckt, schon richtig: Einsichtige und weise Eltern haben glückliche und verstandene Kinder. Wenn Sie jedoch lernen, statt der realen Eltern oder Geschwister Ihre *innere Familie*, also Ihre eigene Seelenlandschaft, positiv zu verändern und *in sich* eine förderliche Atmosphäre zu schaffen, hören Sie auf, ewig weiter in die falsche Richtung zu hoffen. Nur durch die innere Befreiung bekommen Sie die Fäden für ein persönliches Happy-End persönlich in die Hand, anstatt diese Fäden bei der Prägungsfamilie zu vermuten.

Diese Trennung von den an die reale Prägungsfamilie gerichteten Wünschen und Sehnsüchten muß nicht zwangsläufig einer äußeren Trennung gleichkommen. Ganz im Gegenteil: Es ist sehr oft der Fall, daß durch einen solchen inneren Schlußstrich das Verhältnis zu den Eltern oder anderen Mitgliedern der alten Familie erheblich *profitiert*. Sie selbst begegnen den inzwischen oft gealterten Menschen dann nicht mehr fordernd, lauernd oder verzweifelt. »Meine Eltern sind jetzt für mich ein durchschnittliches und durchaus liebenswertes älteres Ehepärchen«, berichtete uns ein Klient, »und ich kann sie jetzt in Ruhe lassen, weil *ich mir selbst meine Sehnsüchte erfülle.* Ich kann sie lassen, wie sie nun mal eben sind.«

Hiermit spricht dieser Klient ein Phänomen an, welches oft übersehen wird: Enttäuschungen aus der Kindheit führen den Erwachsenen zum Versuch, die eigenen Eltern zu idealen Eltern umerziehen zu wollen. Damit werden oft Ansprüche an Eltern oder die Prägungsfamilie herangetragen, die diese gar nicht erfüllen können – vor allem wenn die betreffenden Menschen selbst Opfer lebenslanger Mausefallen sind. Sie fühlen sich angegriffen und überfordert statt bekehrt. Positive Gespräche mit den Eltern oder anderen Menschen der Prägungsfamilie entstehen oft erst, wenn Sie sich innerlich gestärkt haben und nicht, wenn Sie es verzweifelt erzwingen möchten. Dann sind diese Momente ein Geschenk.

Suchen Sie als Erwachsener in sich selbst Ihre Glücksprägung. Es gibt nur einen Zeitraum im Leben, wo Sie tatsächlich auf einsichtige und fördernde Eltern angewiesen sind: Das ist Ihre Kindheit. Dieser Zeitraum ist bereits abgeschlossen. Wenn Sie sich nach einer Wiedergutmachung sehnen, die schon vor vielen Jahren hätte passieren müssen, sehnen Sie sich stets nach der Vergangenheit und versäumen die Gestaltung Ihrer Zukunft aus Ihrer eigenen Kraft. Sorgen Sie dafür, *sich selbst* eine gute Familie zu werden.

Mausefalle Arbeitsplatz

Ich erwähnte bereits, wie ideal der Arbeitsplatz als Bühne für ein Mausefallen-Stück geeignet ist. Grundsätzlich warten hier zwei Mausefallen auf Sie: Ihre eigene und die der anderen. Auf jeden Fall sollten Sie es bewußt für möglich halten, daß sich hinter Kollegen und Vorgesetzten Rollen früherer Mausefallen-Stücke verstecken. Da Sie oft an einem Arbeitsplatz viele Jahre aushalten müssen, lohnt sich durchaus eine dezente Mausefallen-Analyse, um die zwischenmenschlichen Strömungen besser zu verstehen.

Vielleicht denken Sie zuerst an Ihr eigenes Familienstück. Wie war Ihr Verhältnis zu den Eltern? Wie zu den Geschwistern? Welche Atmosphäre herrschte insgesamt? Eher förderlich oder eher das Wohlbefinden störend? Hieraus können individuelle Wahrnehmungspannen entstehen, die Sie nach der Lektüre dieses Buches vielleicht selbstkritisch entdecken können. Fühlen Sie sich insgesamt unwohl in der Firma, werden Sie beispielsweise von einem cholerischen Chef unterdrückt, sollten Sie sich zwei Fragen stellen:

1. Sind die Menschen wirklich so feindlich gesinnt, wie ich immer denke? Oder interpretiere ich böse Absichten in sie hinein? Wenn ich mit diesen Menschen tatsächlich eine negative Familienübertragung habe: Wer spielt dann wen in meinem Mausefallen-Stück? Und was tue ich dazu, um das Stück laufen zu lassen? Lesen Sie hierzu vielleicht noch einmal die Hammer-Geschichte nach.

2. Arbeiten Sie in einer Firma mit einer unmöglichen Atmosphäre, wo Sie *als einzige(r)* treu sind, während alle anderen flüchten? In diesem Fall unterliegen Sie dem Irrtum, daß es »anderswo immer genauso schlimm ist«. Sie haben sich vielleicht in der eigenen Familie jahrelang mit einer unmöglichen Atmosphäre arrangieren müssen, so daß Ihnen heute nicht mehr auffällt, daß ein erwachsener Mensch durchaus weggehen kann – im Gegensatz zum Kind. Vielleicht werden Sie durch die Umstände sogar noch unnötigerweise in eine alte schwache Kindrolle hineinhypnotisiert, die Ihre Fähigkeiten blockiert. Gerade in diesem Fall ist ein – natürlich wohlüberlegter – Firmenwechsel wichtig, damit Sie nicht den Glauben an sich selbst verlieren. Es gibt überall auch sehr nette Firmen mit einem durchaus förderlichen Betriebsklima. Ihr Problem ist vielleicht nur, daß Sie das nicht für möglich halten. So mancher Arbeitnehmer ist nach einem Firmenwechsel schon menschlich aufgeblüht und wunderte sich, warum er nicht schon viel eher für Veränderung gesorgt hatte.

Geraten Sie in die Mausefalle von Chef oder Kollegen, gilt es ebenfalls, einige Punkte zu beachten. Sie erkennen eine solche

Situation daran, daß Sie selbst sich absolut nicht erklären können, warum der andere jetzt so auf Sie reagiert. Im Gegensatz zum eigenen Mausefallen-Phänomen kommt Ihnen diese Situation sehr fremd und ungewöhnlich vor. Sie werden eine Reihe von Erklärungen finden, wenn Sie etwas über die Ursprungsfamilie von Kollegen und Vorgesetzten herausbekommen können. Im Laufe der Jahre ergeben sich durchaus Gelegenheiten, um in den Besitz der nötigen Informationen zu gelangen.

Sind Sie beispielsweise ein Einzelkind, welches ja meist keine geschwisterlichen Konkurrenzkämpfe erlebt hat, und die Kollegin hatte drei Schwestern, so können Sie schnell von ihr mit einer tiefverwurzelten Konkurrenzübertragung attackiert werden. Das hilflose »Ich tue ihr doch gar nichts« hat hier überhaupt keinen Zweck. Einmal auserkoren, wird Ihnen die Mausefallen-Rolle erbarmungslos auf den Leib geschneidert.

In ähnlicher Gefahr schweben Sie natürlich als Chef(in) oder Vorgesetzte(r). Sind Ihre Mitarbeiter von den Eltern tief enttäuscht worden, suchen sie auch bei Ihnen gern nach Anzeichen von Ungerechtigkeit, um die Rolle des »Poor Me« nicht aufgeben zu müssen. Deshalb empfehlen wir durchaus, bei wichtigen Mitarbeitern auch etwas über den familiären Prägungshintergrund in Erfahrung zu bringen, um die Rolle, die Ihnen als Führungskraft zugeschrieben wird, besser einschätzen zu können.

Was kann man aber in diesen Situationen unternehmen? Das wirksamste Mittel gegen eine fremde Mausefalle ist die *Musterunterbrechung*. Verhalten Sie sich gezielt anders, als die Ihnen angebotene Mausefalle es vorsieht. Vorher analysieren Sie, welche Ihrer eigenen Reaktionen die Mausefalle aufrechterhält. Vielleicht versuchen Sie, die eifersüchtige Kollegin zu beschwichtigen. Aber das macht diese vielleicht nur noch wilder: »Die oder der spielt die ›Unschuld vom Lande‹!« Sie verwechselt Sie mit Schwester oder Bruder, die früher wegen ihrer »falschen« Liebenswürdigkeit von den Eltern stets bevorzugt wurden. Haben Sie so einen Rollenkreislauf erkannt, durchbrechen Sie ihn mit einer Überraschung. Muffeln Sie zum Test herum, und tragen Sie einen gereizten Gesichtsausdruck zur Schau. Nun weiß die Kollegin nicht mehr, wie sie die Mausefalle weiterspielen könnte. Diese Musterunterbrechung beispielsweise nur einmal im Monat kann eine durchgreifende *Enthypnotisierung* von besagter Mausefalle zur Folge haben. Die Kollegin wird wieder erwachsen und reagiert normal.

Die Steigerung dieser Technik ist der *Rollenklau.* Diese Idee basiert auf der einfachen Tatsache, daß in einer Mausefalle feste Rollen vorgeschrieben sind. So können beispielsweise bei »Hamlet« nicht zwei Personen gleichzeitig Hamlet spielen. Ist eine Rolle fest besetzt, müssen die anderen sich die übrigen Rollen teilen. Eine Klientin von uns arbeitet als Chefsekretärin. Sie litt stets unter dem oft sehr vorwurfsvollen Tonfall ihres Chefs. Dabei wußte sie, daß er eigentlich mit ihrer Arbeit sehr zufrieden war. Ich bat sie, mir den Chef genau vorzumachen: nicht nur mit den entsprechenden Sätzen, sondern auch mit Mimik und Tonfall. Das gelang ihr sehr gut. Alsbald erwartete dieser Mann einen wichtigen Geschäftsbesuch. Er bat unsere Klientin, mit dem selten benutzten »guten Geschirr« aus dem Chefzimmer den Kaffeetisch zu decken. In dieser Situation bot sich plötzlich die Gelegenheit des Rollenklaus. Die Sekretärin setzte eine entsprechende Mimik auf und fragte den Chef in haargenau dem richtigen vorwurfsvollen Tonfall: »Wieso hat dieses Service eigentlich keine Zuckerdose?« »Sie glauben es nicht, er war ein ganz anderer Mensch. Er schaute ratlos ins Regal und sagte immer wieder sichtlich durcheinander: ›Also, das verstehe ich nicht, das verstehe ich wirklich nicht.‹ Ich stand daneben mit vorwurfsvoll gerunzelter Stirn. Er reagierte genauso durcheinander wie ich sonst auf ihn.« Natürlich muß man beim Rollenklau möglichst unauffällig arbeiten. Diesem Chef zumindest ist nicht aufgefallen, was passierte. Er war danach nur wesentlich sanfter mit seiner Sekretärin, da er sich wohl tief unbewußt an dieses Erlebnis erinnerte. Die leicht hochgezogenen Augenbrauen wirken auch heute noch. Vielleicht gibt es in seinem Stück auch nur eine einzige Rolle, wo jemand die

Augenbrauen hochzieht. Schauspielern Sie also auch einmal ganz dezent Ihre Kollegen nach. Sie können dann ihre eigene Rolle nicht halten, und die Situation entkrampft sich. Es ist ohnehin eine Tatsache, daß Menschen eher positiv aufeinander reagieren, wenn sie sich in der Körpersprache angleichen. Diese Übereinstimmung in der Körpersprache kann das Stichwort für ein positives und ganz neues Stück werden, in dem man miteinander spielt – und arbeitet.

Das wichtigste in diesem Kontext ist, daß Sie sich nicht bereitwillig jede Rolle anziehen, die der andere Ihnen zuweisen will. Halten Sie es bitte stets für möglich, daß Kollege und Kollegin Sie plötzlich – vor allem im Streß – mit anderen Menschen aus deren Vergangenheit verwechseln. Nicht Sie sind hier gemeint. Hadern Sie deshalb nicht allzu erbittert wegen dieser Erlebnisse. Wichtig bei den Mitmenschen auf der Arbeit ist: Sie können diese nicht ändern, Sie können nur lernen, kräftesparend zu reagieren.

Mausefalle Freundschaft

Natürlich gelten viele bisher geschilderte Gedanken auch für Ihren Umgang mit Freunden. Jeder hat schon erlebt, wie einträchtige Freundschaften sich plötzlich verändern können. Interessanterweise ergeben sich diese Veränderungen meist im Zusammenhang mit äußerlichen Veränderungen: Sie oder Ihr(e) Freund(in) haben einen neuen Lebenspartner, bekommen ein Kind, interessieren sich für neue Lebensinhalte oder machen Karriere.

Dabei werden Freundschaften nicht nur problematisch, wenn Sie im Leben Pech haben. Auch bei glücklichen oder erfolgreichen Ereignissen können die besten Freunde plötzlich eifersüchtig oder neidisch reagieren – was dann eine besondere Enttäuschung darstellt.

Meistens kennen Sie die familiäre Prägungsgeschichte Ihrer Freunde. Daher können Sie mit dem jetzigen Kenntnisstand auch hier erfassen, welche äußere »Kulissenveränderung« plötzlich für ein Mausefallen-Phänomen in der Freundschaft sorgt. Wie bei den Kollegen können Sie auch hier mit den Mitteln Musterunterbrechung und Rollenklau arbeiten. Bei guten Freundschaften ergibt sich jedoch auch die zusätzliche Chance, offen über die Veränderungen zu sprechen, also eine gemeinschaftliche Mausefallen-Analyse zu erstellen. In einem solchen Gespräch können Sie sich auch – wie beim Thema Partnerschaft beschrieben – die positiven Anker von Freund oder Freundin in Erinnerung bringen.

Jedoch haben Sie beim Thema Freundschaft noch einen wertvollen Verbündeten, der bei dieser Art von Beziehung äußerst konstruktiv wirken kann: die *Zeit.* Freunde können es sich – anders als Lebenspartner oder Kollegen – sehr gut leisten, einen zeitlichen Abstand zwischen brisante Phasen zu legen. Im Laufe der Jahre haben Sie es bestimmt auch erlebt, daß eine Freundschaft nach zwei, fünf oder zehn Jahren plötzlich wieder aufblühen kann. Diese Zeit sorgt dafür, daß der Mausefallen-Spuk verpuffen kann und die echten freundschaftlichen Gefühle wieder eine Chance erhalten.

Sagen Sie daher eine Freundschaft nicht mit Pauken und Trompeten ab, wenn sie sich in einer Mausefalle verklemmt hat. Es kann nämlich sein, daß auch Sie selbst mit diesem Aufräumen in Wirklichkeit einen ganz anderen Menschen und nicht Freund oder Freundin meinen. Ein zeitlicher Abstand kann beiden helfen, sich gegenseitig wieder in einem positiven Licht zu sehen.

Auch hier gilt die wichtige Überlegung: Versuchen Sie nicht, eine(n) Freund(in) zu einem idealen Familienmitglied umzuerziehen. Eine solche Sehnsucht führt nur zu Enttäuschungen und lenkt vom Sinn einer Freundschaft ab. Merken Sie sich lieber die Eigenarten der Freunde unter dem Stichwort »liebenswerte Macken«. Als Freundschaftslohn dürfen dann vielleicht auch Sie ohne Tadel oder Ablehnung Ihre eigenen liebenswerten Makken in der Freundschaft zeigen.

Mausefalle Gesellschaft

Zu diesem Stichwort möchte ich nur ein paar abschließende Bemerkungen machen.

Zweifelsohne gibt es weltweit höchst problematische gesellschaftspolitische Unterdrückungsmechanismen, die die Menschen in Unfreiheit und sozialer Ungerechtigkeit halten. Doch es ist erstaunlich, wie viele Betroffene diese Mechanismen insgeheim und tief unbewußt doch für richtig halten oder zumindest nicht daran glauben, daß sie etwas daran ändern können.

Viele Menschen tragen aufgrund einer persönlichen Mausefalle Unfreiheit und Unterdrückungsmechanismen als einen Teil der eigenen Persönlichkeit in sich. Wenn schon die innere Gesellschaft so organisiert ist, ordnet man sich auch in die äußere Form kritiklos oder chronisch resigniert ein.

Klienten, die mit dem Reimprinting ihre innere Gesellschaft befreit und demokratisiert haben, können sich auch nach außen aktiver verhalten. Sie krempeln die Ärmel hoch, klären ihre Partnerschaften, fordern endlich ein angemessenes Gehalt oder trennen sich gezielt von unerträglichen Situationen.

Eine aktive Gesellschaft, in der es nicht nur einzelne Helden, sondern viele Mitglieder gibt, die aktiv für ihr Lebensglück eintreten, wäre sicher eine wirksame Gegenregulierung zu besagten Unterdrückungsmechanismen und Ungerechtigkeiten.

Konsequenzen aus dem Reimprinting

Für Inga war das Reimprinting der Einstieg in eine Therapie gewesen. Wir erarbeiteten die einzelnen Schritte gemeinsam in zehn Sitzungen. Danach erlebte Inga in ihrem Leben eine Reihe von aufregenden und positiven Veränderungen, durch die ich sie therapeutisch begleitete. Diese Veränderungen führte Inga selbst auf das Reimprinting zurück.

Am befreiendsten war für sie die neugewonnene psychische Selbständigkeit bei der Arbeit. Sie kann heute Verantwortung nicht nur aushalten, sondern auch genießen, was gerade bei ihrem kreativen Beruf als Modedesignerin große Lebensqualität ausmacht. Die gesundheitliche Wirkung des Reimprintings steht für Inga außer Frage. Sie hat seit Monaten eine stabile Gesundheit, die von keinerlei Infektionskrankheiten getrübt wird. Ein Schnupfen klang neulich nach drei Tagen ab. Früher hätte sie drei Wochen lang damit zu tun gehabt. Ihre Ärztin bestätigte ihr, daß das Immunsystem jetzt offensichtlich gestärkt sei. Auch die Hautstellen der Neurodermitis sind heute geheilt.

Doch es gab vorübergehend auch weniger harmonische oder erfreuliche Ergebnisse. Da Inga jetzt eher zufrieden und fröhlich auftritt, bekam sie vor allem Probleme mit ihrer Mutter. »Unser Verhältnis war besser, als ich kränkelte«, erinnert sie sich. »Meine Mutter bekommt zusehends schlechte Laune, wenn ich sie anstrahle und keine Probleme vortrage. Früher haben wir gemeinsam vor uns hin genörgelt, und heute geht mir ihr Genörgel auf die Nerven. Das habe ich ihr neulich auch deutlich gesagt.« Das ist für Inga etwas Neues: anderen Menschen deutlich die Meinung zu sagen – »und zwar ohne Angst und Herzklopfen«, wie sie betont. Auch bei einigen Kollegen eckt sie damit an. Sie wird dabei nicht ausfallend oder unhöflich. Jedoch stellen ihre Veränderungen für die, die sie als »kleines Hascherl« gewöhnt sind, natürlich eine Herausforderung dar. »Die kennen mich ja so noch nicht.«

Diese Art Veränderung beobachten wir oft. Durch das Reimprinting wird die innere Harmonie eines Menschen gestärkt. Diese innere Stabilität ist ihm jetzt wichtiger als eine äußere Harmonie, die der inneren nicht guttut. Mit der »Kraft der geheilten inneren Familie« riskiert er eine äußere Unordnung. Langfristig führt jedoch diese Unordnung zu einer heilsamen Neuordnung im Leben. »Jetzt haben sie sich alle an die neue, erwachsene Inga gewöhnt«, berichtete sie drei Monate nach dem Reimprinting.

Der Mann und die Schwiegereltern kommen überraschend gut mit Ingas Veränderung zurecht. Sie hatten alle zuvor etwas unter Ingas gesundheitlichem und psychischem Unwohlsein gelitten. »Ich begreife das erste Mal, daß dies *meine* Familie ist, daß ich erwachsen bin und selbst die Atmosphäre bestimmen kann, in der ich leben will. Ich ziehe aus der Zeit mit meinem Mann und meinem Sohn so viel wertvolle Kraft, daß ich den engen Kontakt mit meinen Eltern auch gar nicht mehr so dringend benötige.«

Sie ersehen aus diesem Beispiel, daß das Reimprinting wie ein Saatkorn wirkt. Die eigentliche Intervention wird von den Sinnen, also vom Gehirn, aufgenommen. Hier wird nicht unsere Lebensgeschichte, aber sehr wohl die Chemie und somit die *Geschichte unserer Gehirnzellen* neu geprägt. Alte Muster verschmelzen mit lebendigen kreativen Kraftquellen und erhalten so zusätzliche Dimensionen. Erinnern Sie sich daran, daß die Gehirnzellen oft noch *Wochen nach einem intensiven Erlebnis chemisch auf diesen Sinneseindruck reagieren.* Insofern kann es wirklich bis zu einem halben Jahr dauern, bis sich die neuen Informationen aus dem Reimprinting ihren Weg bis zur letzten Zelle, die es angeht, gebahnt haben.

Die erste Wirkung ist von eher innerer Qualität: Unsere Klienten berichten übereinstimmend über einen subjektiven Zuwachs an Energie und Lebensfreude. Das langfristige Ergebnis ist in der Regel eine deutlich gesteigerte Gesundheit. Diese

Qualitäten verändern das Auftreten und die Ausstrahlung eines Menschen. Als Folge hiervon beginnen die Mitmenschen, auf diese kraftvolle neue Ausstrahlung zu reagieren. Auch hier dauert es Wochen und Monate, bis Ihnen nahestehende Personen wirklich verstanden haben, daß Sie sich verändert haben.

Nicht nur das Verhältnis zu anderen Menschen bereichert sich, sondern auch Ihre Weltanschauung wird sich durch das Reimprinting verändern. Sie werden wesentlich mehr Lebenschancen wahrnehmen, da Sie viel weniger Informationen von außen verdrängen. Nicht umsonst heißt es, daß ein Mensch offen ist. Da die innere Welt nicht mehr so viel Kraft bindet, geht für die äußere Welt der Weitwinkel auf.

Auf diese Weise werden Sie auch viele *schmerzliche* Dinge im eigenen Leben und im Dasein anderer Menschen wahrnehmen, die Ihnen vorher nicht aufgefallen sind. Vor allem stellt sich eine Phase ein, in der Sie auch *Wut auf die eigene Familie* verspüren. Gerade die Sicht eines Experten von außen hat Ihnen vielleicht die Augen über manche Häßlichkeiten geöffnet, die Sie sich zuvor mühsam schöngucken mußten. Doch diese neue Sichtweise ist ein Zeichen dafür, daß Ihr Unbewußtes Sie jetzt *als stark genug* erachtet, mit Unglück, Schmerz und Wut *zurechtzukommen.* Das Unbewußte weiß um die neugewonnenen *kreativen Alternativen,* die Sie jetzt *aktiv* zur Verfügung haben.

Deshalb folgt nach dieser Phase des Hinschauens und Sich-Erschreckens immer eine Phase der *aktiven Neuordnung* im Leben. Sie spüren Kraft genug, das Leben zu verändern und zu gestalten, anstatt weiter ängstlich auszuhalten. Diese Kraft befreit Sie auch von der Sehnsucht nach einer glücklichen Kindheit, weil Sie jetzt viel mehr Wert auf eine glücklichere Zukunft legen, die zu Ihrem jetzigen Alter und zu Ihrer jetzigen Persönlichkeit paßt. Auf diese Weise folgt nach der Phase der Wut ein Prozeß der Versöhnung mit Ihrer tatsächlichen biographischen Familie.

Dieser Versöhnungsprozeß entlastet Ihr Gehirn davon, die Familienmitglieder als einen Teil Ihres Nervensystems weiter in Ihnen kämpfen oder sich gegenseitig enttäuschen zu lassen. So verfügt das Gehirn jetzt über reichhaltige Kapazitäten, Lebensenergie zu schaffen, statt zu verzehren. Überlegen Sie vor diesem Hintergrund einmal die tiefe Weisheit der uns oft unverständlich erscheinenden Botschaft von Jesus Christus: »Liebet eure Feinde.« Ich verstehe diese Aufforderung als eine Metapher für den eigenen inneren Versöhnungsprozeß. Ist beispielsweise mein leiblicher Vater ein Feind und internalisiere ich ihn als solchen, habe ich in meinem eigenen Gehirn einen Kriegsschauplatz geschaffen. Dieses Eigentor kann durch die Versöhnungsidee wirksam verhindert werden. Fehlt nur noch das »Gewußt wie«.

Das Reimprinting stellt die Weichen für einen ständigen inneren Versöhnungsprozeß der Gehirnzellen untereinander und somit der eigenen Persönlichkeit. Dieser wichtige Prozeß hilft erstarrten inneren Mustern, wieder lebendig zu werden. Ihre Lebenskraft steigt durch eine neu gewonnene Flexibilität. Diese Flexibilität ist die kreativste und sicherste Einstellung, um mit sich selbst, mit den lebendigen Menschen und der lebendigen Welt draußen in einer lebenslangen positiven Beziehung zu stehen.

Anhang

Der O-Ringtest

Es gibt einen faszinierenden körperorientierten Therapie-Ansatz, der sich *Kinesiologie* nennt. Diese Methode basiert auf der Erkenntnis, daß unsere gesunden Muskeln in Sekundenschnelle ihr Kraftvermögen ändern können. Diese Veränderungen unterliegen offenbar einem einfachen Schema: Unter dem Einfluß von positiven Gedanken und bei Hautkontakt mit für den Körper gesunden Gegenständen oder Substanzen erreichen die Muskeln ihre volle Kraft. Bei negativen Gedanken oder bei Hautkontakt mit negativen Substanzen und Gegenständen reagieren die Muskeln mit spontaner Schwäche. Wenn ich nun vom *Muskeltest* spreche, meint man nicht, daß der Muskel selbst getestet wird. Nein, man benutzt den gesunden Muskel in der Kinesiologie als *aktiven Tester* äußerer und innerer Einwirkungen auf Körper und Seele. Er sagt uns durch seine Reaktion, was uns gut tut und was nicht.

Natürlich haben wir im ganzen Körper Muskeln. Hiervon wählt man für den Muskeltest einen Muskel aus, der sich besonders gut für das Anzeichen der spontanen Veränderungen der Muskelkraft eignet. Man spricht dann vom *Indikatormuskel.* Er demonstriert im Test die Veränderung. In der Kinesiologie wird meist die Kraft des seitlich ausgestreckten Armes einer stehenden Person getestet. Dabei versucht eine zweite Person, ihren Arm nach unten zu drücken. Wir selbst bevorzugen den sogenannten *O-Ringtest,* weil er handhabbarer ist und im Sitzen durchgeführt werden kann.

Zur Durchführung bedarf es noch einer zweiten Person, die den Test mit Ihnen durchführt, und einer modernen batteriebetriebenen Armbanduhr. Sie setzen sich bitte vollkommen körpersymmetrisch (z. B. *nicht* die Beine überschlagen, *nicht* den Kopf schief halten, sondern geradeaus schauen usw.) auf einen

Stuhl, zwischen Knien und Füßen bleibt ein kleiner Abstand. Die andere Person, die als Tester fungiert, sitzt rechts oder links neben Ihnen. Sie *beide* dürfen zunächst *keine Batterie-Armbanduhr tragen.* Mit Daumen und Zeigefinger Ihrer dem Tester zugewandten Hand bilden Sie bitte einen festen, runden Ring. Sie halten dem Tester diesen angespannten Muskelring hin, damit er Ihre Kraft überprüfen kann. Handfläche und Fingerspitzen zeigen dabei nach oben. Auf ein Zeichen von Ihnen – z. B. »Jetzt!« – versucht er, mit beiden Händen Daumen und Zeigefinger auseinanderzuziehen. Dabei müssen Sie beide ein Gefühl für Ihre *individuelle Kraft* entwickeln. Es geht um die Frage, wie stark und stabil sich der Muskel zusammenzieht, um die Finger zusammenzuhalten. Es dürfte einleuchten, daß die individuelle Kraft beispielsweise eines Kindes eine andere ist als die eines ausgewachsenen Bodybuilders.

Beim zweiten Durchgang sollen der Tester und Sie einen Erfahrungswert für die *individuelle Schwächereaktion* Ihrer Muskeln entwickeln. Nehmen Sie eine Batterie-Uhr in die andere geschlossene Hand, so daß die Handflächen Kontakt mit den Metallanteilen der Uhr bekommen. Jetzt bilden Sie mit der Testhand wieder den Muskelring. Der Tester wiederholt die Kraftprobe. Diesmal geht bei neun von zehn Personen der kräftig gehaltene Ring im Gegensatz zu vorher ganz leicht auf. Sie haben das Gefühl, als würde Ihr Befehl zum Halten bei den Fingern Ihrer Hand nicht richtig ankommen.

Die meisten Menschen sind sehr verblüfft über dieses Erlebnis, zumal der Muskelring wieder kräftig hält, wenn man andere Dinge als eine Batterie-Uhr in die Hand nimmt: beispielsweise einen Edelmetall-Ring. Die Muskelschwäche wird durch den elektromagnetischen Einfluß der Uhr-Batterie ausgelöst, die über die Metallberührung auf Ihre Haut und somit in den Körper geleitet wird. Wenn Sie willentlich Daumen und Zeigefinger zu einem Ring schließen wollen, muß dieser Gedanke irgendwie vom Kopf in die ausführende Hand gelangen. Er nimmt diesen Weg über Ihre Nervenbahnen. Der sogenannte Nervenimpuls wird auf elektrochemischem Wege weitergeleitet. Die Nervenbahnen selbst enden direkt auf den einzelnen Muskelfasern und »sagen« dem Muskel, daß er sich schließen oder öffnen soll – je nach Befehl. Der Einfluß der Batterie-Uhr irritiert offensichtlich nach physikalischen Gesetzen die elektrochemische Balance der Nervenbahnen, so daß der eigentliche Befehl nur noch mit verminderter Intensität auf den Muskel trifft.

Manche Menschen reagieren schon beim ersten Durchgang, wo eigentlich Kraft gemessen werden soll, mit Schwäche. Die Finger wirken kraftlos und können den Ring nicht halten. Ist dies bei Ihnen der Fall, sollten Sie Ihre *Thymusdrüse stimulieren.* Diese – wie man in der Medizin heute weiß – für unser Immunsystem und die allgemeine Körperkraft bedeutsame Drüse befindet sich hinter dem Brustbein. Klopfen Sie mit der lockeren Faust leicht auf dem Bereich ca. zehn Zentimeter oberhalb der Brust hin und her. Wer nicht weiß, wie das geht, schaue sich noch einmal einen Tarzan-Film an. Tarzan trommelt sich bei seinem berühmten Schrei sogar mit beiden Fäusten an diese wichtige, kraftspendende Stelle. Sie wählen dann die oben geschilderte moderate Form ohne Schrei. Statt eines aufsehenerregenden Trommelns ist auch ein leichtes Klopfen mit einer Hand für die erwünschte Wirkung völlig ausreichend. Wie archetypisch tief verwurzelt dieses Kraft-Klopfen ist, können Sie auch an unseren entfernten Verwandten, den Affen, beobachten. Intuitiv klopfen alle Primaten gelegentlich das Brustbein im Bereich der Thymusdrüse. Testen Sie nun die erstaunliche Wirkung der Thymusdrüsen-Stimulation: Nach nur *ein- bis zweiminütigem Klopfen* können Ihre zuvor schwachen Finger den Muskelring mit deutlich gestärkter Kraft halten.

Die Erklärung hierfür finden wir wieder in der Funktionsweise des zentralen Nervensystems. Nervenimpulse in Gehirn und Körper müssen auf ihrem Weg durch unzählige Nervenbahnen und Nervenzellen im wahrsten Sinne des Wortes kleine Hürden überspringen. Diese Nervenbahnen verlaufen nicht durchgehend von Zelle zu Zelle, sondern sind in diverse Nervenbahnabschnitte unterteilt. Über diese Abschnitte muß der Impuls dann »hinwegspringen«. Demzufolge bewegt sich ein Nervenimpuls wie die Staffel beim Staffellauf durch den Körper. Im Körper muß die Übergabe des »Staffelholzes« dann nicht von Läufer zu Läufer, sondern von Nervenbahnabschnitt zu Nervenbahnabschnitt und von Zelle zu Zelle geschafft werden. Das funktioniert durch die Anwesenheit von chemischen sogenannten Nervenbotenstoffen zwischen den Nervenbahnabschnitten und den Zellen. Die Thymusdrüse spielt eine wichtige Rolle im Stoffwechsel. Der Stoffwechsel wiederum garantiert unter anderem die Anwesenheit der für die Nervenimpulse wichtigen Nervenbotenstoffe. Vor diesem Hintergrund ist es verständlich, warum die Thymusdrüsenstimulation die Muskelkraft spontan steigern hilft. Der Nervenimpuls kommt einfach besser an, da das »Staffelholz« reibungslos aufgrund der guten Stoffwechselsituation durch die Nervenbahnen bis hin zum Muskel transportiert wird.

Über die wichtige Bedeutung der Thymusdrüse für unser Immunsystem können Sie bei näherem Interesse in dem Buch »Der Körper lügt nicht« von Dr. John Diamond nachlesen. Dieses Buch beschreibt viele faszinierende Einsatzmöglichkeiten der Kinesiologie. Beispielsweise kann man mit den Muskeltests sogar die individuelle Verträglichkeit von Nahrungsmitteln und Medikamenten für verschiedene Personen bestimmen. Ich kenne etliche Schulmediziner, die diesen Test bereits für ihre Patienten einsetzen. Im Rahmen dieses Buches möchte ich Ihnen kurz den Sinn des O-Ringtests im Zusammenhang mit Worten, Erinnerungen und Gedanken schildern.

Die ersten beiden anfangs beschriebenen Durchgänge dienen lediglich der Testvorbereitung. Der Tester und Sie selbst haben sich auf Ihre individuellen Muskelreaktionen kalibriert, also individuell eingestellt. Bei einem weiteren Versuch können Sie feststellen, daß auch *Worte* kräftigend oder schwächend spontan auf Ihre Muskelkraft wirken. Schließen Sie den Ring, und sagen Sie beim Testen laut das Wort »Ja«. Sie werden feststellen, daß Sie den Ring mit der für Sie optimalen Kraft halten können. Wiederholen Sie diese Prozedur mit dem Wort »Nein«. Der

Ring geht jetzt ebenso leicht auf wie beim Halten der Batterie-Uhr. Zumindest funktionert das bei acht von zehn Personen in der beschriebenen Form. Bei einigen Menschen ist das Verhältnis je nach persönlicher Lebensgeschichte umgekehrt: Bei »Nein« hält die Muskelkraft, und bei »Ja« ist sie geschwächt.

Dieses Ergebnis ist einleuchtend zu erklären. Die meisten Menschen haben schon in ganz jungen Jahren mit den sehr wichtigen Worten »Ja« und »Nein« intensive Erfahrungen gemacht. Ein kreatives Kind, welches voller Neugier und Tatendrang beispielsweise die Tischdecke herunterziehen will, bekommt gleich ein dreifaches »nein-nein-nein« zu hören. Schon ist der Spaß vorbei. Enttäuschung und Frustration sind die Folge, also negative und entkräftende Gefühle (z. B. »enttäuscht die Schultern sinken lassen«). Erinnern Sie sich an das Kapitel über das Gehirn. Dieses leistungsfähige Organ speichert Worte nicht nur hinsichtlich ihrer Schreibweise oder ihrer semantischen Bedeutung. Es registriert zusätzlich sämtliche emotionalen Erfahrungen, die wir in Verbindung mit diesem Wort erlebten. Da das Gehirn nun intellektuelle und körperliche Vorgänge nicht getrennt, sondern gleichzeitig und parallel erfaßt und abruft, koppelt es auch später das Wort mit der zur Emotion passenden Körperreaktion. Körperreaktionen wiederum gehen auf physikalischem Wege untrennbar mit der Elektro-Chemie des Nervensystems und somit der Innervierung der Muskeln einher. Daher können wir dann im Muskeltest die ehemals gespeicherten Erfahrungen ablesen. Personen also, die auf das Wort »Nein« mit ihrer vollen Muskelkraft reagieren, haben irgendwann eine positive Erfahrung, aus der sie gestärkt hervorgingen, mit diesem Wort gemacht. Zu gleichen Ergebnissen kommen Sie, wenn Sie auf die Namen geliebter oder ungeliebter Personen reagieren.

Jetzt kennen Sie Ihre individuelle Stärke- oder Schwächereaktion. Achten Sie darauf, diesen Kalibrierungsdurchgang sorgfältig zu erarbeiten. Sie können selbstverständlich auch Erfahrungen als Tester sammeln, indem Sie den O-Ringtest mit anderen Menschen probieren. Beachten Sie bitte, daß dieser Test kein

Kräftemessen wie das Fingerhakeln oder Armdrücken sein soll. *Beide* Beteiligten sollen ein Gefühl für die Muskelkraft erarbeiten. Das Ziel ist also nicht, den Ring um jeden Preis zu öffnen, sondern ein Grundgefühl für *den Unterschied zwischen den Stärke- und Schwächereaktionen der individuellen Person* zu entwickeln und diesen Unterschied später wiedererkennen zu können.

Denn dieser Unterschied beantwortet Ihnen in der Testphase die gestellten Fragen. Eine mögliche Anwendung finden Sie schon beim Thema der positiven und negativen Eigenmotivation. Weiterhin benutzen wir diesen Test, um beim Reimprinting »schwache« Lebensjahre der Klienten herauszufinden. Dabei sagt der Tester stellvertretend für die Lebensjahre langsam die Zahlen 0 bis 10 oder gar 20 auf. Bei jeder laut gesprochenen Zahl testet er gleichzeitig den Muskelring der Testperson. Bei den meisten Zahlen hält der Ring gut, bei einigen fehlt die Kraft zum Halten. Ist die Reaktion auf ein Lebensjahr auf diese Weise besonders schwach, sollte man diese Zeit als Ausgangspunkt für ein Reimprinting wählen. Den Erfolg des Reimprintings überprüfen wir dann wiederum mit dem O-Ringtest: Hält der Ring jetzt kräftig bei der anfangs »schwachen« Lebenszahl, ist die Durchführung gelungen. Besteht noch eine Schwäche, sollte man die verschiedenen Punkte noch einmal aufrollen und das innere Familienstück weiter stärken.

Es bedarf einer gewissen Übung und Erfahrung, um den O-Ringtest richtig anzuwenden. Es kann sein, daß der Test mit einigen Personen nicht gleich auf Anhieb klappt. Wenn Sie neugierig auf diesen Test sind, beachten Sie noch folgende Hinweise.

- Die Testperson muß ausreichend *Flüssigkeit getrunken* haben.
- Testperson und Tester dürfen *keine Batterie-Uhr* am Handgelenk tragen.
- Die Testperson muß *absolut körpersymmetrisch* sitzen: geradeaus schauen, Füße parallel, Schultern in gleicher Höhe.
- Knie und Füße dürfen sich in der Körpermitte nicht berühren, es muß ein kleiner Abstand bleiben.
- Ist schon die Ausgangskraft schwach, muß die Testperson zu-

nächst zwei Minuten eine *Thymusdrüsenstimulation* durchführen.

- *Kein Fingerhakeln,* auch die Testperson selbst soll den Unterschied deutlich spüren können.
- Ist die Testperson sehr stark (z. B. Bodybuilder), nimmt man nicht den Zeigefinger, sondern testet die anderen vier Finger im Ringkontakt mit dem Daumen. Es wird dann *der Finger zum Test benutzt, der den Unterschied am deutlichsten anzeigt.* Wir suchen so also einen *optimalen Indikatormuskel* (Anzeigemuskel).
- Sie können auch einmal die Kraft des seitlich ausgestreckten Arms testen. Die Testperson steht. Der gegenüberstehende Tester legt die eine Hand leicht auf die Schulter des hängenden Armes. Die andere Hand legt er auf den Unterarm des ausgestreckten Testarms und drückt diesen beim Zeichen rasch nach unten. Wieder soll die Widerstandskraft des Muskels erfaßt werden. Die eigentlichen Tests verlaufen dann wie schon beim O-Ringtest beschrieben.

Noch ein Hinweis für die vorsichtigen (oder skeptischen) Leser: Es gibt auch ein medizinisches Gerät, das die Muskelkraft objektiv mißt. Für den »Hausgebrauch« ist der von zwei Personen durchgeführte Test jedoch völlig ausreichend.

Reimprinting-Therapeuten

Die Reimprinting-Methode sollte nur von speziell dafür ausgebildeten Personen angewendet werden. Nur eine Ausbildung im Neurolinguistischen Programmieren (NLP) stellt sicher, daß der Psychotherapeut ein Reimprinting fachgerecht durchführen kann.

Die Autoren und ihr Team sind gern bei der Vermittlung von NLP-Therapeuten, die ihre Praxis in der Nähe Ihres Wohnorts haben, behilflich.

Bei intensiverem Interesse können Sie Kontakt mit den Autoren oder deren Kollegen aufnehmen, mit denen sie gemeinsam in ihrer Hamburger Praxis arbeiten:

Psychologische Praxis
Cora Besser-Siegmund
Harry Siegmund
Jakobikirchhof 9
2000 Hamburg 1
Telefon: 040/32 77 27
Telefax: 040/32 70 90

Literaturverzeichnis

Allgemein:

P. K. Anochin: *Beiträge zur allgemeinen Theorie des funktionellen Systems,* Jena 1978

C. Besser-Siegmund: *Easy Weight. Der mentale Weg zum natürlichen Schlanksein,* Düsseldorf 1988

C. Besser-Siegmund: *Sanfte Schmerztherapie,* Düsseldorf 1989

C. Besser-Siegmund/H. Siegmund: *Coach Yourself. Persönlichkeitskultur für Führungskräfte,* Düsseldorf 1991

C. Bieler: *Malediven,* Stuttgart 1990

John Diamond: *Der Körper lügt nicht,* Freiburg 1983

M. H. Erickson: *Lehrgeschichten* (hrsg. von S. Rosen), Hamburg 1985

M. H. Erickson/E. Rossi: *Der Februarmann,* Paderborn 1991

H. Ernst: *Das Geheimnis der Träume,* in: Psychologie heute, März 1991, Weinheim 1991

M. S. Gazzangia: *Das erkennende Gehirn,* Paderborn 1989

P. Giovetti: *Engel – die unsichtbaren Helfer der Menschen,* Genf 1991

Grimms Märchen, München 1957

H. Hesse: *Die Morgenlandfahrt,* Frankfurt 1974

J. Hooper/D. Teresi: *Das Drei-Pfund-Universum,* Düsseldorf 1988

P. H. Ludwig: *Sich selbst erfüllende Prophezeiungen im Alltagsleben,* Stuttgart 1991

A. Miller: *Das Drama des begabten Kindes,* Frankfurt 1979

A. Miller: *Du sollst nicht merken,* Frankfurt 1983

F. Nietzsche, *Menschliches Allzumenschliches,* Stuttgart 1978

R. Ornstein: *Multimind,* Paderborn 1990

V. Satir: *Kommunikation Selbstwert Kongruenz,* Paderborn 1990

M. Selvini Palazzoli: *Paradoxon und Gegenparadoxon,* Stuttgart 1991

P. Watzlawick: *Wie wirklich ist die Wirklichkeit?*, München 1976
P. Watzlawick: *Anleitung zum Unglücklichsein*, München 1983

Literatur zum Neurolinguistischen Programmieren (NLP):
C. Andreas/S. Andreas: *Gewußt wie*, Paderborn 1988
C. Andreas/S. Andreas: *Mit Herz und Verstand*, Paderborn 1992
R. Bandler: *Veränderung des subjektiven Erlebens*, Paderborn 1987
R. Bandler/J. Grinder: *Neue Wege der Kurzzeittherapie*, Paderborn 1981
R. Bandler/J. Grinder: *Reframing*, Paderborn 1985
R. Dilts: *Identität, Glaubenssysteme und Gesundheit*, Paderborn 1991
R. Dilts: *Changing Belief Systems with NLP*, California 1990
T. James/W. Woodsmall: *Time Line. NLP-Konzepte*, Paderborn 1991
H. Krusche: *Der Frosch auf der Butter. NLP – die Grundlagen des Neurolinguistischen Programmierens*, Düsseldorf 1992
T. Stahl: *Triffst du 'nen Frosch unterwegs*, Paderborn 1988
T. Stahl: *Neurolinguistisches Programmieren (NLP)*, Mannheim 1992

Register